L'UNIVERS DE L'ART

Sous la direction
de Patrick Mauriès

Les graphiques sont des marques
qui servent tout d'abord à identifier.
empreinte de doigt
extrait de *Message et Massage*
de Marshall McLuhan 1967
[Quentin Fiore]

Richard Hollis

Le Graphisme au XXe siècle

Traduit de l'anglais par Christine Monnatte

Avec plus de 800 illustrations, dont 29 en couleurs

Thames & Hudson

L'édition originale de cet ouvrage a paru
sous le titre *Graphic Design (A Concise History)*
publié par Thames and Hudson Ltd, Londres.

Cet ouvrage mis en pages par Cicero à Paris
a été reproduit et achevé d'imprimer en mars 1997
par l'imprimerie Mladinska Knjiga
pour les Éditions Thames & Hudson.

Dépôt légal : 2e trimestre 1997
ISBN 2-87811-115-X
Imprimé en Slovénie

Sommaire

Remerciements

Cet ouvrage et ses illustrations ont pris naissance dans les années 1960 au West of England College of Art (encouragés notamment par des discussions avec feu Paul Schuitema) et à la Central School of Art, à Londres. Le travail de l'auteur n'aurait pas été possible sans l'aide de plusieurs collègues graphistes. La liste de tous leurs noms aurait été d'une longueur difficile à gérer mais des remerciements particuliers sont dus à certains d'entre eux : Lutz Becker, Nicholas Biddulph, Sheila Bull, feu Mel Calman, Jon Corpe, Robin Fior, feu F. H. K. Henrion, David King, Robin Kinross, Guillaume Lefébure, Giovanni Lussu, Ruedi Rüegg, Philip Thompson et Marion Wesel.
L'équipe de la bibliothèque du Central St Martins College of Art and Design, le St Bride's Printing Institute de Londres et le Museum für Gestaltung de Zurich ont été d'une aide précieuse. Ann Creed Books et la David King Collection ont généreusement prêté du matériel iconographique ; Julian Hawkins a été d'un grand secours pour les photographies et le texte a bénéficié des attentions éditoriales de Lucia Ceccaldi.
L'auteur est également reconnaissant à ses clients pour leur patience durant la longue incubation du livre et aussi, tout particulièrement, à sa femme, Posy Simmonds.

Préface à l'édition française

Les illustrations de ce livre jouent le même rôle que celui des diapositives lors d'une conférence. Elles sont comme des citations visuelles.
Le format original des œuvres est indiqué par la simple mention « affiche » ou « brochure ».
Afin que les légendes ne gênent pas la lecture, elles sont volontairement succinctes et ne donnent que le titre, le support, la date et le nom de l'artiste.
Les illustrations de la version française de cet ouvrage sont identiques à celles de la version originale, mais le texte, lui, a dû être légèrement réduit.

Introduction

L'histoire de la communication visuelle, au sens large, remonte à la nuit des temps. Lorsque le chasseur préhistorique observait les empreintes d'un animal, il était en fait sur la piste d'un signe graphique.

Grâce à ces signes, il s'imaginait l'animal.

L'élément graphique peut être un signe, comme une lettre de l'alphabet, ou appartenir à un système plus large, tel que les panneaux de signalisation routière. Ensemble, ces éléments graphiques (les traits d'un dessin ou les points d'une photographie) forment une image. Le graphisme est l'art de concevoir des projets d'expression visuelle.

Un signe n'est pas une image. Les images graphiques sont plus que des illustrations de sujets vus ou imaginés. Ce sont des signes qui changent de sens selon le contexte dans lequel ils se situent.

passage éventuel
d'animaux sauvages
panneau britannique

campagne pour le
désarmement nucléaire
affiche 1960
[F.H.K. Henrion]

Très souvent, les mots et les images sont associés ; l'un peut dominer l'autre, ou chacun peut voir sa signification déterminée par l'autre. Dans certains graphismes sophistiqués, c'est la précision des mots qui sert à donner un sens exact à une image ambiguë.

Une fois imprimé, le mot, en tant que forme de discours, perd toute l'expression et les inflexions que permet la voix. Des typographes contemporains et leurs précurseurs, les futuristes, ont cherché à franchir cette limite. Leur travail a su donner une voix à l'expression typographique par la taille, l'épaisseur et la position des lettres. Instinctivement, chacun cherche à aller au-delà de la simple transmission d'un message et à lui donner un caractère unique.

Le contexte détermine autant le sens du graphisme que la manière de le lire. Le graphisme « I love New York » – mélange d'un pictogramme et de signes alphabétiques – fait passer un message qui repose sur l'acceptation générale du sens et de l'usage. Nous comprenons en effet ce qu'implique l'image stéréotypée du cœur dans ce contexte.

logo promotionnel
de la Chambre de commerce
de l'Etat de New York
[Charles Moss /
Wells, Rich, Greene]

Dans un livre de sciences naturelles l'image d'un cœur n'a plus cette signification et n'est plus la métaphore de l'amour.

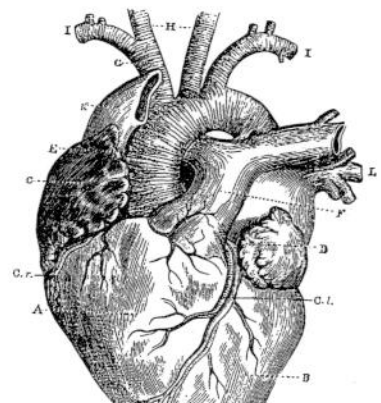

« La charité pour les civils et les militaires allemands prisonniers »
affiche 1918
[Ludwig Hohlwein]

ci-dessus, à gauche
illustration médicale du XIXe siècle

« le café Hag prend soin de votre cœur »
réclame v. 1920
(emballage conçu en 1906)
[Eduard Scotland]

don du sang en Grande-Bretagne
symbole 1948
[F.H.K. Henrion]

Le message véhiculé dans les images et les signes alphabétiques n'exprime pas les idées du concepteur lui-même mais sert seulement les besoins précis d'un client. Bien que sa forme puisse être déterminée ou modifiée par les préférences ou les préjugés esthétiques du graphiste, le message doit passer dans un langage reconnu et compris par le public auquel il s'adresse. C'est là la première différence essentielle entre le graphisme, ou design graphique, et l'art en tant que tel (même si la plupart des pionniers en ce domaine ont eux-mêmes été des artistes). Contrairement à l'artiste, le graphiste travaille dans l'objectif d'une reproduction industrielle. Une fois la commande passée, le concept s'élabore sur papier ou sur l'écran d'un ordinateur, parfois en équipe et souvent sous la conduite d'un directeur artistique. Les propositions présentées au client sont maintes fois transformées avant que la forme définitive soit prête à envoyer à l'imprimeur avec les instructions nécessaires à sa fabrication.

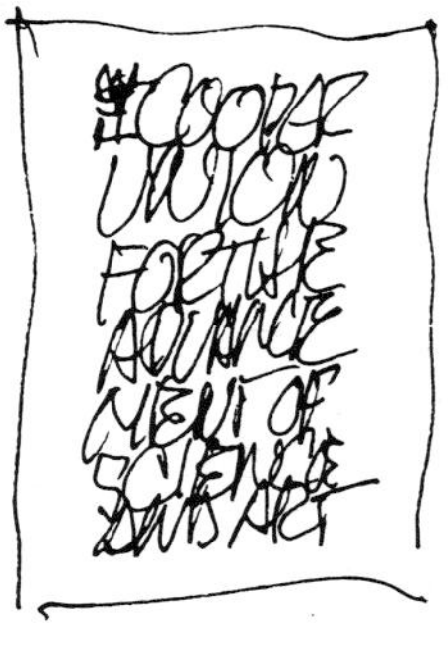

croquis pour un logotype
et projet finalisé
années 1960
[Herb Lubalin]

La profession de graphiste n'existe que depuis le milieu du XXe siècle. Auparavant, les publicitaires et leurs agents utilisaient les services de « dessinateurs publicitaires ». Ces spécialistes étaient avant tout des artistes visuels ; les typographes étaient chargés de la mise en page du texte, les illustrateurs produisaient aussi bien des diagrammes rigoureux que des esquisses les plus rapides ; il y avait également les retoucheurs, les calligraphes et tous ceux qui s'occupaient de la finalisation des dessins, avant leur reproduction. Parmi ces dessinateurs publicitaires, nombreux étaient ceux qui maîtrisaient

Les supports physiques
des arts graphiques :

la feuille simple
imprimée d'un côté

la feuille simple
imprimée des deux
côtés et pliée

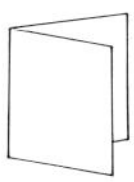

plusieurs feuilles
pliées et reliées
avec ou sans couverture

dessin de la lettre « R »
Venise 1509

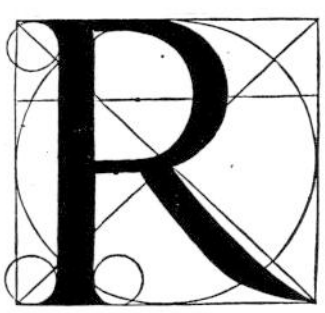

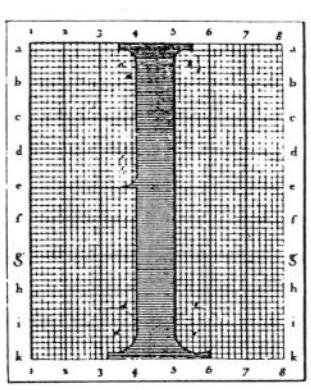

dessin de la lettre « I »
Paris 1692

plusieurs spécialités à la fois, comme les affichistes par exemple.

Aujourd'hui, le graphiste a remplacé le dessinateur publicitaire au sein des agences et il travaille de surcroît à la mise en pages de magazines et à la maquette de journaux. L'artiste solitaire du début du siècle a désormais intégré une équipe qui constitue l'un des maillons de la chaîne de l'industrie de la communication.

Jusqu'à la fin du XIXe siècle, les arts graphiques étaient essentiellement imprimés en noir et blanc et sur papier. La relation entre l'image et son contexte, entre les parties encrées ou non, entre les espaces positifs et négatifs devint essentielle à l'esthétique générale. Les zones encrées et non encrées prennent petit à petit la même importance visuelle. Les proportions et les dimensions de l'arrière-plan, sa couleur et sa texture, font désormais intégralement partie du graphisme. Le papier est le support le plus répandu. Une simple feuille, imprimée sur une seule face, devient affiche ou lettre. Pliée en deux, on obtient un opuscule ou une brochure ; pliée une deuxième fois et reliée, on a un cahier ou une plaquette ; l'assemblage de plusieurs cahiers donne un magazine ou un livre. Tous ces supports (l'affiche, la brochure, le cahier, le magazine et le livre) constituent les structures physiques sur lesquelles le concepteur graphique peut disposer ses informations. Le contenu de la simple page, de la double ou d'une suite de pages s'organise pour être visualisé dans un ordre défini et constituer une séquence narrative convenue.

En Occident, les graphistes ont hérité de l'alphabet romain dont la forme a peu changé au cours des siècles. A l'origine, les caractères d'imprimerie imitaient les lettres dessinées par les scribes, puis ils ont évolué en s'inspirant de la géométrie des inscriptions romaines. Des variantes de ces caractères se sont développées entre le XVe et le XXe siècles. Le dessin des caractères a toujours été source de débats et, selon les époques, typographes et graphistes ont subi de nombreuses pressions exercées par les modes successives et les progrès techniques.

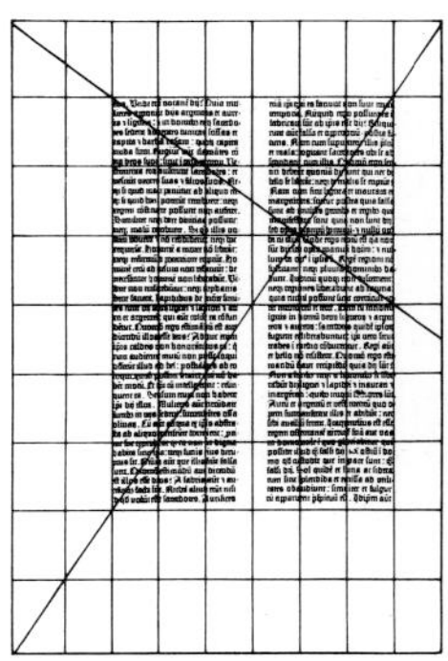

à droite
« Bible de 42 lignes » 1445
étude d'une page de gauche
sur une grille de rectangles 9x9
proportionnels à la page

Les principes de la typographie
à partir de lettres mobiles en relief
extrait de l'*Encyclopédie* de Diderot et
d'Alembert 1745-1772

Le graphisme a trois fonctions essentielles. Son premier rôle est d'**identifier**, de dire ce qu'est une chose ou d'indiquer sa provenance (enseigne d'auberge, bannières et boucliers, marques de maçons, symboles d'éditeurs et d'imprimeurs, logos d'une entreprise, étiquettes d'emballage). Sa deuxième fonction, qui recouvre ce que les spécialistes nomment le « graphisme informatif », est d'**informer** et d'**instruire**, en indiquant la relation entre plusieurs choses en termes de direction, de position ou d'échelle (cartes, diagrammes, panneaux indicateurs). Enfin, son troisième rôle, très différent des deux autres, est de **présenter** et de **promouvoir** (affiches, publicité) dans le but de capter l'attention et d'imposer un message.

De nos jours, les arts graphiques sont intégrés à la culture et à l'économie des pays industrialisés. Pourtant, en dépit des avances technologiques qui, depuis les années 1960, ont entraîné l'essor des moyens de communication et l'accès aux images, les progrès des arts graphiques proviennent toujours du travail de quelques pionniers indépendants, bien que la plupart des concepteurs œuvrent en équipe. Sous l'influence des pressions commerciales et des technologies de pointe, de nouvelles formes de graphisme s'épanouissent. Ainsi, si les artistes créent encore de nombreuses images, ils en utilisent aussi certaines déjà existantes pour les réexploiter, à l'instar des imprimeurs du Moyen Age qui réutilisaient à volonté les illustrations gravées sur bois. La révolution électronique permet de stocker des images pour les réutiliser, en les manipulant et en les assemblant selon une esthétique contemporaine.

Cet ouvrage est donc organisé selon un ordre chronologique et suit l'évolution des arts graphiques dans tous les pays qui ont influencé la profession à l'échelle internationale. En évoquant les artistes les plus marquants des arts graphiques, ce livre retrace les transformations de la communication écrite et décrit l'influence des nouvelles techniques et technologies (la photographie et l'ordinateur) sur les créations des graphistes actuels.

Les arts graphiques constituent une sorte de langue à la grammaire indéfinie, dont le vocabulaire s'étend sans cesse. Ce livre n'est pas conçu comme un inventaire de styles mais tente d'expliquer la technique des artistes et artisans du graphisme et la manière dont fonctionnent leurs œuvres. Tout commence avec l'affiche, l'entité la plus élémentaire des arts graphiques : sur cette feuille, les techniques de reproduction disponibles et la créativité du graphiste participent à la réalisation et l'intégration des éléments essentiels des arts graphiques : l'alphabet et l'image.

identifier :
tabard, bouclier et heaume de Bertrand Du Guesclin, connétable de France
gravure sur bois 1487

informer et instruire :
La capture des oiseaux
gravure sur bois, Paris 1660

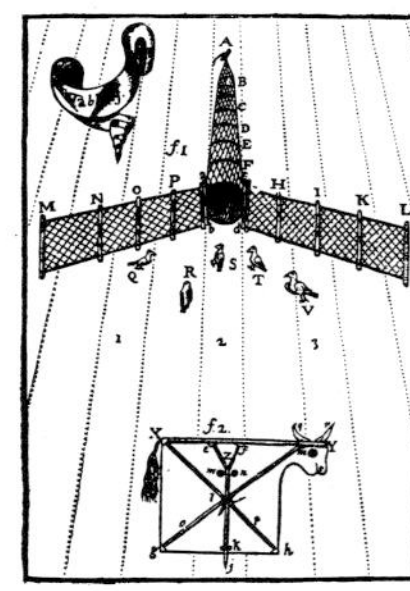

présenter et promouvoir :
« Globéol »
réclame 1912
photomontage
[R. Ehrmann]

1

L'art de l'affiche

L'affiche appartient à la catégorie des arts graphiques dont la fonction est de présenter et de promouvoir. L'image et le mot, réduits à l'essentiel, doivent transmettre un seul message, assez clair pour être retenu par ses destinataires. A la fin du XIXe siècle, dans les villes en pleine expansion, les affiches étaient l'expression de la vie économique, sociale et culturelle. Elles rivalisaient d'efforts pour séduire le public. Elles attiraient l'attention des passants par leurs couleurs, dues aux progrès de la lithographie. Les illustrations, auxquelles le texte donne du sens, reflétaient la mode artistique d'alors ; elles introduisirent une nouvelle esthétique d'images simplifiées, engendrée par la technique de fabrication.

« *Bulles* »
chromolithographie
réclame 1886
[J.E. Millais]

« Exposition internationale de Madrid »
réclame 1893
[Théophile Alexandre Steinlen]

pierres lithographiques

Avant l'invention de la lithographie, les affiches étaient imprimées typographiquement, à l'encre noire et, à l'occasion, accompagnées d'illustrations imprimées à partir de gravures sur bois. Le plus souvent, l'imprimeur choisissait et agençait les lettres pour remplir la feuille à imprimer. Bien que la photographie existât déjà depuis les années 1820, on ne savait encore ni agrandir ni reproduire en grand nombre les clichés. L'artiste peignait une image qui était ensuite transférée à la main sur des pierres lithographiques (une par couleur, il en fallait parfois une quinzaine), une technique utilisée encore bien après la Seconde Guerre mondiale. Cette chromolithographie permettait la reproduction de toute la gamme des tons et des teintes de la peinture à l'huile, comme on peut le constater dans le célèbre portrait d'un enfant par John Millais, *Bulles* (1886), acheté par la société britannique Pears pour la promotion de ses savons.

La carrière de Jules Chéret illustre parfaitement l'intégration d'une production artistique et industrielle. Fils d'un typographe et apprenti chez un lithographe parisien, Chéret partit à Londres étudier les tout derniers procédés industriels de la lithographie en couleurs. De retour à Paris dans les années 1860, il élabora un système d'impression à trois ou quatre couleurs : un dessin noir sur un fond de couleurs dégradées et pâles, généralement bleu en haut, avec un rouge puissant et un jaune plus subtil. Chéret et ceux qui suivirent son exemple dans les années 1890 n'hésitaient pas à dessiner à l'encre, à la craie ou à peindre directement sur la pierre afin d'obtenir de grands aplats de couleur, ou à éclabousser la surface pour créer une texture irrégulière. La surface de la pierre sur laquelle ils travaillaient donnait un grain plus ou moins dense au dessin, apportant une gamme de tonalités des plus subtiles. L'artiste avait ainsi un accès direct au procédé de reproduction, sans les exigences techniques ni les limites imposées par la gravure.

A partir de 1866, Chéret fit réaliser et reproduire ses propres créations dans son atelier-imprimerie. Les affiches étaient parfois d'une taille colossale, nécessitant l'assemblage de plusieurs feuilles. Il s'agissait presque sans exception d'une figure féminine grandeur nature, accompagnée d'un ou deux mots en lettres dessinées et parfois d'un slogan. Les silhouettes étaient détachées de toute perspective et flottaient à la surface de l'affiche. Le principe de la forme unique et du texte minimal fut désormais la règle, formule qui, au tournant du siècle, régit toute la production d'affiches en Europe et aux Etats-Unis. Le style de Chéret atteignit sa maturité vers la fin des années 1880 et fut repris par d'autres artistes, en particulier par Bonnard et Toulouse-Lautrec. Le trait de Chéret (qu'il n'imprimait plus en noir mais en bleu) déterminait l'ensemble de l'affiche ; une fois transféré sur la pierre, il servait de guide à chaque couleur. Ni source de lumière, ni ombre, ni profondeur n'apparaissaient. Le sujet était souvent réduit à une couleur et à un contour épuré, ainsi qu'au blanc du papier non imprimé. Le dessin pouvait être réalisé directement sur une pierre, avec des dégradés de couleurs, et complété par des épreuves successives, imprimées grâce à différentes pierres (voir p. 17).

« La Loïe Fuller »
affiche 1893
[Jules Chéret]

Auriol
caractère 1902
[Georges Auriol]

ABCDEFGHI
JKLMNOPQR
STUVXYZ
abcdefghijklmn
opqrstſuvxyz

Les traits de contour précis et les aplats de couleur révèlent le goût de ces artistes pour les gravures sur bois japonaises, que les Parisiens découvrirent lors des Expositions universelles de 1867 et de 1878. Même certains caractère (comme l'Auriol) imitaient l'écriture japonaise. Les estampes japonaises et la photographie stimulèrent une nouvelle utilisation de l'espace à l'intérieur de ce rectangle en hauteur. Les vues en plongée, comme sur l'affiche pour l'apéritif *Bécane*, dessinée par Vuillard, et les silhouettes en amorce, comme celles de l'affiche de Toulouse-Lautrec, *Aristide Bruant dans son cabaret*, soulignent l'aspect décoratif du motif en aplat et font écho aux photographies prises sur le vif. Le dessin malhabile des lettres s'intègre parfaitement à l'ensemble.

« Aristide Bruant dans son cabaret »
affiche 1893
[H. de Toulouse-Lautrec]

« *La revue blanche* »
affiche 1894
[Pierre Bonnard]

« Bécane »
affiche
1890
[Edouard Vuillard]

Avec le développement du style décoratif de l'Art nouveau, les affichistes commencèrent à remplir toute la surface d'un fond texturé aux motifs complexes et séduisants. Dans l'œuvre d'Alphonse Mucha, artiste d'origine tchèque installé à Paris, les contours des visages et des corps féminins sont définis par une simple ligne

« Job »
affiche 1898
[Alphonse Mucha]

« encre L. Marquet »
affiche 1892
[Eugène Grasset]

sinueuse et la chevelure est stylisée en un aplat de couleur. Ses affiches sont animées par des caractères novateurs. Dans une publicité pour le papier à cigarette *Job*, les lettres forment un monogramme géométrique, motif qui se répète à l'arrière-plan.

Paris passait alors pour la capitale du monde artistique. Néanmoins, à Bruxelles, Amsterdam, Berlin, Munich, Budapest, Vienne et Prague, Barcelone et Madrid, Milan et New York, fleurissaient diverses écoles d'affichistes. Milan produisit la plus grande quantité d'affiches remarquables, capable de rivaliser avec Paris. Parmi les nombreux affichistes de l'époque, Leonetto Cappiello est le plus connu. Au cours de sa longue carrière parisienne, il produisit plus de trois mille affiches, parmi lesquelles plusieurs chefs-d'œuvre qui reflètent ses différentes périodes. D'abord influencé par Lautrec et par Chéret, il reprit leur idée d'un fond uni. Ayant commencé sa carrière en tant que caricaturiste, c'est tout naturellement qu'il adopta certains traits caractéristiques de la bande dessinée, technique qui fut à nouveau utilisée par des affichistes français, tels que Raymond Savignac, dans les années 1960. *Le Thermogène* de Cappiello montrait déjà la voie.

« cognac Albert Robin »
affiche 1906
[Leonetto Cappiello]

« Le Thermogène »
affiche 1909
[Leonetto Cappiello]

« pastilles Solutricine »
affiche 1957
[Raymond Savignac]

En Italie, Adolfo Hohenstein était l'affichiste le plus en vue. Né à Saint-Pétersbourg en 1854, il commença sa carrière à Milan en 1890 pour finalement se retirer en Allemagne en 1906, dans le but de se consacrer à la peinture. Hohenstein et d'autres, en particulier Leopoldo Metlicovitz et Marcello Doudovitch, plaçaient des figures tridimensionnelles et réalistes d'hommes et de femmes, souvent nues, sur un fond stylisé, selon la mode de la fin des années 1890, mais avec un trait sûr et une grande richesse de teintes. La qualité technique de la reproduction valorisait l'ensemble. Si leurs affiches d'opéra n'étaient que décoratives, dans le domaine de la réclame leurs images introduisaient un lien direct entre une représentation réaliste du produit et le symbolisme de ses propriétés.

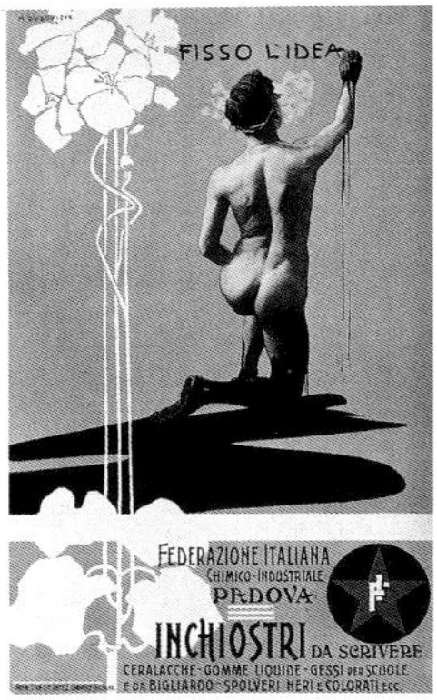

« encres *Federazione Italiana* »
affiche 1899-1900
[Marcello Doudovitch]

« extrait de viande Liebig »
affiche 1894
[Leopoldo Metlicovitz]

Ainsi, l'affiche de Metlicovitz pour Liebig montre-t-elle un homme « saisissant le taureau par les cornes ». L'idée de force exprimée à la fois par l'homme et l'animal, est due à l'habileté du dessinateur qui exagère la virilité des deux sujets et l'oppose à l'aspect cotonneux des nuages. Ce contraste est exprimé par une technique spécifiquement italienne, mettant en scène le réalisme du dessin en trois dimensions sur un fond de couleur unie.

L'utilisation de la métaphore visuelle – l'identification d'un objet à une idée – existait depuis longtemps déjà dans le dessin politique d'humour. Moins courante dans les affiches, elle fut néanmoins utilisée avec succès dans un des graphismes les plus forts et les plus marquants qui soit : l'affiche en deux couleurs pour un hebdomadaire satirique allemand – *Simplicissimus* – conçue par Thomas Theodor Heine. L'affiche représente un chien et la chaîne qu'il a brisée. Le blanc des yeux, les crocs de la mâchoire inférieure et les deux parties de la chaîne sont blancs, ainsi que le seul mot qui apparaît, *Simplicissimus*. L'emploi du blanc du papier non imprimé est une technique devenue courante chez les illustrateurs afin d'élargir la gamme des possibilités graphiques.

Les Américains considéraient Paris comme la capitale de la mode et de l'art. Avec la publication, en 1886, d'un ouvrage intitulé *Les Affiches illustrées*, cette forme d'expression acquit ses lettres de noblesse. Le Franco-Suisse Eugène Grasset, dont le travail se présente comme une version académique de l'Art nouveau, reçut, en 1892, de l'éditeur new-yorkais Harper Brothers une commande d'affiches pour l'édition de Noël du magazine *Harper's*. Dans les années 1890, ces affichettes destinées à être exposées dans les magasins servaient à promouvoir les éditions spéciales. Plusieurs artistes américains réussirent à marier harmonieusement lettres dessinées et

Simplicissimus
affiches 1896, 1898
[Th.Th. Heine]

illustrations ; les meilleurs furent Edward Penfield (proche de Lautrec) et Louis J. Rhead (influencé par Grasset), ainsi que William Carqueville et J. J. Gould pour le magazine *Lippincott's*.

« Prang's Easter publications »
affiche 1895
[Louis Rhead]

Lippincott's
affiche pour magazine 1896
[J.J.Gould]

magazine *Harper's*
affiche 1895
[Edward Penfield]

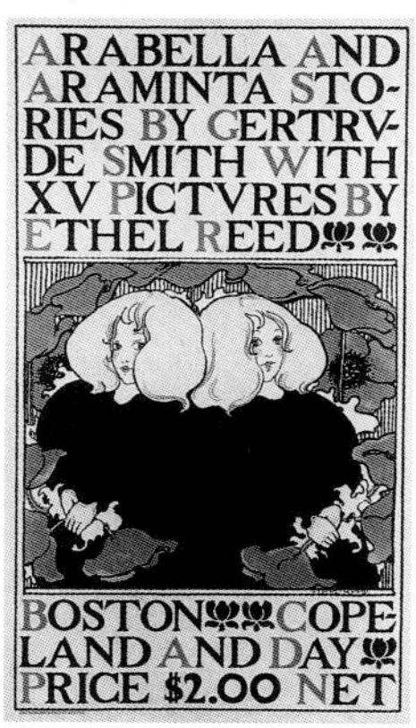

« *Arabella and Araminta Stories* »
affiche 1895
[Ethel Reed]

La technique de Penfield, qui dessina toutes les affiches de *Harper's* de 1893 à 1899, est simple et efficace. Dans celle du mois de mars 1896, la pensée est presque audible, tant cette illustration est évocatrice. Le vent est indiqué par la femme qui retient son chapeau et par un magazine qui s'envole. Le lettrage du titre se standardise, il s'agit presque d'un logotype ou d'une manchette. Les lettrages d'Ethel Reed apportaient une qualité décorative en harmonie avec ses illustrations.

La carrière de Will Bradley, affichiste américain de la fin du XIXe siècle, se poursuivit au XXe siècle. En 1894-1895, son style arriva à maturité dans une série d'affiches pour le magazine *Chap-Book* et des couvertures pour le *Inland Printer*. Bradley s'inspira de ce qui se faisait en France, au Japon et en Grande-Bretagne et, c'est dans ce dernier pays, qu'un mensuel, *The Poster*, fut lancé en 1898. Dans un effort pour repenser le rôle de l'art dans une société industrialisée comme celle de la Grande-Bretagne, William Morris avait, parmi d'autres artistes, étudié certains aspects de l'art et de l'artisanat gothiques, de la Renaissance et de périodes antérieures. L'Américain Bradley reprit les bordures décoratives et les grands aplats en noir et blanc, délimités de fins filets si chers à l'illustrateur anglais Aubrey Beardsley. Ce dernier mettait en scène des silhouettes dans un espace dépourvu de toute

The Chap-Book
affiche pour le magazine 1895
[Will H. Bradley]

The Modern Poster
affiche 1895
[Will H. Bradley]

Avenue Theatre
affiche 1894
[Aubrey Beardsley]

« Le cacao élu par Rowntree »
affiche 1895
[Beggarstaffs]

« Hamlet »
affiche 1894
[Beggarstaffs]

perspective, ponctué par les taches noires des chevelures et des costumes, par les espaces blancs délimités d'une fine ligne noire à la géométrie austère ou par des ensembles de traits rapprochés créant des effets de gris. L'affiche *Avenue Theatre* (1894) montre l'efficacité de cette extrême rigueur. A partir d'un bleu et d'un vert électrique, Beardsley réussit à suggérer des rideaux ornés de gros pois verts, dont la transparence est indiquée par des traits verticaux dessinés sur le blanc des bras et des épaules de la femme. Les cheveux et la robe sont définis par la délicate ligne blanche qui ressort sur le bleu uni du fond et les traits du visage par une ligne et des pointillés.

Chez Beardsley, l'image et le texte en caractères d'imprimerie sont nettement séparés. L'intégration dans l'image de caractères en aplats de couleurs plus denses, fut introduite par deux peintres dans les années 1890. Associés sous le nom de Beggarstaffs, William Nicholson et James Pryde dessinaient des silhouettes car c'était là « une manière très économique de créer une affiche devant être reproduite puisque les tons étaient tous unis. Pour obtenir cet effet, nous découpions le dessin dans du papier kraft ». Les compositions étaient généralement asymétriques, les épaisses lettres contrebalançaient l'image, et les couleurs limitées à deux ou trois.

Les affichistes de cette époque firent preuve de la liberté esthétique et de l'audace créative qui accompagnent toute première confrontation avec les innovations techniques de production et de reproduction. Lorsque les artistes, au lieu d'ajouter du texte en caractères d'imprimerie, dessinaient leurs propres lettres, lorsqu'ils étaient ainsi responsables de chaque élément d'une composition destinée à une reproduction mécanique, ils pratiquaient alors ce que l'on appela plus tard le graphisme. En invitant leurs confrères à exposer à l'étranger, une véritable communauté professionnelle se créa à l'échelle internationale, permettant à Toulouse-Lautrec d'être vu à New York et à Londres, à Beardsley et aux Beggarstaffs d'exposer à Paris, Munich et Vienne.

Le graphisme en deux dimensions et la reproduction graphique

Le trait est la manière la plus simple de représenter un sujet en deux dimensions. La silhouette ou son négatif (la forme découpée) sont des éléments primordiaux. L'importance du contour, de l'arrière-plan et de la silhouette est illustrée par les estampes japonaises, technique qui eut une influence évidente sur l'affiche de Bonnard (ci-dessous). Des lignes ou des lettres en réserve ou la surimpression d'une couleur foncée sur une teinte claire sont deux sources fondamentales de diversité graphique.

A la fin du XIXe siècle, la lithographie permit aux artistes d'imprimer de grands aplats de couleur. Elle leur donna également la liberté de dessiner eux-mêmes les lettres plutôt que d'utiliser la gamme restreinte de caractères existants.
Cette nouvelle maîtrise de l'impression marque la naissance du graphisme. Plus tard, la photographie et l'informatique joueront un rôle fondamental dans la création et la reproduction des images et du texte.

« Pantomines lumineuses » affiche 1892 [Jules Chéret]

extrême gauche
impression rouge et jaune, avant l'ajout du bleu dur, du bleu moyen et du bleu-vert pâle

au centre
impression en bleu

Marie in Furs
affiche de théâtre, Japon 1968 [Tadanori Yokoo]

La revue blanche
affiche 1894 [Pierre Bonnard]

Le graphisme informatif

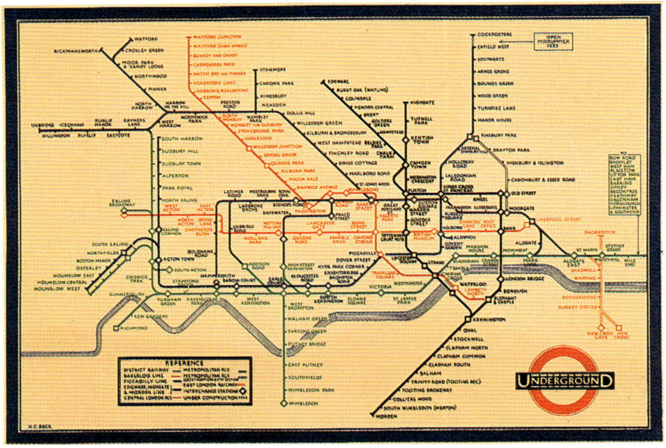

plan du métro de Londres
1933
[Henry C. Beck]

réseau ferré souterrain de Londres
plan années 1920

Les lignes d'un diagramme ne représentent pas un objet dans l'espace mais ont pour but de transcrire les relations et les liens à l'intérieur d'un système. Par l'emploi symbolique qu'il fait des couleurs, utilisées comme moyens d'identification, le plan du métro de Londres (voir pp. 94-95) en est un parfait exemple.

Dans les années 1920 et 1930, Otto Neurath élabora la méthode viennoise dite Isotype. L'Isotype (International System of Typographic Pictorial Education) consiste en un ensemble convenu de signes et de règles pour leur utilisation.
La règle de base de l'Isotype était que la représentation d'un nombre important d'éléments devait se faire par de nombreux signes (et non par un seul signe de grande taille).

Différentes équipes étaient chargées de rassembler les données, de les organiser, de dessiner les symboles et de choisir leur taille définitive et leur emplacement, puis de finaliser les dessins en vue de leur impression ou de leur exposition.

« pertes pendant la Grande Guerre
1914-1918 »
diagramme Isotype v. 1933
[Otto Neurath, Gerd Arntz et Marie Reidemeister-Neurath]

La typographie Bauhaus

livres Bauhaus
catalogue,
couverture et deux doubles pages 1927
[László Moholy-Nagy]

couvertures de livres Bauhaus :
N° 1 [Farkas Molnar]
N° 2, 10, 11 [László Moholy-Nagy]
N° 3 [Adolf Meyer]
N° 4 [Oskar Schlemmer]
N° 9 [Herbert Bayer]

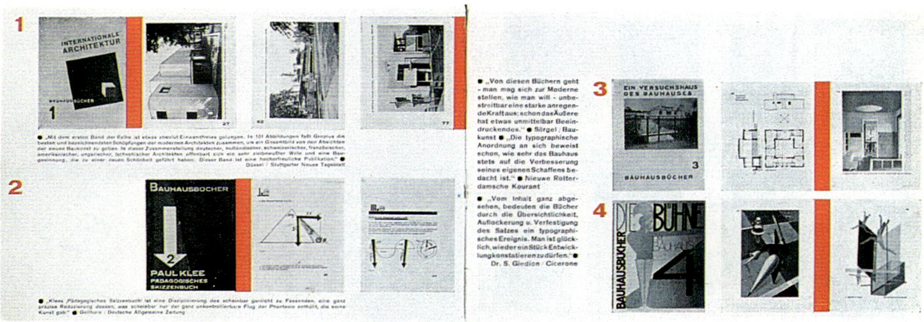

Les publications du Bauhaus révèlent une grande diversité typographique. Toutes ces mises en pages utilisent les éléments de base de la « typographie Bauhaus » : linéales, chiffres surdimensionnés et barres horizontales ou verticales, ces dernières étant utilisées à la fois pour hiérarchiser l'information et comme élément esthétique.

Le rationalisme du Bauhaus – parfaitement illustré par l'en-tête du papier à lettres de l'époque composé uniquement en bas de casse (voir p. 64) – ne fut adopté par Moholy-Nagy qu'en 1930 pour le douzième livre. La photo de couverture qu'il réalisa pour le catalogue des publications – image en miroir des caractères en plomb – montre l'inversion qui a lieu lors de l'impression.

Photographie et montage

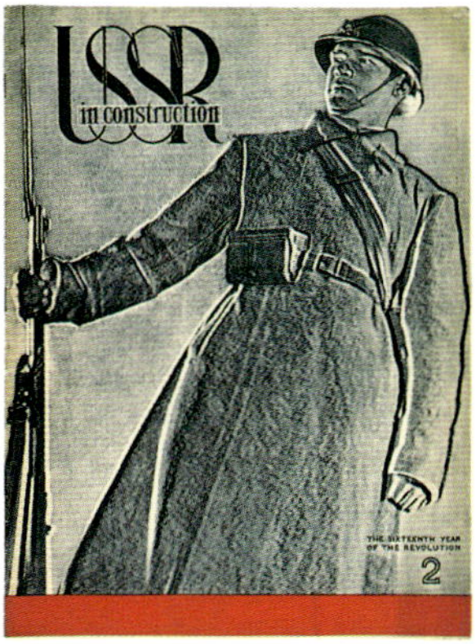

USSR in Construction
maquette de magazine 1933 [El Lissitzky]
voir p. 51

Pendant les années 1920 et 1930, grâce à la photographie, les graphistes découvrirent et exploitèrent un nouveau moyen d'expression. Les clichés étaient alors recadrés, juxtaposés, organisés en photomontages ou disposés pour créer une narration.

Souvent, les pages présentaient des découpes ou étaient pourvues de rabats ou de pliages élaborés, comme ceux de la brochure de confection pour homme reproduite sur la page ci-contre.

Dans l'exemple Bauhaus de la page 21, Max Bill met à nu son processus graphique, « opérant » directement sur la photographie de la façade d'un immeuble.

« tailleur sur
mesure »
brochure
Berlin, v.1936
[Dorland Studio]

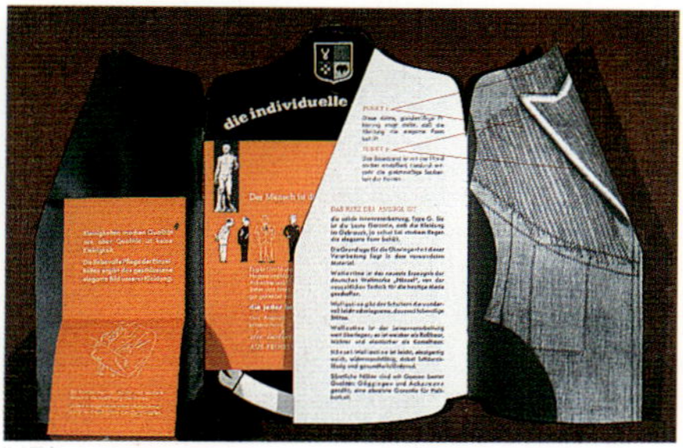

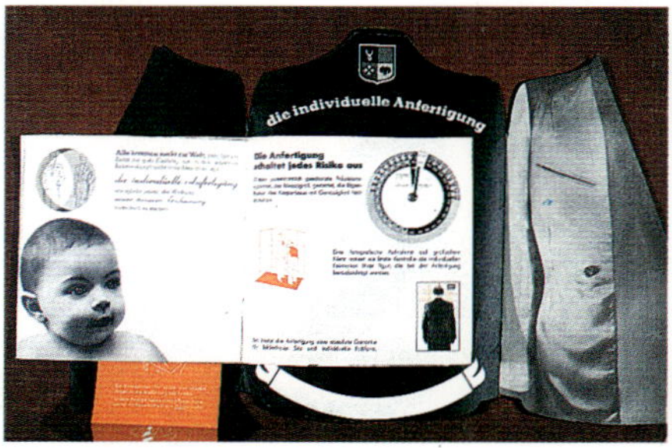

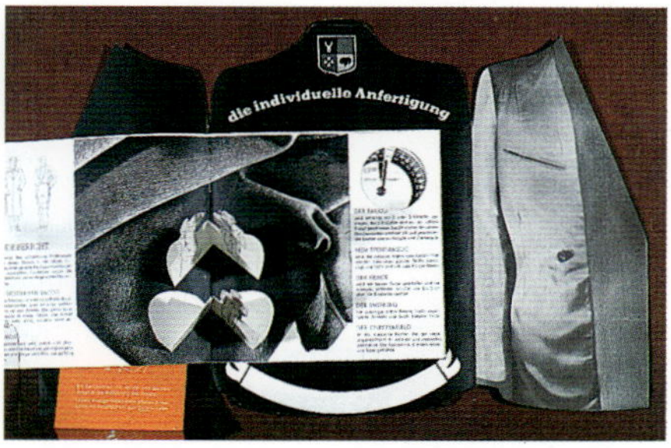

fournitures
hospitalières,
médicales et
pharmaceutiques
Zurich, v.1938
[Max Bill]

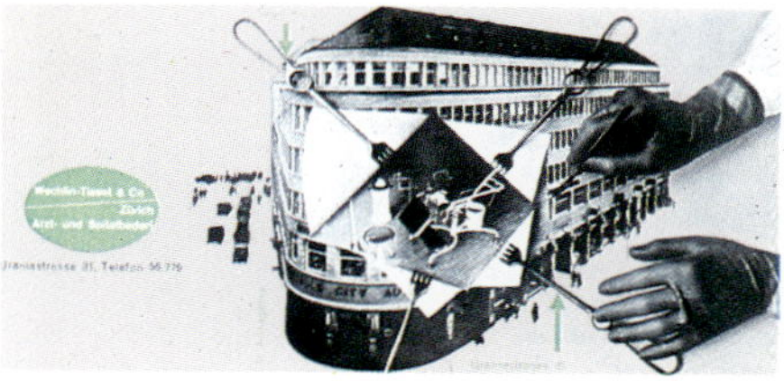

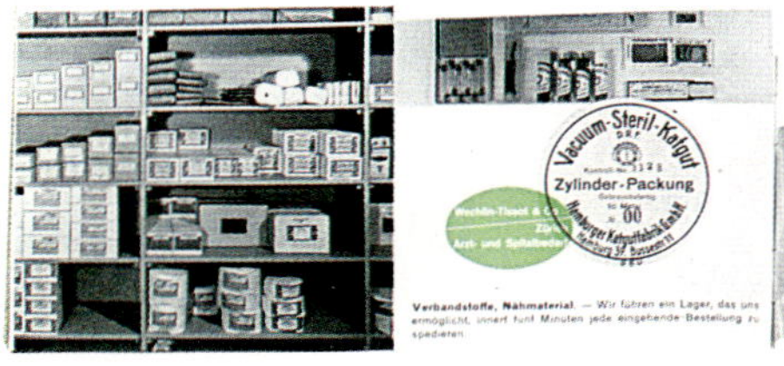

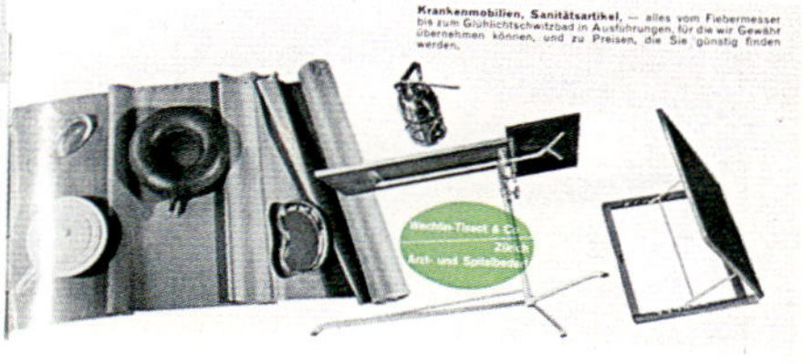

Technique d'impression et graphisme

Jusque dans les années 1960, l'impression se faisait habituellement en typographie. Les caractères en relief et les blocs de métal, de forme rectangulaire, étaient verrouillés dans un cadre pour l'impression (une barre verticale séparait les colonnes de texte). L'affiche de Tschichold (ci-dessous) présente la structure inhérente à l'impression par procédé typographique.
Le dépliant de Matter, cache cette structure rectiligne en utilisant des blocs en simili aux bords arrondis qu'il recouvre ensuite de couleur.

« Le photographe professionnel : ses outils - ses œuvres » affiche d'exposition, Bâle 1938 [Jan Tschichold]

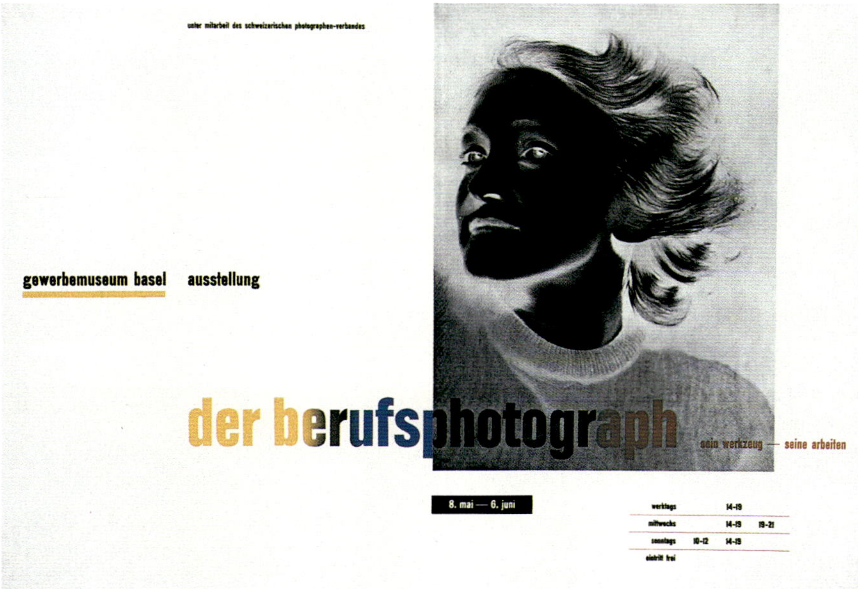

dépliant touristique, Zurich 1935 [Herbert Matter]

« Europe 1907 » couverture de catalogue d'exposition
Amsterdam 1957 [Willem Sandberg]

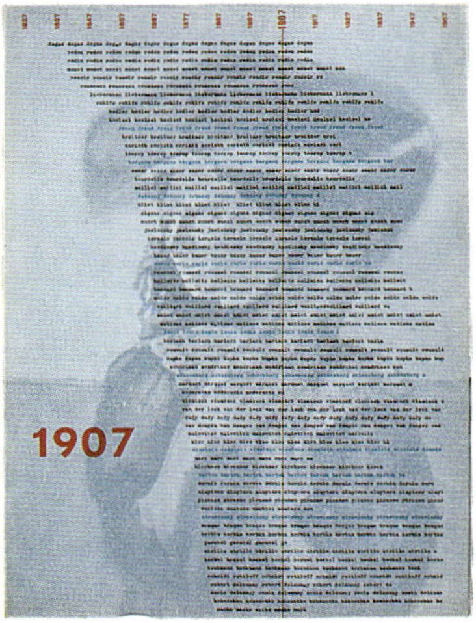

Esquire
couverture de magazine
New York 1964
[George Lois]

Sandberg, lui, s'est servi de l'année 1907, littéralement et typographiquement, comme axe vertical. Les années sont situées en haut de la page et la durée de vie de chaque artiste est indiquée par la répétition de leur nom depuis l'année de leur naissance jusqu'à celle de leur mort.

Couleurs et indices visuels

La lecture de cette couverture d'*Esquire* repose sur la couleur. La photographie sépia de Kennedy l'éloigne dans le temps. La main pourrait être celle du lecteur. Son réalisme cru annule le sentiment exprimé par les larmes. Les mots (« Kennedy without tears », Kennedy sans larmes) et l'image ne véhiculent qu'une seule idée (voir p. 113) – technique caractéristique de la « Nouvelle publicité » en vogue dans les années 1960.

Le rôle des oreilles rouges sur cette affiche de théâtre, presque monochrome, réalisée par Grapus, est analysé page 197.

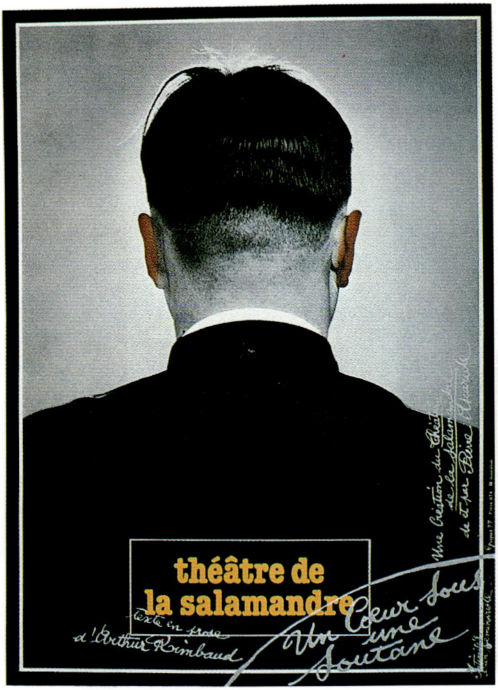

Un cœur sous une soutane
affiche de théâtre, Paris 1977
[Grapus]

« L'Affiche suisse » exposition d'affiches, Bâle 1984 [Wolfgang Weingart]

Fabrication et technologies nouvelles

Dans les années 1970 et 1980, les graphistes commencèrent à explorer les possibilités offertes par l'ordinateur. Dessinateur typographe, Wolfgang Weingart, déformait et allongeait la photocomposition et utilisait les procédés de reproduction pour faire fusionner les caractères et l'image. Pour cette affiche, il a superposé plusieurs similis : comme chez Moholy-Nagy, les moyens techniques sont visibles. Weingart fait ici référence aux affiches touristiques suisses traditionnelles : la route sinueuse de montagne et la silhouette du Mont-Blanc.

L'Américaine April Greiman remplace le montage photographique par une « imagerie hybride » assemblée par ordinateur (voir p. 212).

Un siècle après les débuts de la lithographie à usage artistique, les graphistes ont su exploiter les nouvelles technologies pour contrôler la production du texte et de l'image.

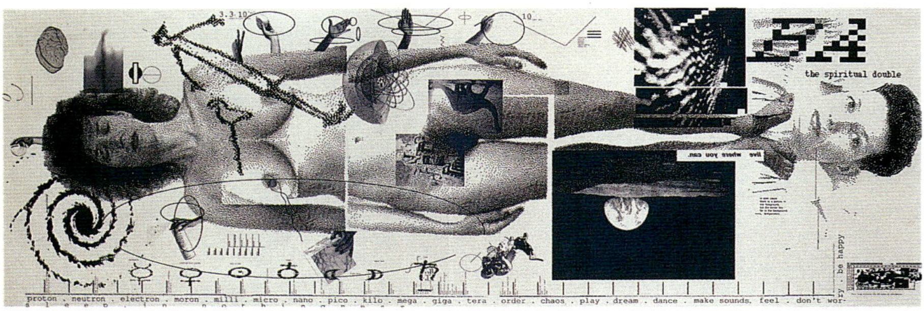

Design Quarterly poster dépliant de magazine 1986 [April Greiman]

Des arts graphiques au graphisme 1890-1914

2

Les débuts du graphisme en Europe

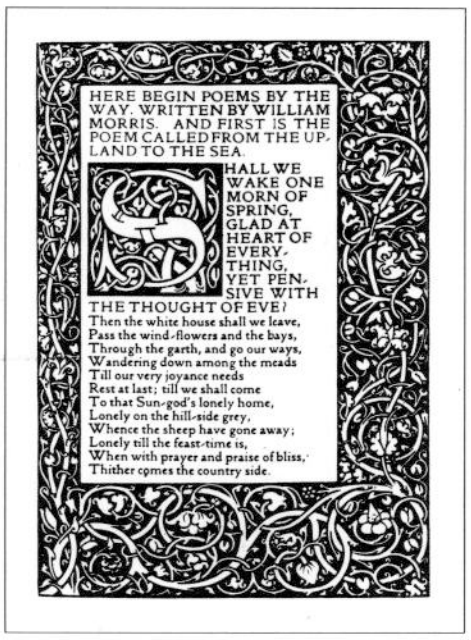

HERE BEGIN POEMS BY THE WAY. WRITTEN BY WILLIAM MORRIS. AND FIRST IS THE POEM CALLED FROM THE UPLAND TO THE SEA.

SHALL WE WAKE ONE MORN OF SPRING, GLAD AT HEART OF EVERYTHING, YET PENSIVE WITH THE THOUGHT OF EVE?
Then the white house shall we leave,
Pass the wind-flowers and the bays,
Through the garth, and go our ways,
Wandering down among the meads
Till our very joyance needs
Rest at last; till we shall come
To that Sun-god's lonely home,
Lonely on the hill-side grey,
Whence the sheep have gone away;
Lonely till the feast-time is,
When with prayer and praise of bliss,
Thither comes the country side.

Poems by the Way
page de livre 1897
[William Morris / Kelmscott Press]

En Grande-Bretagne, à la fin de l'époque victorienne, William Morris et le mouvement Arts and Crafts s'intéressèrent tout particulièrement à l'esthétique des livres. Fondées par Morris, les Kelmscott Press imprimèrent leur premier ouvrage en 1891. De cette date jusqu'à sa mort, en 1896, Morris édita plus de cinquante titres dans divers formats, souvent ornés de frises et d'illustrations réalisées à partir de gravures sur bois, composés en caractères conçus spécialement d'après des photographies de lettres imprimées au XVe siècle. Ces ouvrages et d'autres issus de diverses imprimeries privées britanniques étaient très appréciés dans l'Europe entière.

Les cafés viennois, où l'on discutait volontiers des idées nouvelles, mettaient des revues à la disposition de leur clientèle. Une publicité pour le Café Piccola plaçait *The Studio* en deuxième position dans sa liste des meilleures revues. Avec un lectorat germanophone estimé à vingt mille personnes au milieu des années 1890, *The Studio,* revue publiée à Londres, fut la première à reproduire les dessins d'Aubrey Beardsley. Elle présentait également des articles sur les affiches des Beggarstaffs et les graphistes de l'Ecole de Glasgow, Charles Rennie Mackintosh, Margaret et Frances Macdonald et George Walton.

« The Glasgow Institute of Fine Arts »
affiche 1894/1895
[Herbert McNair, Mary Macdonald, Frances Macdonald]

The Scottish Musical Review
affiche 1896
[Charles Rennie Mackintosh]

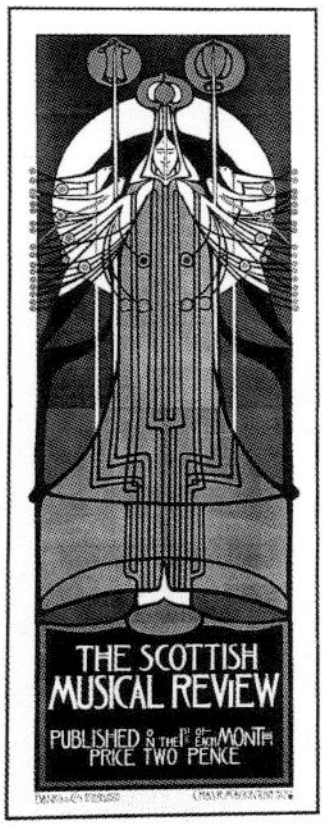

Dans les années 1860, Vienne fut recentrée autour du Ring et reconstruite en cité moderne, mais dans un style Renaissance. Les artistes et les architectes trouvèrent plus de liberté créatrice dans les ateliers britanniques et chez Van de Velde, adepte belge de Morris. Comme son maître, l'élève utilisait le goût esthétique comme indicateur de santé morale et, pour eux, le graphisme constituait un des éléments essentiels de leur utopie.

Comme Morris et Van de Velde, de nombreux graphistes viennois étaient polyvalents. Gustav Klimt, qui décora de nombreux édifices de la nouvelle Vienne, s'éloigna des styles traditionnels et fonda une association d'artistes, ensuite connue sous le nom de la Sécession. Son dessin en couverture du premier catalogue d'exposition de la Sécession, en 1898, reprend la verticalité extrême des affiches de Beardsley, le même espace vide, tel un pan de mur, qui rappelle le décor de théâtre, l'asymétrie de la mise en page et la force du trait. Ce même trait régulier donne une unité essentiellement graphique au dessin et au texte : il s'agit bien d'une représentation bidimensionnelle dessinée en vue d'une reproduction graphique.

« 1e exposition de la Sécession »
couverture du catalogue 1898
[Gustav Klimt]

« 13e exposition de la Sécession »
affiche 1902
[Koloman Moser]

« 14e exposition de la Sécession viennoise »
affiche 1902
[Alfred Roller]

Avec les affiches des expositions sécessionnistes un langage graphique d'une grande diversité apparut, qui utilisait à la fois l'illustration, la décoration et le texte, et synthétisait l'influence japonaise, l'œuvre de Beardsley et l'ouvrage théorique d'un illustrateur anglais, Walter Crane, intitulé *Line and Form*, publié en 1902. La même année, l'affiche d'Alfred Roller pour la 14e exposition sécessionniste exemplifia le style viennois. Le dessin est formalisé à outrance : la robe, les ailes, les cheveux deviennent des éléments décoratifs, comme chez Mucha. La ligne de contour sinueuse et appuyée, caractéristique de l'Art nouveau, est très présente et, imprimée dans les mêmes quatre couleurs que les aplats de l'affiche, elle dessine des motifs sans pour autant créer de profondeur. La surface est également mise en valeur par l'utilisation de zones non imprimées pour les lettres des mots qui comportent les informations essentielles, ce qui permet l'utilisation d'un seul et même corps et garantit l'homogénéité de l'ensemble.

A Vienne, la forme conventionnelle des lettres de l'alphabet fut soumise à de multiples distorsions et stylisations sans égales dans leur

The Procession of the Months
livre et calendrier v. 1900
[Walter Crane]

lettrage 1901
[C.R. Mackintosh]

caractères sur une couverture de livre
1899 [Rudolph von Larisch]

caractères au dessin architectural
1909
[Otto Wagner]

bureau des dépêches *Die Zeit*
1902
[Otto Wagner]

invention décorative et... leur illisibilité. Le livre d'un vieux professeur, Rudolf von Larisch, *La Lettre ornée au service de l'art* (1899), analysa cette tendance et critiqua le mauvais dessin des lettres et les excès de l'ornementation, tout en approuvant les caractères utilisés par le principal architecte du style Renaissance viennois, Otto Wagner, qui avait rejoint les artistes de la Sécession en 1899.

proposition de marque déposée
pour la Wiener Werkstätte
1903
[C.R. Mackintosh]

à gauche monogrammes de la Wiener Werkstätte
au centre la rose de la Wiener Werkstätte
à droite Josef Hoffmann ; Koloman Moser

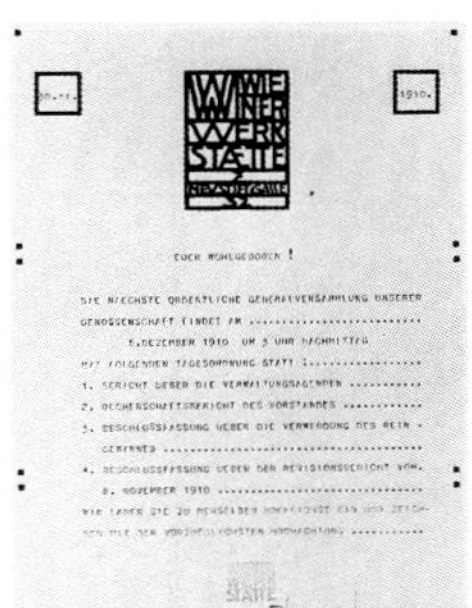

Papier à lettres
1903
[Josef Hoffmann]

La forme des lettres qui accompagnent les perspectives architecturales de Wagner était déjà remarquable, mais la façade qu'il élabore en 1902 pour le bureau des dépêches de *Die Zeit* ressemble étonnament au travail graphique des Viennois. Il incorpore notamment le petit carré comme motif d'ornement, forme qui allait jouer un rôle fondamental dans le graphisme des années 1920 et qui serait le motif de base des créateurs de la Wiener Werkstätte (ateliers viennois). La Werkstätte, sorte d'entreprise de production et de vente d'artisanat, fut créée en 1903 par un disciple de Wagner, Josef Hoffmann, et par le graphiste Koloman Moser, tous deux enseignants à la Kunstgewerbeschule (Ecole des arts et techniques) de Vienne, avec le soutien de Fritz Wärndorfer, riche industriel, mécène de Mackintosh et collectionneur des œuvres de Beardsley.

L'ensemble du travail sur l'identité visuelle des Werkstätte fut mené par Hoffmann. Chaque article portait quatre marques d'identité : la rose, symbole de la Werkstätte, le monogramme de la Werkstätte, celui du créateur et celui du fabricant. Hoffmann conçut l'en-tête du papier à lettres, les cartes, les factures et le papier d'emballage sur lesquels le motif du carré est repris. Sur le papier à lettres, les carrés semblent suivre le principe de Wagner selon lequel « une chose qui n'est pas pratique ne peut pas être belle » : ils servent donc à indiquer où plier le papier, deux fois horizontalement, pour que les carrés apparaissent dans le coin de chaque partie pliée de la feuille. Dans cette volonté de créer un environnement entièrement réfléchi et homogène, la moindre clef du moindre tiroir de bureau était en forme de rose.

Le mensuel de la Sécession, *Ver Sacrum* (Printemps sacré), adopta un format carré. Lancé en 1898, il traitait des expositions et

Ver Sacrum
ci-dessus page de titre 1901
[Koloman Moser]
extrême gauche
couverture 1899
[Adolf Böhm]
centre
publicités dans *Ver Sacrum*
1899
[Maximilian Lenz, centre,
Josef Hoffmann, extrême gauche,
extrême droite
Koloman Moser, gauche et droite]

livre du centenaire
de l'imprimerie nationale 1904
[C.O. Czeschka / Koloman Moser]

publiait des articles de l'avant-garde littéraire. Ces articles s'accompagnaient d'illustrations et d'ornements, réalisés par des artistes de la Sécession et imprimés grâce aux techniques photomécaniques propres aux périodiques bon marché, souvent en bichromie. *Ver Sacrum* se rattachait plus à la tradition du livre issu de presses privées qu'au magazine ; en effet, quand sa parution cessa au bout de six ans, il n'avait pas dépassé les six cents abonnés. L'enthousiasme des graphistes viennois pour les nouvelles techniques de reproduction transparaît dans le dessin que réalisa Carl Otto Czeschka de l'atelier de fabrication de l'imprimerie nationale, entouré d'une bordure dessinée par Moser. Contrairement aux affiches, la plupart des livres viennois ne parvinrent pas à une telle unité. Traditionnellement, les ouvrages en langue allemande étaient imprimés en lettres gothiques noires, les fractures, qui furent progressivement abandonnées au profit de caractères vénitiens du XVe siècle. Ce graphisme historisant fut adopté par l'architecte Adolf Loos pour la tête de mât de sa revue *Das Andere* (L'Autre), sous-titrée « Vers l'introduction de la culture occidentale en Autriche ». « Ce caractère, disait-il, semble aussi moderne que s'il datait d'hier. Plus moderne que les lettres d'Otto Eckmann [Art nouveau] qui datent d'avant-hier. »

ECKMANN
Geschnitten nach den Entwürfen des Herrn Professor O. Eckmann

Beilage zur KUNST WIEN 1903 Nr. 1
DAS ANDERE
EIN BLATT ZUR EINFUEHRUNG ABENDLAENDISCHER KULTUR IN OESTERREICH: GESCHRIEBEN VON ADOLF LOOS 1. JAHR

Eckmannschrift
caractère 1900
[Otto Eckmann]

Das Andere titre de magazine
caractère Antiqua Ver Sacrum
1903
[Adolf Loos]

Les graphistes viennois s'imprégnèrent des leçons du mouvement Arts and Crafts ; leur éclectisme et leur internationalisme, ainsi que leur enthousiasme pour les techniques nouvelles, annonçaient les courants avant-gardistes à la sortie de la Première Guerre mondiale. Par leurs dessins et lettrages, les œuvres graphiques de Schiele et de Kokoschka sont des chefs-d'œuvre de l'expressionnisme naissant ; le caractère interchangeable de la figure et du fond tel qu'il fut enseigné par Larisch et mis en pratique par Moser dans ses ornements, devint par la suite un principe de base de l'enseignement graphique. Les artistes viennois étaient souvent leurs propres clients mais ils recevaient également des commandes de la haute société et

Jubilé de l'empereur François-Joseph
timbre-poste 1910
[Koloman Moser]

aussi de l'Etat. En effet, dès 1902, Moser conçut des billets de banque et des timbres-poste, encadrés par sa bordure caractéristique. (En 1906, les timbres dessinés pour la Bosnie-Herzégovine furent les premiers à utiliser la photographie.) Les graphistes viennois restaient cependant avant tout des artistes et il fallut longtemps encore avant que la profession de graphiste n'existe à proprement parler.

En Allemagne, un pas fut néanmoins fait dans cette direction grâce au travail de Peter Behrens et de Van de Velde. Tous deux peintres devenus architectes, ils concevaient le graphisme comme faisant partie d'un programme d'intégration de toutes les formes artistiques dans la vie quotidienne, à l'instar des futuristes en Italie et des constructivistes en Russie, après la Première Guerre mondiale.

Sous l'influence de William Morris, Van de Velde dessina également des livres pour des imprimeries privées, mais plutôt que d'ignorer la machine, il chercha à la maîtriser, persuadant le fabricant de laisser l'artiste déterminer la forme de ses produits.

‘« concentré de blanc d'œuf Tropon »
pancarte publicitaire 1898
[Henry Van de Velde]

« aliments pour enfants Tropon »
emballage 1898
[Henry Van de Velde]

« Un document sur l'art allemand : exposition des artistes de la colonie de Darmstadt »
affiche 1901
[Peter Behrens]

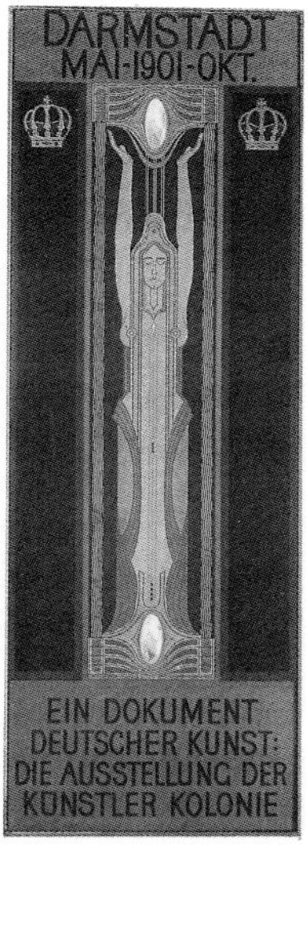

Au début du XXe siècle, une telle collaboration éveilla l'intérêt de certains dirigeants de sociétés allemandes : les biscuits Bahlsen, le café Hag et les encres Pelikan furent parmi les premiers à adopter l'idée d'une image de marque. Peter Behrens fut le plus entreprenant. Ses premières œuvres font écho aux affiches de l'Ecole de Glasgow, mais appartiennent déjà indéniablement au XXe siècle par la retenue du dessin et l'aspect presque mécanique des lettres. Le caractère de Behrens, le Behrens-Schrift, offre une synthèse parfaite des éléments traditionnels. « Pour la forme précise de mon caractère, écrivit-il, j'ai repris le principe technique de l'écriture gothique : le trait de la plume d'oie. D'autre part, afin d'obtenir un caractère encore plus germanique, j'ai utilisé les lettres gothiques pour les proportions, la hauteur, la largeur des lettres et l'épaisseur du trait. » Ce n'est qu'en 1916 que Behrens parvint à une forme débarrassée de toute référence historique. Elle fut dessinée pour l'entreprise d'électricité Allgemeine Elektricitäts Gesellschaft (AEG), au sein de laquelle Behrens avait été nommé architecte et graphiste en 1907. Le matériel publicitaire qu'il conçut pour AEG, austère et géométrique, est considéré comme la première utilisation d'un graphisme élaboré au service d'une politique commerciale. Série de règles décrivant par le menu le traitement graphique de tous les éléments à l'intérieur de l'entreprise, le concept du « style maison », ou de charte graphique, fut développé dans les années 1930 par Olivetti et par la Container Corporation of America. L'élément central en était la marque commerciale, une sorte d'emblème avec ou sans le nom de la société ou de la marque, qui apparaissait toujours dans le même style de lettres. (En typographie, ce bloc-marque – ou logotype – était imprimé à partir d'un assemblage de lettres ou d'une forme imprimante spécialement créée.)

ABCDEFGHI
JKLMNOPQR
STUVWXYZ
abcdefghijkl
mnopqrſßstuv

Behrens-Schrift
caractère 1902
[Peter Behrens]

PETER BEHRENS
NEUBABELSBERG
Allgemeine Elektrizitäts
Geſellſchaft

linéale 1916
[Peter Behrens]

marques déposées pour AEG

[Otto Eckmann] 1899-1900

[Peter Behrens] 1908

[Peter Behrens] 1912

« lampes à arc AEG »
couverture de catalogue
1908
[Peter Behrens]

« lampes à incandescence AEG »
pancarte publicitaire 1899-1900
[Otto Eckmann]

Parallèlement aux créations de l'avant-garde, l'affiche publicitaire donna naissance à un courant de tout premier ordre. Depuis le début du siècle, le dessin des affiches était reproduit sous la forme de cartes postales, de plaques émaillées, d'étiquettes perforées adhésives, à l'instar des timbres-poste, et également adapté à l'emballage. Cette évolution encouragea l'économie de trait et de couleur. En Allemagne, du début du siècle à la Grande Guerre, le graphisme étendit l'esthétisme vigoureux et raffiné des Beggarstaffs à la publicité des biens de consommation. A Berlin, un groupe d'illustrateurs associé à l'imprimerie Hollerbaum und Schmidt innova : leurs affiches réduisaient l'image au seul objet concerné et le texte à la marque du produit. Lucian Bernhard fut le grand maître de ce style, connu sous le nom de *Sachplakat*. Ses réalisations les plus célèbres – allumettes Priester (1906), chaussures Stiller ou cigarettes Manoli – ne

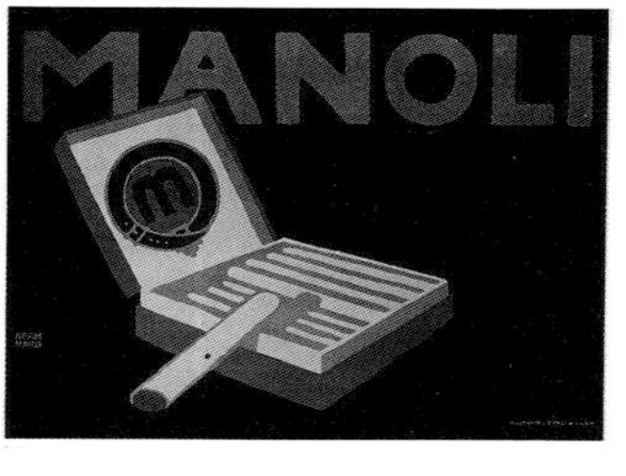

« Stiller »
affiche v.1908
[Lucian Bernhard]

« Manoli »
affiche v. 1912
[Lucian Bernhard]

nécessitaient aucun accompagnement textuel. Objet et marque sont présentés avec la même simplicité graphique dénuée de toute ambiguïté.

Deux autres figures de proue du *Sachplakat,* Hans Rudi Erdt et Julius Gipkens, travaillaient pour ce même imprimeur. L'affiche d'Erdt pour Opel, réalisée dans une gamme limitée de couleurs unies (noir, bleu, gris et deux bruns), est d'une innovation graphique exceptionnelle : le « O » d'Opel forme un cercle parfaitement régulier afin de représenter un pneu. En effet, normalement, le « O » devrait avoir la même forme que les trois autres lettres du mot et être plus épais sur les côtés.

« automobiles Opel »
affiche 1911
[H.R. Erdt]

Ludwig Hohlwein, quatrième dessinateur de renom de ce type d'affiche, travaillait, lui, à Munich. Son style, similaire à celui des Beggarstaffs, se caractérisait par l'utilisation d'épaisses lettres formant un corps de texte rectangulaire et par de grands aplats de couleur aux contours et à la texture irréguliers, le tout encadré d'une bordure.

« thé Marco Polo »
affiche 1910
[Ludwig Hohlwein]

« exposition canine de Francfort »
affiche 1912
[Ludwig Hohlwein]

Des affiches commerciales plus conventionnelles continuaient d'exister parallèlement au *Sachplakat*. Elles utilisaient des slogans et la disposition des mots était similaire à celle des journaux pour les titres et les légendes. Mais de telles affiches n'ont d'intérêt que dans le cadre d'une histoire de la publicité car c'est seulement lorsque la publicité adopte un concept visuel unique, comme aux Etats-Unis dans les années 1950, qu'elle peut trouver sa place dans l'histoire du graphisme.

3

Guerre et propagande
De 1914 aux années 1920

La Première Guerre mondiale affirma l'importance du graphisme. Le diagramme, l'illustration et la légende servaient pour informer et instruire. Dans l'armée, les insignes et les symboles indiquant rang et unité faisaient partie d'un code compris instantanément. L'insigne du régiment, avec son écusson et sa devise, avait beaucoup en commun avec l'économie graphique et les images et slogans puissants et élémentaires des nouvelles affiches utilisées par des gouvernements désireux de diffuser leur propagande et d'inciter les citoyens à partager l'effort de guerre.

Les affiches des pays en guerre reflétaient les caractéristiques et le niveau de développement graphique propres à chacun d'entre eux. En Allemagne, de nouveaux artistes, notamment Louis Oppenheim, vinrent rejoindre d'importants graphistes comme Bernhard, H.R. Erdt, Gipkens ou Hohlwein.

« Les sous-marins dehors ! » affiche de film 1915 [H.R. Erdt]

Les vertus du *Sachplakat* (images simples et fortes, aplats de couleur, ombres unies, lettres dessinées avec soin) conféraient à ses œuvres une unité graphique qui manquait aux affiches des autres pays. En Grande-Bretagne et aux Etats-Unis, par exemple, le type d'affiche le plus répandu présentait une illustration agrandie, à laquelle l'imprimeur ajoutait un texte au graphisme peu élaboré. Les affiches françaises, quant à elles, étaient particulièrement bien dessinées grâce à des artistes comme Jean-Louis Forain et Steinlen, et souvent accompagnées de longs textes. L'Américain Joseph Pennell et l'Anglais Frank Brangwyn étaient des adeptes de cette manière française. Les contrastes et clairs-obscurs marqués des œuvres de Brangwyn, ainsi que le trait puissant, contribuaient à décrire la guerre avec un réalisme inhabituel, auquel s'ajoutait l'autorité grave de lettres capitales dessinées à la main en romain.

« Souscrivez au 3e emprunt
de la défense nationale »
affiche 1917
[Lieutenant Jean Droit]

« Souscrivez à l'emprunt de la liberté »
affiche 1918
[Joseph Pennell]

« Souscrivez à l'emprunt de guerre »
affiche v. 1917
[Frank Brangwyn]

Chaque pays produisait des affiches faisant appel au patriotisme. Destinées à recruter des soldats, elles laissaient entendre qu'il serait lâche de laisser les autres affronter seuls le danger. En Grande-Bretagne, ce type d'affiche annonçait le développement de publicités conçues par une direction artistique où les objets, les personnages et leur relation sont mis en scène pour transmettre un message précis. Le slogan « Papa, qu'as-TU fait pendant la Grande Guerre ? » accompagnait un style d'illustration courant dans les revues de l'époque. Le décor et les enfants bien habillés suggèrent l'abondance de l'après-guerre ; le garçon jouant aux petits soldats illustre l'attitude masculine « correcte ».

« Papa, qu'as-TU fait pendant
la Grande Guerre ? »
affiche v. 1915
[Saville Lumley]

« Anglais, [Kitchener]
a besoin de vous »
affiche 1914
[Alfred Leete]

« J'ai besoin de vous
pour l'armée américaine »
affiche 1917
[James Montgomery Flagg]

D'autres affiches britanniques utilisaient une affirmation simple, telle que : « Soyez honnête avec vous-même. Assurez-vous que votre soi-disante raison n'est pas une excuse égoïste. » La plus connue est une affiche anglaise de 1914 : « Votre pays a besoin de vous », avec un portrait de Lord Kitchener, alors ministre de la Guerre, qui était facilement reconnaissable à sa grosse moustache, sa casquette de maréchal et son écusson. Elle fut très imitée, notamment par l'Américain James Montgomery Flagg pour son affiche : « J'ai besoin de vous pour l'armée U.S. », où il se représenta lui-même en Oncle Sam. Par la suite, l'utilisation d'un personnage s'adressant directement au spectateur se généralisa. Oppenheim traita de façon monumentale la tête du maréchal von Hindenburg à la manière d'une gravure sur bois en trois couleurs, accompagnée d'un message manuscrit de ce dernier. Cette technique simple et l'écriture manuscrite renforcèrent l'aspect personnel et direct de l'appel. La forme graphique transmet une partie du sens. Elle n'a plus rien à voir avec l'emphase littérale et picturale du doigt accusateur de Kitchener et de l'Oncle Sam.

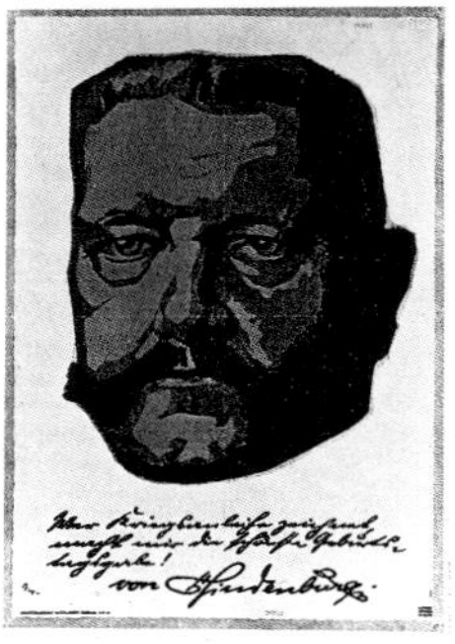

« Tout ceux qui souscrivent au [7e] emprunt de guerre [me] font le plus beau cadeau d'anniversaire ! – Von Hindenburg » affiche 1917 [Louis Oppenheim]

Les graphistes allemands connaissaient les affiches qui se faisaient dans les pays de l'Entente grâce aux reproductions que publia la revue *Das Plakat* pendant toute la guerre. Il y eut même en 1915, à Berlin, une exposition d'affiches britanniques destinées au recrutement. L'armée allemande étant une armée de conscrits, l'Allemagne n'avait nul besoin de ce genre d'affiches mais pouvait s'en inspirer à d'autres fins. La guerre fauchait non seulement des vies en quantités astronomiques, mais consommait aussi d'énormes quantités de munitions et de matières premières. L'Etat utilisait les affiches pour convaincre ses citoyens de lui prêter de l'argent. Par leur graphisme, ces campagnes soulignaient et reflétaient les différences nationales. En 1917, pour un emprunt de guerre, Bernhard dessina un poing protégé d'une armure dans un style rappelant la gravure sur bois. Le texte en gothique gras, noir et rouge, et le dessin se voulaient rassurants par leur association avec l'histoire de l'Allemagne (à travers les caractères de style religieux et le poing belliqueux). En 1918, pour le neuvième et dernier emprunt, Bernhard n'utilisa que du texte avec des lettres d'un style germanique indubitable et puissant.

extrême gauche
« Voici le chemin de la paix – l'ennemi le veut ainsi ! Souscrivez donc au 7e emprunt de guerre ! » affiche 1917 [Lucian Bernhard]

« Quatre semaines pour le 9e emprunt de guerre – quatre semaines pour le destin de la patrie » affiche 1918 [Lucian Bernhard]

« Le Boche – sa Marque » affiche 1917 [J. Allen St John]

Les tentatives d'utilisation de la métaphore visuelle dans les pays de l'Entente furent plus rares. L'affiche *Le Boche - sa Marque* est une traduction visuelle directe de la notion de « sang sur les mains » et constitue une propagande efficace. La représentation des soldats en héros de chevalerie et des ennemis en affreux rapaces – stéréotypes devenus familiers grâce aux caricatures dans les magazines – utilisait un graphisme de plus en plus simplifié. Le soldat au front était désormais représenté non plus à la manière de Brangwyn mais en chevalier en armure. Et les aigles allemand ou américain, le coq français, le lion britannique ou l'ours russe symbolisaient l'esprit de combat national.

En 1918, l'Autrichien Julius Klinger utilisa le chiffre 8 du huitième emprunt de guerre pour représenter un piège. Le dragon des pays de l'Entente est transpercé d'une série de flèches ; chaque flèche représentant un des emprunts précédents.

« 8e emprunt de guerre »
affiche 1918
[Julius Klinger]

« Trophées de la guerre aérienne »
affiche 1917
[Julius Gipkens]

« Exposition des œuvres des Allemands emprisonnés en Suisse »
affiche 1918
[Ludwig Hohlwein]

Cette maîtrise des graphistes allemands dans l'art d'organiser différents niveaux de représentation en une seule idée se retrouve dans l'affiche conçue par Gipkens pour une exposition de trophées de guerre aériens. Avec l'ombre noire d'un aigle perché sur l'insigne nationale percée de balles d'un avion de l'Entente, Gipkens élargit le langage graphique d'une manière naturelle mais complexe. La partie blanche de l'écusson percé de balles est une zone non imprimée : l'illusion que l'affiche fait partie de la surface véritable de l'avion est parfaite. Les impacts de balles, eux, sont imprimés. L'aigle, bien que sa silhouette soit réaliste, n'est qu'un symbole et la cible qu'il tient dans ses serres a un caractère hybride : à la fois moyen d'identification, dessin de cible et cible elle-même.

Le graphisme familier de la Croix-Rouge a été utilisé avec une habilité toute particulière par les affichistes allemands. L'un d'eux le reprit en inversant les couleurs, comme sur le drapeau suisse, pour annoncer une exposition d'œuvres de prisonniers allemands en Suisse. Il s'agit de Hohlwein, dont le travail ne perdit rien de son élégance pendant la guerre. Il fit preuve d'une puissance aussi percutante que mesurée à travers une série d'affiches destinées à réunir des fonds pour des prisonniers et des handicapés. Il utilisa le symbole du cœur rouge pour signifier la compassion et le plaça derrière un personnage solitaire debout derrière des barreaux (voir p. 8).

identification des avions
affiche britannique 1917

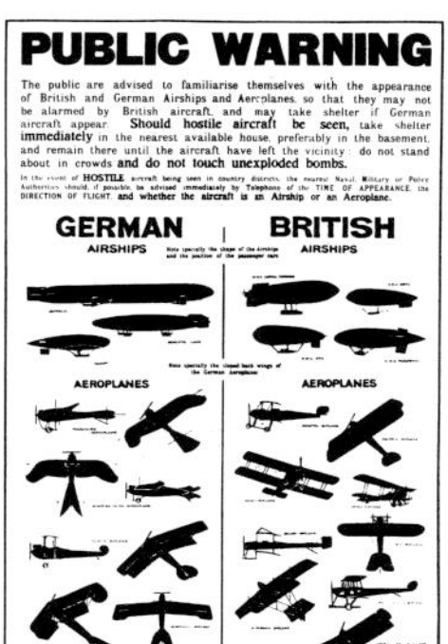

Bien des caractéristiques et des éléments nouveaux des arts graphiques firent leur apparition pendant la guerre, et pas seulement dans le domaine de l'affiche. L'armée avait besoin d'un système de signes, pour organiser et identifier son personnel et ses armes, et de manuels d'instruction clairs et précis. La hiérarchie était marquée par des insignes que chacun devait connaître. La généralisation des transports motorisés entraîna la nécessité d'identifier les unités en corps et en divisions indiqués par des rayures et des rectangles de couleur ou par un code composé de lettres et de chiffres.

Les affiches de cette époque engendrèrent des stéréotypes à la base de la propagande politique des années agitées qui suivirent, en Italie, en Russie et en Allemagne. Les aspirations nationales qui s'étaient concentrées sur les chefs des temps de guerre déifièrent les dictateurs ; les caricatures représentant l'ennemi sous les traits de barbares ou de bêtes féroces servaient désormais à représenter les horreurs du bolchevisme comme les plaies du capitalisme.

Les affiches de 1914 à 1918 marquèrent un tournant décisif. Les illustrations dessinées ou peintes n'étaient plus la principale technique picturale du graphisme imprimé. Les photographies en noir et blanc étaient désormais faciles à reproduire. Le flash, les films à émulsion plus rapide et les objectifs firent de la photographie un moyen d'enregistrer les événements et les apparences. L'éclairage en studio et les retouches donnèrent à l'image photographique une intensité dramatique semblable à celle du cinéma.

En Europe, les graphistes publicitaires comme Bernhard furent rejoints par des artistes d'avant-garde qui voyaient dans le graphisme un moyen de faire pénétrer l'art dans la vie moderne. Ils usèrent et abusèrent de la composition traditionnelle et exploitèrent la photographie comme forme objective d'illustration et juxtaposèrent les images pour créer des sens nouveaux. Pourtant, les montages effectués à partir de ces images photographiées allaient révolutionner les arts graphiques.

« La misère et la destruction succèdent à l'anarchie » affiche 1918 [Julius Engelhard]

« Le bolchevisme, c'est la guerre » affiche 1918 [Julius Engelhard]

4

Le futurisme et l'Italie

De 1910 à 1920, la Première Guerre mondiale et l'agitation politique secouent l'Europe. C'est à cette époque que l'avant-garde établit les fondements de l'art moderne et introduisit une nouvelle façon de considérer les mots et d'utiliser l'alphabet dans la fabrication d'images. La lecture de mots alignés horizontalement, page après page, existait bien avant l'invention de l'imprimerie. Que ce soit sur les affiches ou les pages de titre des livres, les mots étaient toujours disposés de manière symétrique et leur importance hiérarchisée grâce aux différents corps de caractère. Rares furent les tentatives entreprises pour présenter les mots de manière à mettre en valeur leur sens individuel ou collectif.

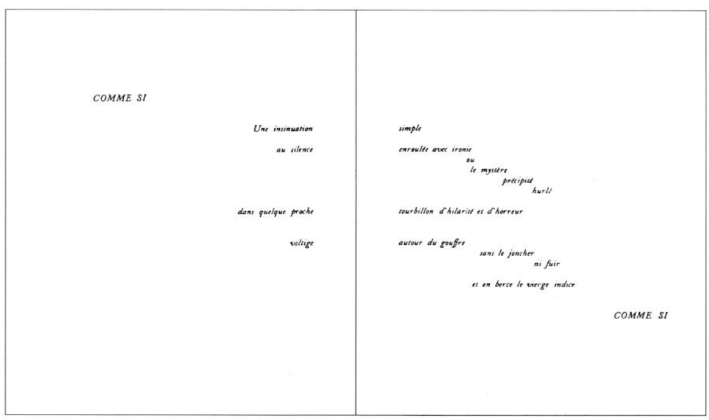

Un coup de dés jamais n'abolira le hasard
double page du poème 1897
[Stéphane Mallarmé]

Il pleut
poème extrait de *Calligrammes* 1914
[Guillaume Apollinaire]

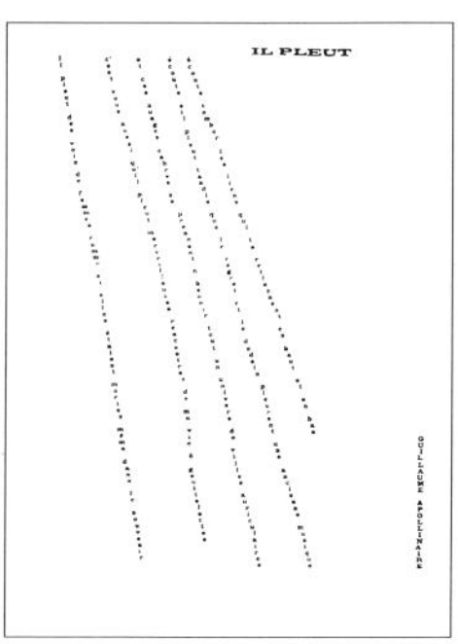

En 1897, Stéphane Mallarmé publia un poème de vingt pages, *Un coup de dés jamais n'abolira le hasard*, qui rompait avec toutes les conventions typographiques. En effet, Mallarmé considérait la double page d'un livre comme un seul et même espace. Ses vers libres disposés sur la page devenaient alors « pour qui veut lire à haute voix, une partition. La différence des caractères d'imprimerie [...] dicte son importance à l'émission orale ». L'espace blanc était « comme [un] silence ». Les mots étaient parfois placés sur des lignes successives, telles les marches d'un escalier. « L'avantage [...] de cette distance [...] qui mentalement sépare des groupes de mots ou les mots entre eux, semble d'accélérer tantôt et de ralentir le mouvement [...]. J'aurai, toutefois, indiqué du Poëme ci-joint [...] un « état » qui ne rompe pas de tout point avec la tradition ; poussé sa présentation en maint sense aussi avant qu'elle n'offusque personne : suffisamment, pour ouvrir des yeux. »

Choquer, en plus d'ouvrir les yeux des gens, faisait partie du programme des futuristes. Leurs batailles sur le front typographique commencèrent avant la Première Guerre mondiale. Le poète Filippo Tommaso Marinetti publia son célèbre manifeste futuriste à Paris, en 1909, et propagea son message (glorifiant divers aspects du monde moderne tels que la vitesse, l'automobile, les avions, la guerre...) lors de ses voyages dans les capitales européennes.

extrême gauche
Zang Tumb Tumb
couverture de livre 1914
[F.T. Marinetti / Cesare Cavanna]

Les Mots en liberté
ci-dessus, à gauche
poème (composé verticalement)
« Lettre d'une jolie femme à un monsieur passéiste »

ci-dessus
« Le soir au lit, elle relut la lettre de son artilleur au front »
(page dépliée)
1919
[F.T. Marinetti]

En 1914, Marinetti publia son premier livre de *« parole in libertá »*, intitulé *Zang Tumb Tumb*. Cette sorte de peinture verbale, célébrant la récente bataille de Tripoli, cherchait à trouver des équivalents visuels aux sons dans la forme et la longueur relative des mots, et illustrait parfaitement le programme de Marinetti pour une littérature futuriste, qui anticipait sur les diverses manières d'utiliser les mots dans le graphisme : « Il faut détruire la syntaxe et éparpiller les noms au hasard... il faut utiliser l'infinitif... abolir l'adverbe... il faut confondre délibérément l'objet et l'image évoquée... abolir même la ponctuation. » Plus important encore, Marinetti réalisa que les lettres formant les mots n'étaient pas que de simples signes alphabétiques. Les différences de graisse et de dessin, et non la seule position sur la page, conféraient aux mots un caractère particulier. Ainsi les mots et les lettres pouvaient s'utiliser comme des images visuelles.

Dans la revue *Lacerba*, publiée à Florence à partir de 1913, Marinetti joignit ses forces à celles de l'écrivain Giovanni Papini et du peintre Ardengo Soffici. Magazine d'avant-garde aux positions radicales, ce bimensuel tiré à 20 000 exemplaires était très apprécié des ouvriers. Les expériences typographiques de *Lacerba* préparèrent le terrain à la lutte qui allait opposer l'avant-garde à ses détracteurs au cours des trente années à venir. Dans plusieurs villes d'Italie, des pages de pamphlets et de revues animées par des mots en liberté firent leur apparition. Les mots remplaçaient les images à l'instar des cartons qui viennent interrompre une scène dans un film muet, permettant soit de poursuivre la narration (« Le héros arrive ») soit de transcrire un son lorsque, par exemple, l'héroïne appelle au secours.

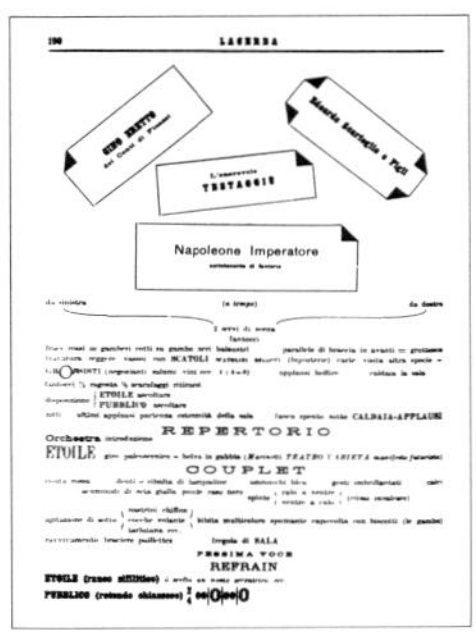

Lacerba
page de magazine 1914
[Francesco Cangiullo]

Les bruits des combats dominaient dans *Zang Tumb Tumb* : les mots disposés en diagonale étaient techniquement difficiles à réaliser et demandaient beaucoup de temps à un imprimeur utilisant des caractères en métal montés sur blocs rectangulaires. Mais Marinetti avait la chance d'habiter au-dessus d'une imprimerie, à Rome, et il y découpait les caractères en bois pour les assembler à sa manière. Un procédé plus classique consistait à coller des lettres déjà imprimées à partir desquelles une forme gravée était réalisée pour l'impression.

Pour la couverture de son recueil de poèmes, *BIF & ZF + 18*, Soffici associa des caractères d'imprimerie, des lettres découpées dans des affiches et des photogravures existantes, technique que les dadaïstes allemands reprirent par la suite. Il introduisait, à l'intérieur des colonnes de texte classiques, de brusques changements dans le style et la taille des caractères : tantôt un caractère de corps élevé, tantôt des lignes de texte minuscules. Et pour pousser la provocation un peu plus loin, il ponctuait ses pages de fragments de publicités.

BIF § ZF + 18
doubles pages et couverture 1915
[Ardengo Soffici]

Les futuristes accueillirent la publicité comme une manifestation de la vie moderne, l'antithèse de la culture de musée qu'ils méprisaient tant. Marinetti disait, par exemple, que les enseignes lumineuses qui faisaient face à la cathédrale de Milan étaient capables d'« exprimer la splendeur d'une imagination poétique rayonnant vers l'éternité ». La poésie pouvait ainsi s'exprimer autrement. Pour Fortunato Depero, personnage clef du graphisme d'alors, la publicité était un moyen de répandre les idées futuristes. Associé au peintre futuriste Giacomo Balla, Depero signa, en 1915, le manifeste de *La Reconstruction futuriste de l'univers*. Parmi ses suggestions les plus provocantes, on trouvait la « publicité tridimensionnelle, sonore et cinétique ». En 1927, Depero atteignit presque son but : le stand qu'il conçut pour les éditions Treves, à la Foire internationale des arts décoratifs de Monza, haut de neuf mètres, était consitué en grande partie de gigantesques lettres.

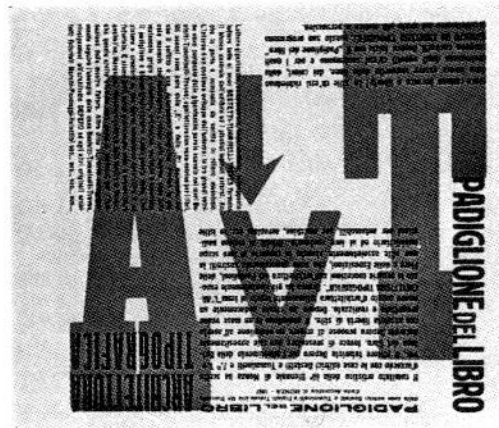

pavillon d'exposition pour les frères Bestetti, Tumminelli et Treves, éditeurs Troisième Biennale internationale des arts décoratifs de Monza 1927 [Fortunato Depero]

'Pavillon du livre : Architecture typographique' in *Depero Futurista* 1927 [Fortunato Depero]

La même année vit la publication de son livre, *Depero Futurista*, l'une des œuvres-clef de l'autopromotion futuriste et des arts graphiques en général. Il s'agit d'un catalogue de graphismes publicitaires dont les quatre-vingts pages sont reliées par deux grosses vis et leurs boulons. En 1928, Depero partit pour New York où il continua de peindre, d'exposer et de travailler dans la publicité, en indépendant. Il conçut également des couvertures de magazine, dont celle de *Vanity Fair*, mais se consacrait avant tout à la promotion du futurisme et de son propre travail.

Depero Futurista couverture du livre en métal 1927 [Fortunato Depero]

« L'œuvre typographique de Depero » in *Depero Futurista* 1927 [Fortunato Depero]

Le futurisme comportait un élément enfantin. La « Reconstruction futuriste » incluait « Le Jouet futuriste », dont les exigences essentielles étaient de faire rire les enfants aux éclats et de stimuler les adultes. Toutes les images publicitaires de Depero semblaient être faites pour une classe de maternelle : il s'agissait pour la plupart de simples découpages de papier avec des jeux d'inversion de noir et blanc. Mais c'est justement cette grande simplicité qui faisait toute leur force. De plus, ces assemblages étaient faciles à reproduire dans les journaux et en aplats de couleur, par lithographie, pour les affiches. L'association de Depero avec la société Campari se solda par une série de publicités réunies dans un ouvrage, *Numero unico futurista Campari 1931*. Les succès du futurisme enthousiasmaient Depero : « L'influence du style futuriste sur les médias et les domaines créatifs de la publicité est évidente, de manière décisive et catégorique – je le vois à tous les coins de rue, dans tous les espaces réservés à la publicité, plus ou moins plagiée ou pillée, avec plus ou moins d'intelligence, plus ou moins de goût [...] et je m'en réjouis. »

Les futuristes incorporaient des éléments publicitaires à leurs publications et, inversement, ouvraient le futurisme à la publicité. Fascinés par la technologie et par l'image de modernité qu'elle projetait, ils utilisèrent des matériaux empruntés à l'industrie. Les vis et boulons de *Depero*

Numero unico futurista Campari couverture de fascicule 1931 [Fortunato Depero]

Futurista en furent les premiers exemples. Trois exemplaires de cet ouvrage furent reliés en fer blanc, un matériau que le poète Tullio D'Albisola utilisa également en 1932 pour une version futuriste des *parole in libertà* de Marinetti, conçue pour faire appel aux sens du toucher et de l'odorat.

Les Mots futuristes libérés : tactile thermique olfactif
pages de livre relié en fer blanc 1932
[Tullio D'Albisola]

Les pages en vis-à-vis présentent des aplats de couleur d'un côté et une impression en noir et blanc de l'autre. Cette maquette s'éloignait de la frénésie des éditions précédentes de Marinetti. Elle est ici maîtrisée dans un format carré par une géométrie austère et des antiques.

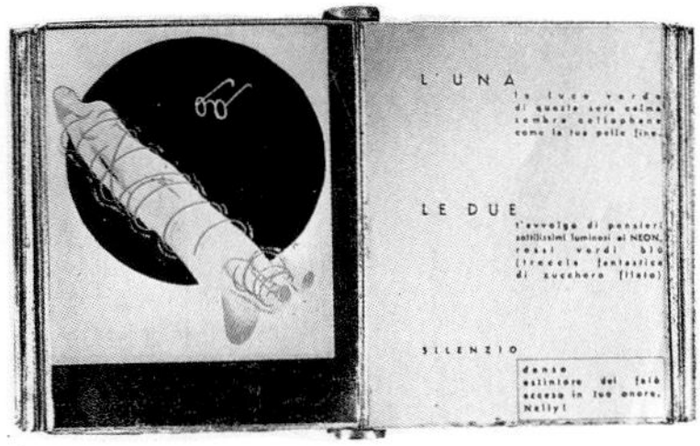

La Pastèque lyrique
pages de livre relié en métal 1934
[Bruno Munari]

En 1934, parut le livre de D'Albisola, *L'Anguria lirica*, mis en page par le Milanais Bruno Munari, graphiste de premier plan pendant plus de cinquante ans. Sur la page de titre, le portrait de D'Albisola était dessiné par Nicolas Dioulgheroff, le fils d'un typographe bulgare, qui avait suivi le cours préliminaire de l'école du Bauhaus, en Allemagne (voir chap. 6). En tant que peintre et graphiste publicitaire, Munari travailla dans le style futuriste populaire visible dans ses caractères géométriques (la majuscule A, par exemple, devient un triangle). Le futurisme devint un style plutôt qu'un principe et il jouit d'une large influence, mais les grands affichistes italiens (Cappiello, Doudovitch, Mazza, Sepo et Seneca) en perpétuèrent la tradition sans beaucoup d'innovations modernistes. L'affiche la plus réussie de Depero, pour la magnésie S. Pellegrino, reprend des techniques classiques : une silhouette unique reliée au produit par un concept visuel.

« Centrale futuriste »
détail du papier à en-tête 1929
[Nicolas Dioulgheroff]

« Magnésie S. Pellegrino »
affiche 1930
[Fortunato Depero]

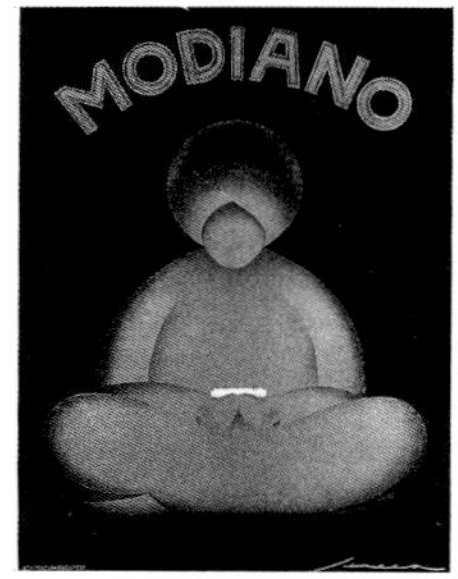

« Modiano »
affiche pour du papier à cigarette 1930
[Federico Seneca]

C'est en 1929, à New York, que Depero écrivit l'essentiel de *Il Futurismo e l'arte pubblicitaria (Le Futurisme et l'art publicitaire)*, publié après son retour en Italie, en 1931. « L'art de l'avenir sera inévitablement publicitaire », proclamait le manifeste, appelant la publicité à se faire le reflet d'un nouvel enthousiasme pour « nos gloires, nos hommes, nos produits ». Une telle rhétorique aida à promouvoir les idées de Mussolini, le chef de l'Italie fasciste et impérialiste.

Cependant, diverses tendances conflictuelles existaient : d'un côté, un modernisme agressif, de l'autre un néoclacissisme monumental se réclamant de l'Empire romain. Ils unirent leurs forces à l'occasion de l'exposition qui se tint à Rome, en 1933, pour célébrer le dixième anniversaire du mouvement fasciste. Dans l'affiche typographique de Leandri appelant au soutien de cet événement, les diagonales et l'asymétrie des *parole in libertà* produisaient un effet dynamique, qui obscurcissait pourtant le message. Aucun principe directeur ne présidait à l'assemblage des mots, pas plus qu'une hiérarchie quant à leur importance relative ; c'était là une constante du travail de Marinetti. A la même époque, en Allemagne, la Nouvelle typographie (voir chap. 6) avait déjà appris à rehausser le sens des mots par l'utilisation du blanc dans la mise en page. Ce type de fonctionnalisme aura une influence essentielle sur de nombreux jeunes graphistes associés au futurisme. Leur réaction au nationalisme et au conservatisme néoclassique et néo-Renaissance de l'imprimerie s'exprima dans la revue *Campo Grafico*, éditée pour la première fois en 1933. Exposant ce qui se passait en dehors de l'Italie, à Paris et en Allemagne, elle présentait aussi le tra-

« Exposition de la révolution fasciste »
affiche 1933
[C.V. Testi]

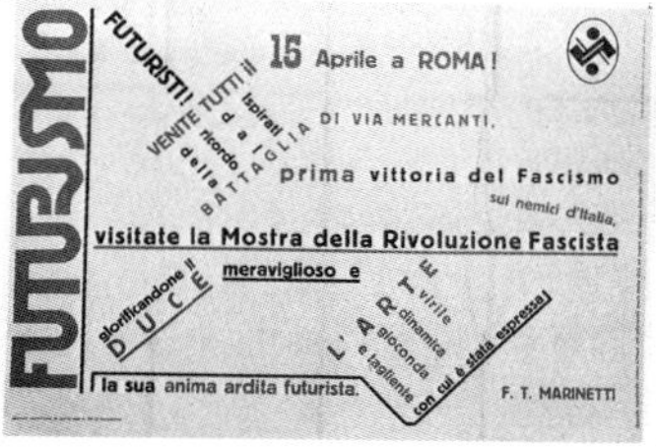

« Futurisme : futuristes –
tous à Rome le 15 avril »
poster inséré dans une revue 1933
[Leandri]

« La Marche sur Rome »
exposition de la révolution fasciste,
halle P 1933
[Mario Sironi]

Casabella
couverture de magazine 1937
[Edoardo Persico]

vail d'une nouvelle génération de graphistes italiens. Leur fer de lance, Edoardo Persico, publia un autre magazine, *Casabella*. Mais Marinetti restait un symbole de progrès auprès de la jeune génération : en 1939, *Campo Grafico* lui consacra un numéro entier.

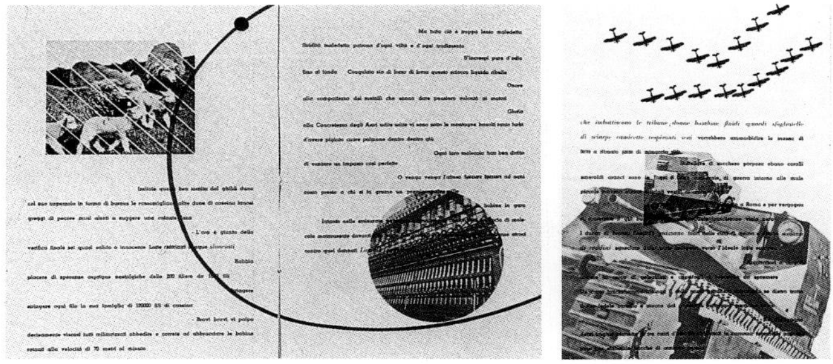

Le Poème du costume lacté
brochure 1937
[Bruno Munari]

A partir d'un poème de Marinetti, *Il Poema del vestito di latte (Le Poème du costume lacté)*, Munari créa l'une des œuvres majeures du graphisme italien naissant. Destinée à la promotion d'un tissu synthétique, cette affiche fut réalisée grâce à des techniques résolument modernes : des photographies détourées en noir et blanc, et des surimpressions en couleurs, accompagnées de caractères Bodoni et d'antiques, justifiés sur la largeur de la colonne pour former des carrés de texte. Cette œuvre post-futuriste possédait la même énergie et assurance que les œuvres de Marinetti créées vingt ans auparavant, mais sans leur anarchie typographique : la discipline des pages de Munari reflétait une nouvelle forme de graphisme en Italie (voir chap. 15).

Le futurisme occupe une place essentielle dans l'histoire du graphisme car il marque la rupture avec la mise en page traditionnelle et symétrique. Il créa un précédent pour les multiples innovations typographiques des dadaïstes allemands et prêta son nom à l'expérimentalisme russe qui précéda la révolution soviétique de 1917.

Campo grafico
couverture de magazine 1939
[Enrico Bona]

5
La Russie soviétique

Les résultats du premier plan quinquennal
photomontage sur double page 1932
[Barbara Stepanova]

Dans les années qui suivirent la révolution de 1917, les arts graphiques devinrent, avec le cinéma, un outil de communication de masse. Ce nouveau langage eut une profonde influence en Allemagne et aux Pays-Bas pendant l'Entre-deux-guerres. La Russie possédait déjà une tradition visuelle importante grâce à ses *lubki* – gravures sur bois qui racontaient une histoire –, icônes et journaux politiques illustrés. Mais elle avait aussi une intelligentsia artistique décidée, sous l'influence du futurisme, à tourner le dos au passé. Au milieu de l'optimisme général et des débats sans fin, des privations physiques, dans une époque ravagée par la guerre civile et les révoltes politiques, les images et les mots devinrent les agents de la Révolution. L'affiche servait de moyen d'expression, criant des slogans visuels et illustrant des allégories politiques.

« La mort de l'impérialisme mondial »
affiche 1919
[Dimitri Moor]

Trois formes d'affiche se distinguent. La première, pratiquée notamment par Viktor Deni et Dimitri Moor, était un prolongement de l'illustration politique. Une fois agrandies, les allégories de Moor gagnaient en puissance avec leur illustration de l'opposition obsédante entre le passé et le présent, entre l'ennemi et les héros de l'Entente, entre l'impérialisme et la lutte des ouvriers, accompagnées d'un simple slogan, comme « Mort à l'impérialisme mondial » : l'industrie, étouffée par le dragon réactionnaire, est sur le point d'être secourue par les armées de la Révolution. Moins représentative de l'œuvre de Moor, la longue silhouette qui apparaît sur l'affiche destinée à rassembler des fonds pour les victimes de la famine de 1920 est accompagnée d'un seul mot : « *Pomogi* » (« Au secours »). Le dessin du vieil homme squelettique et des deux malheureux épis d'orge n'est plus une illustration mais une idée graphique, un idéogramme de la faim.

« Au secours »
affiche 1920
[Dimitri Moor]

Les affiches de Moor et de Deni se limitaient souvent à l'emploi du noir et du rouge. Le rouge permettait d'identifier les éléments révolutionnaires, notamment les drapeaux, les chemises des ouvriers et les blouses des paysans. Le noir servait au sujet principal et, en aplats, aux vêtements des capitalistes et du clergé. Sur une affiche de

« La 3e Internationale »
affiche 1921
[Viktor Deni]

Deni, au graphisme extrêmement concis, une main rouge écrit, également en rouge, « Troisième Internationale » sur un rectangle noir, ce qui fait trembler le capitaliste stéréotypé en chapeau haut-de-forme et intègre ainsi le slogan à l'illustration.

La deuxième forme d'affiche, reprise d'une tradition adaptée aux besoins de la propagande patriotique de la Première Guerre mondiale, apparaît sous la forme des « fenêtres Rosta », produites de 1919 à 1922. Rosta était le nom de l'agence d'Etat chargée de la transmission des actualités et des renseignements par le télégraphe. Les fenêtres Rosta étaient des bulletins pouvant mesurer d'un à plus de quatre mètres de haut. Il s'agissait de feuilles imprimées d'un seul côté, racontant par une suite d'illustrations une petite histoire drôle, que l'on affichait dans les vitrines des magasins, dans les gares de chemin de fer et même au front, pendant la guerre civile. L'illustrateur politique Mikhail Tcheremnykh en fut l'initiateur et, au total, créa cinq cents affiches pour Rosta – on le disait même capable d'en dessiner cinquante en une seule nuit.

Décret contre le port de la barbe
gravure *lubok*
XVIIe siècle

« En première classe »
affiche 1921
[Mikhail Tcheremnykh]

Tout aussi célèbre et prolifique, le poète Vladimir Maïakovski, auteur de la majorité des textes, dessina également un tiers de la production totale des ateliers, soit 1 600 affiches. « Prenons les places pour palettes, les rues pour pinceaux ! » disait-il. En une nuit, les affiches étaient conçues et imprimées par les ateliers communautaires. La technique du stencil exigeait des aplats de couleur et des formes simples, les lignes et les lettres trop délicates étant impossibles à reproduire. Une fois l'affiche élaborée, plusieurs exemplaires du stencil étaient acheminés vers les régions parmi les plus reculées d'Union soviétique. Par la suite, des ateliers Rosta furent créés au niveau régional.

« Nous allumons la vérité sur le monde... »
affiche Rosta (sur l'électrification)
Moscou 1920 [Vladimir Maïakovski]

« Paysan, si tu ne veux pas nourrir le propriétaire, nourris le front... »
affiche Rosta
Petrograd 1920
[Vladimir Lebedev]

A Petrograd, les artistes réalisaient leurs affiches à partir de gravures sur linoléum et ajoutaient la couleur à la main. Vladimir Lebedev et Vladimir Kozlinsky étaient les plus réputés dans cette technique. Les formes étaient tracées en lignes noires et épaisses et accompagnées de lettres tout aussi épaisses ; des taches de couleur ajoutées ici et là allégeaient l'ensemble.

Il existe une affiche Rosta qui montre deux graphismes différents. Celui du haut est réalisé dans le style traditionnel. Celui du bas, auquel on a ajouté le slogan « Qu'avez-vous fait pour le front ? », géométrique et abstrait, a été réalisé par un artiste constructiviste.

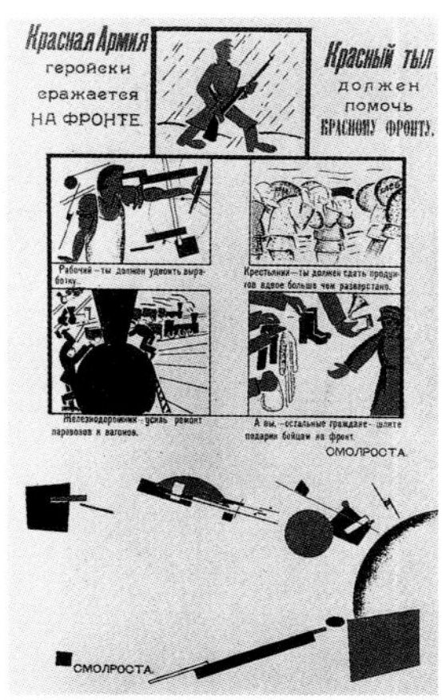

à gauche
« L'Armée rouge combat héroïquement sur le front »
affiche Rosta
Smolensk 1920
[Kazimir Malevitch]

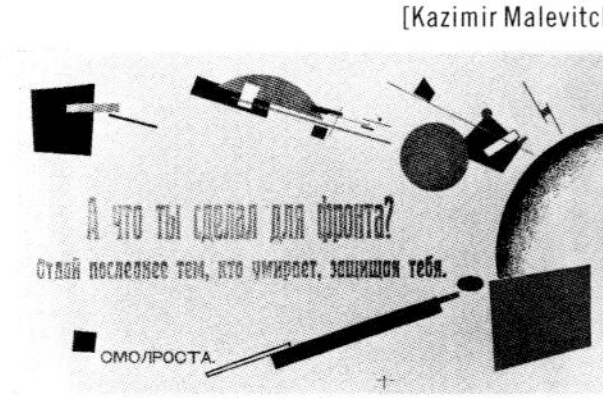

« Qu'avez-vous fait pour le front ? »

Les constructivistes rejetaient l'idée de l'œuvre d'art unique et, armés des formes nouvelles de la peinture abstraite, voulaient détruire le clivage existant entre l'art et le travail. La production mécanique d'images, rendue possible grâce à la photographie, convenait

« Battez les Blancs avec le coin rouge »
affiche 1920
[El Lissitzky]

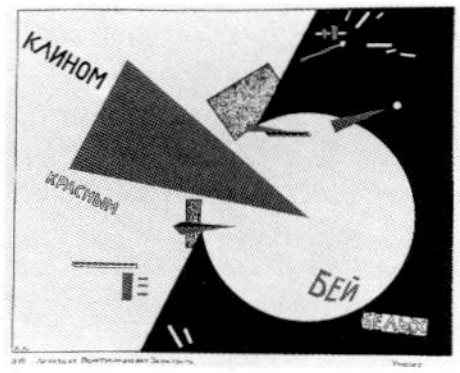

papier à en-tête de l'artiste 1923
[El Lissitzky]

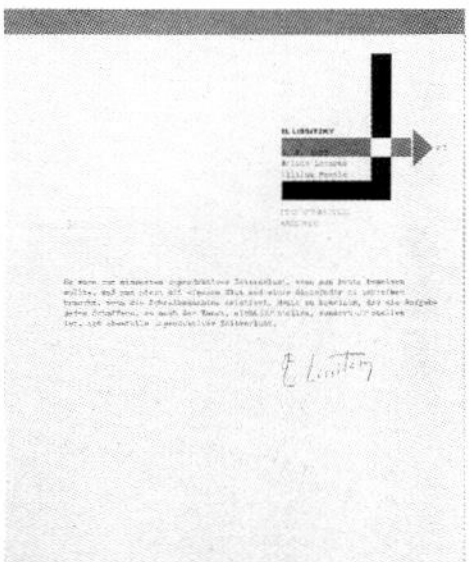

parfaitement à cette idéologie ; de même, la reproduction industrielle par l'imprimerie allait dans le sens de leur volonté de coopérer à l'avènement du communisme.

La fameuse affiche *Battez les Blancs* [les contre-révolutionnaires] *avec le coin rouge* montre un lien plus cohérent entre ce que suggère l'image et ce que disent les mots. Cette affiche est l'œuvre de El Lissitzky, personnage représentatif du constructivisme par ses multiples activités. Lissitzky fut un grand pionnier du photomontage, cet assemblage de divers éléments qui donne vie à la photographie par la juxtaposition ou la superposition, la combinaison de différents points de vue, le cadrage, le détourage, l'exploitation de contrastes violents et des changement brutaux d'angle.

Pour son autoportrait, *Le Constructeur*, Lissitzky a utilisé les techniques du collage et du montage en dessinant et en apposant les lettres sur l'image elle-même, surimprimant plusieurs négatifs de la main, le portrait et le papier millimétré. Lissitzky dévoile par ce portrait les éléments constitutifs de son métier : l'œil et la main reliés par un outil, le compas dessinant un cercle sur le papier, symbole de précision. Il inclut également une bribe de texte, les trois dernières lettres de l'alphabet et son nom, repris de l'en-tête de son papier à lettres. Un tel graphisme illustre bien le slogan : « A bas la protection des traditions artistiques ! Vive le technicien constructiviste ! »

Le Constructeur
autoportrait
collage, photomontage, surimpression,
encre, cliché rephotographié
1924

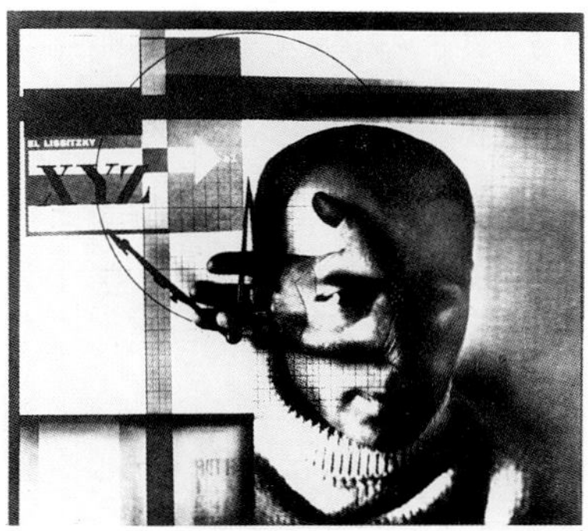

ci-dessous
la main du graphiste
et autoportrait
photographies 1924
[El Lissitzky]

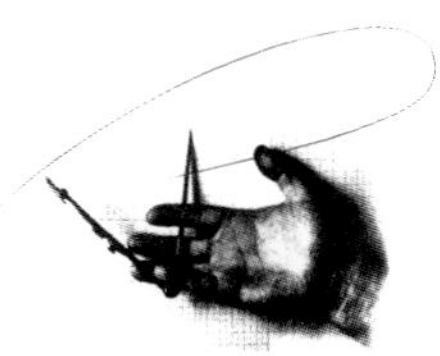

Les livres conçus par Lissitzky expriment l'idée selon laquelle « les mots imprimés sont vus et non pas entendus » et qu'une « suite de pages fait du livre un véritable film ». Dans *Histoire suprématiste de deux carrés*, la narration se développe via les légendes des dessins, composées dans une typographie dynamique et placées dans la marge. L'année suivante, Lissitzky réalisa un recueil de poèmes de Maïakovski, *Dlya Golossa* (*Pour être lu à voix haute*, littéralement : Pour la voix), qui se présente comme un répertoire à onglets avec un symbole pour chaque poème. Les illustrations étaient réalisées à partir d'outils d'imprimerie, notamment de « filets » (pièces en métal ou en bois servant à imprimer des lignes d'épaisseurs différentes).

Pour la voix
double page de livre 1923
[El Lissitzky]

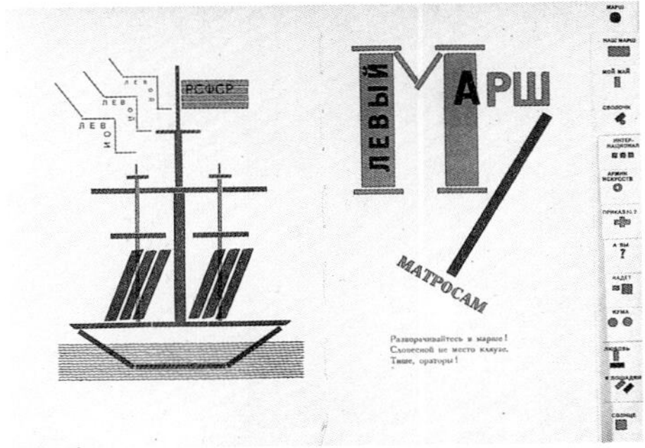

Histoire suprématiste de deux carrés en six constructions
page de livre 1922
[El Lissitzky]

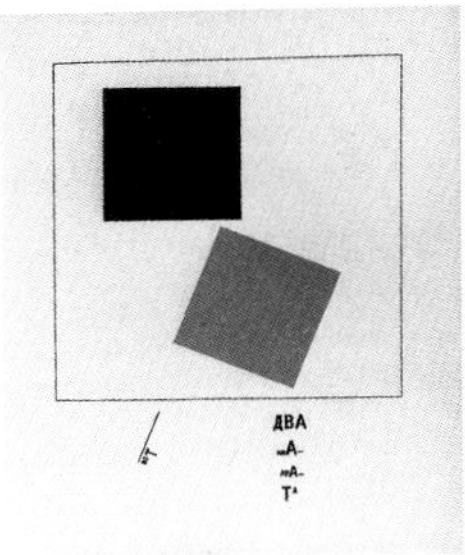

Maïakovski joua un rôle déterminant dans la réalisation de matériels promotionnels et d'emballages de produits en collaboration étroite avec le peintre, graphiste et photographe Alexandre Rodtchenko sous le nom de « Reklam-Konstructor » (constructeur publicitaire). Une publicité pour le grand magasin Goum, à Moscou, est représentative de leur style. Quatre silhouettes, bras et jambes étirés, sont dessinées dans un style enfantin, les mains posées sur un cercle au milieu duquel on peut lire « Saisissez cette bouée de sauvetage ! », puis, au-dessus et au-dessous, « Tout pour tous. Bonne qualité. Bon marché. Première main. » De gigantesques points d'exclamation confèrent une urgence à la symétrie brute caractéristique des premières œuvres graphiques de Rodtchenko. Ses couvertures des magazines *Lef* et *Novy Lef*, entre 1923 et 1928, présentaient certaines caractéristiques du style international, style qui, trente ans plus tard, allait devenir la langue commune des arts graphiques. En effet, ces couvertures mettaient déjà l'accent sur la « rectangularité » et sur l'espace blanc comme faisant partie du graphisme lui-même et utilisaient presque exclusivement la photographie et des caractères sans empattements.

« Saisissez cette bouée de sauvetage ! »
publicité pour le Goum 1923
[Alexandre Rodtchenko]

Rodtchenko fut l'un des premiers à exploiter le photomontage. En associant des fragments de photographies à des images découpées dans des revues, il conçut en 1924 une série de couvertures en deux couleurs pour des romans policiers. Ces collages paraissent sommaires comparés aux réalisations du maître du photomontage, Gustav Kloutsis. Décrivant cette nouvelle technique comme « l'art de la construction du socialisme », Kloutsis emploie le photomontage pour créer des images héroïques des réalisations soviétiques. Son affiche de 1929 sur le *Développement des transports : le plan quinquennal* est une construction qui marie des éléments photographiques et graphiques. Il utilise les notions d'échelle et de perspective pour traduire à la fois la quantité et l'importance.

Novy Lef
couverture de magazine 1927
[Alexandre Rodtchenko]

Le sens des images peut se comprendre sans lire les slogans ni les légendes. Le progrès est observé par le personnage à dos de chameau (métaphore de l'ancien) et est amené par la nouveauté, la locomotive, qu'une étoile rouge identifie comme représentant

Miss Mend
couverture de livre 1924
[Alexandre Rodtchenko]

l'Etat. Les mots et les chiffres précisent le sens du graphisme, mais leur rôle est secondaire par rapport au sens métaphorique des images.

« Le développement des transports : le plan quinquennal »
affiche 1929
[Gustav Kloutsis]

Ces affiches annoncent la maturité du graphisme soviétique. Si la géométrie et les couleurs primaires de l'art abstrait constructiviste persistaient encore, les œuvres les plus complexes tenaient déjà leur forme graphique non d'un style imposé, mais de l'effort entrepris pour en clarifier le message. Les mises en pages de Kloutsis, et la typographie d'Alexeï Gan et de Salomon Telingater, témoignent de cette évolution.

L'Année 1914
double page de livre 1934
[Salomon Telingater]

Conçu par Telingater en 1934, l'ouvrage d'Ilya Feinberg, *1914-i* (*L'Année 1914*) illustre cette nouvelle utilisation du mot et de l'image. Il s'agit d'un compte rendu antimilitariste et anti-impérialiste du déclenchement de la Première Guerre mondiale et de la réaction de Lénine au conflit, présenté comme un catalogue de coupures de presse du début de la guerre. Les colonnes de texte sont interrompues par des bribes de phrases imprimées dans des caractères de tailles diverses. Mais ce sont les images qui mènent le débat ; de nature entièrement documentaire, il s'agit surtout de photographies d'actualité, mêlées à des insignes et des médailles, des timbres-poste, des dessins de fusils et de balles, dont le sens est clairement établi par leur relation entre eux.

Ce type de montage fut inspiré en partie par les films du début des années 1920 réalisés par des metteurs en scène novateurs comme

Le Constructivisme
page de livre mise en page par l'auteur 1922 [Alexeï Gan]

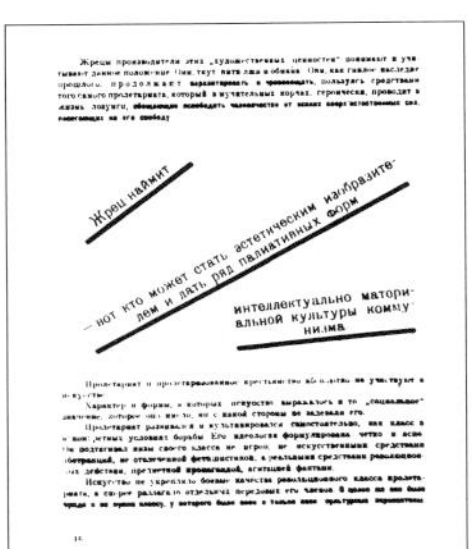

L'Homme à la caméra
affiche de film 1929
[les Frères Stenberg]

Ciné-œil par Tziga Vertov
graphismes de titre de la revue *Kino-fot*
1922 [Alexandre Rodtchenko]

Eisenstein ou Vertov, dans lesquels des fragments opposés sont juxtaposés. La technique fut reprise par les frères Vladimir et Gueorgui Stenberg et d'autres graphistes pour des affiches de film. Sans utiliser de silhouette dominante (composition la plus courante), ils assemblaient différents détails extraits de prises de vue du film. De tels fragments apparaissent sur l'une des deux affiches qu'ils élaborèrent pour *L'Homme à la caméra* de Vertov. Un œil se substitue à l'objectif d'une caméra, à côté d'une moitié de visage souriant, comme si l'objectif de la caméra était une autre façon de voir. Le trépied crée un espace à travers lequel deux jambes habillées d'une jupe courte effectuent un pas de danse ; l'image du trépied est répétée mais cette fois pour supporter une mitrailleuse. Le spectateur complète les images de lui-même comme s'il s'agissait des séquences continues d'un film.

Des effets dynamiques de ce genre apparurent également dans le mensuel *L'URSS en construction*, réalisation la plus aboutie du graphisme soviétique. Cette revue, publiée de 1930 à 1941 en russe, allemand, français et anglais, employa les plus grands photographes, les meilleurs graphistes et journalistes de l'époque et se voulait une vitrine des réalisations soviétiques.

Utilisant et inventant toute une gamme de techniques d'impression et de reproduction, les pages requiéraient la collaboration du lecteur pour participer à l'avancée héroïque de la Révolution. La forme d'un avion, répétée en silhouette sur une photographie aérienne, emmène le lecteur dans les airs (voir p. 20). L'histoire de l'Armée rouge est racontée en photographies, avec les dates dessinées en grands chiffres blancs : homme de la milice 1917 ; marin, partisan pendant la guerre civile 1919 ; soldat de la cavalerie 1920 ; fantassin asiatique sur le front chinois 1929 ; soldat de l'Armée rouge 1933. Le soldat protège ce que révèle le dépliage de la dernière demi-page verticale : les résultats du cinquième plan quinquennal dans le cadre du développement industriel et des travaux publics avec, au premier plan, une aile d'avion pour justifier la vue aérienne des maisons. Différentes sortes de pliages, de collages et de découpages semi-transparents étaient inclus,

Ciment
affiche de film 1928
[Mikhail Dlougatch]

Exposition Pressa
catalogue 1928
[El Lissitzky]

accompagnés d'un parachute en papier ; toutes les techniques graphiques, du dessin industriel à l'aérographe étaient mobilisées pour présenter et expliquer un message.

Le travail des graphistes soviétiques ne se limitait pas à la propagande imprimée, il touchait aussi les drapeaux et la décoration des rues lors des grands défilés. Dans les années 1920, les foires et les expositions internationales devinrent d'importants moyens de promotion commerciale et de transmission de la culture socialiste. Lissitzky était également un scénographe prolifique et original. Pour *Pressa*, le grand salon de la presse qui se tint à Cologne en 1928, il utilisa des photomontages à grande échelle. D'énormes courroies, comme celles qui acheminent le papier sur une presse rotative, faisaient circuler des exemples d'affiches et de brochures soviétiques ; des drapeaux en arcs de cercle, verticaux, telles des matrices servant à l'impression des journaux, répétaient l'image d'un soldat imposant, représentant des presses de l'Armée rouge.

Lissitzky était connu et reconnu à l'extérieur de la Russie, il fit de longs séjours professionnels en Allemagne, lança une revue à Berlin puis une autre en Suisse et son *Histoire de deux carrés* fut traduite en néerlandais. L'Union soviétique accueillait, elle aussi, les graphistes étrangers. En 1931, l'Allemand John Heartfield se rendit à Moscou où il fit une démonstration de photomontages. Il mit en pages un numéro de *L'URSS en construction* dans lequel il réalisa une présentation illustrée de statistiques, inspirée par le créateur viennois de l'Isotype, Otto Neurath (voir p. 18). Jusqu'à ce que Staline balaie cette énergie d'avant-garde, l'Union soviétique apparaissait comme le pays où les arts graphiques étaient considérés comme l'expression d'une société de masse à l'ère de la machine.

Exposition Pressa
pavillon soviétique 1928
[El Lissitzky]

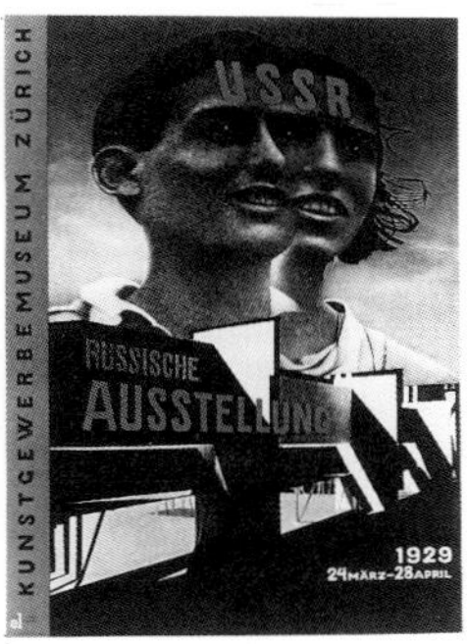

« URSS
Exposition russe »
affiche 1929
[El Lissitzky]

« Production de viande de lapin
par milliers de tonnes »
affiche 1932
[Institut Isostat]

6
L'Allemagne

Après la Première Guerre mondiale, l'Allemagne sombra dans le chaos économique et politique. C'est pourtant à cette époque que le graphisme se généralisa grâce aux affiches, mais aussi aux brochures publicitaires, en-têtes de papiers à lettres, catalogues industriels, foires internationales, etc. L'Allemagne, située au confluent de deux puissantes avant-gardes, était ouverte à leur influence. A l'Est, le communisme et le constructivisme dominaient l'Union soviétique ; à l'Ouest, l'enthousiasme doctrinaire des artistes néerlandais avait créé le mouvement De Stijl. Les arts graphiques se manifestaient à travers la publicité, et notamment le travail d'affichistes exceptionnels comme Hohlwein et Bernhard. Mais, dans les années 1920, ce sont les artistes d'avant-garde qui donnèrent forme à la communication visuelle.

A la fin de la guerre, la vie artistique était dominée par l'expressionnisme et le dadaïsme. Les affiches, les livres et les journaux produits par les expressionnistes se distinguaient par une illustration agressive où des contrastes violents voisinaient avec des lettres au dessin libre et d'épais caractères, destinés à l'origine à la publicité. L'effet résultant de ces techniques était souvent exagéré et seules quelques affiches de films restent inoubliables. Ce sont les poètes et les artistes du mouvement dada, avec leur dédain futuriste pour la tradition, qui poursuivirent la révolution des mots et des images. Le montage d'images était l'une de leurs techniques favorites.

La publicité conçue en 1917 par John Heartfield pour un recueil de lithographies de son confrère dada George Grosz, associait d'anciens blocs en bois gravés, découverts chez l'imprimeur, à des slogans en caractère antique. La nécessité de serrer les caractères sur la presse exigeait l'utilisation de blocs rectangulaires, ce qui imposait une composition rigoureusement verticale-horizontale. Mais Heartfield déjoua cette contrainte en versant du plâtre autour des caractères et des blocs positionnés à un angle, afin de les maintenir fixes pendant l'impression.

« encres Pelikan »
affiche 1921
[César Klein]

« couleurs Pelikan pour artistes »
affiche v. 1925
[Ludwig Hohlwein]

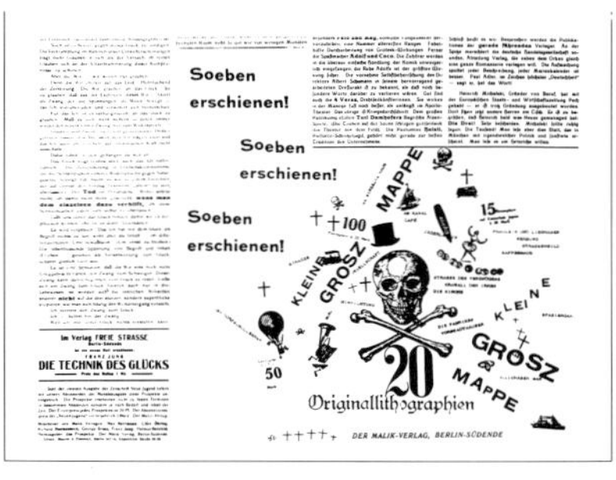

« Petit portfolio de Grosz »
publicité 1917
[John Heartfield]

sigles du Bauhaus
de 1919 à 1922

après 1922
[Oskar Schlemmer]

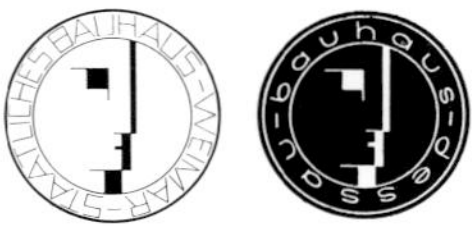

Utopia : documents sur la réalité
page de livre 1922
[Johannes Itten]

Le savoir-faire des dadaïstes dans le domaine de la propagande, utilisé dans un premier temps à des fins auto-promotionnelles, s'étendit au graphisme ; ce dernier était en effet considéré comme partie intégrante d'une révolution sociale dans laquelle la liberté serait atteinte grâce à une mécanisation accrue. En typographie, ils se limitèrent à une gamme étroite de caractères et de formats de papier, et chaque œuvre devait avoir une structure correspondant à son contenu verbal. Le graphiste travaillait sur une planche à dessin, comme un architecte, pour produire une maquette donnant toutes les instructions nécessaires. Désormais, les décisions ne venaient plus de l'imprimeur mais de l'atelier de création, loin du processus de fabrication.

On peut trouver les origines de cette évolution – de l'expressionnisme vers le fonctionnalisme et de l'artisanat vers le graphisme, avec pour objectif la production industrielle – dans les changements graphiques du Bauhaus, la célèbre Ecole des arts et techniques établie à Weimar en 1919. Le premier emblème de l'école ressemblait à une marque de maçon, une silhouette portant une pyramide à bout de bras. En 1924, elle fut remplacée par le profil géométrique d'un visage (adapté d'un dessin déjà ancien d'Oskar Schlemmer, membre de la faculté), facile à reproduire à partir de « filets » d'imprimeur, bandes de bois ou de métal permettant l'impression de lignes plus ou moins fines.

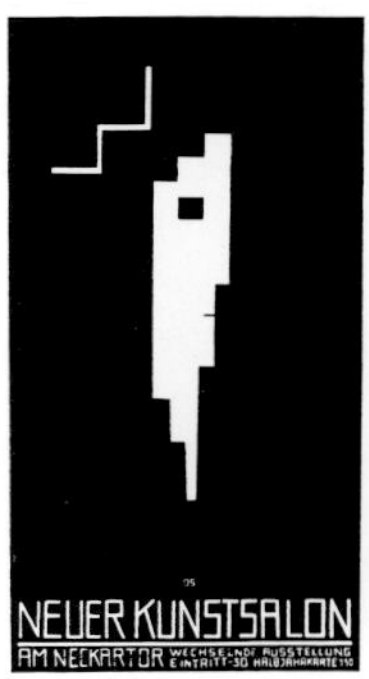

« Nouveau salon des arts »
affiche 1914
[Oskar Schlemmer]

« Exposition du Bauhaus »
affiche 1923
[Fritz Schleifer]

Les filets devinrent le stéréotype de ce que l'on identifiait volontiers comme la « typographie Bauhaus ». En réalité, les filets et les caractères sans empattements, ou linéales, faisaient partie d'une réforme radicale qui étudiait chaque élément du graphisme et le rôle qu'il jouait dans la transmission de l'information. Déjà, dans son almanach de 1921 pour Utopia Press, un professeur du Bauhaus, Johannes Itten, alla au-delà des efforts des futuristes pour donner aux caractères d'imprimerie un peu des inflexions du langage parlé, au moyen d'un mélange de caractères gothiques, de lourdes lettres victoriennes et de vignettes typographiques, agencés autour d'un axe central. Les pages étaient gouvernées par la géométrie rectangulaire inhérente au matériel de l'imprimeur, et les zones blanches permettaient d'établir des relations de sens.

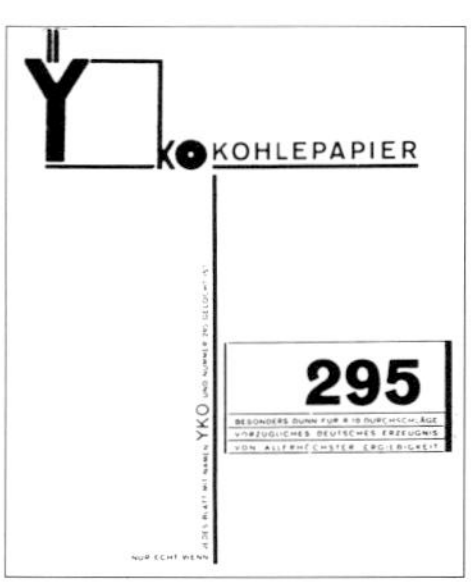

« Fournitures de bureau Yko »
couverture de catalogue 1925
[Joost Schmidt]

Au sein du Bauhaus, une analyse approfondie de la communication visuelle commença par celle de l'alphabet. En Allemagne, le problème était particulier : le style le plus utilisé était le gothique, dont la forme archaïque n'était pas adaptée à la reproduction mécanique. On décida d'une approche radicale quant à l'utilisation des majuscules pour les premières lettres des substantifs. Une note de bas de page imprimée sur le papier à lettres du Bauhaus conçu par Herbert Bayer, en 1925, indiquait clairement l'attitude de l'Ecole :

boîte de ruban de machine à écrire 1925
[Joost Schmidt]

> pour la simplification de l'écriture
> 1. voici la manière recommandée par les réformateurs de la forme des caractères. cf. le livre « *sprache und schrift* » [langage et caractères] du dr. porstmann, éditions du syndicat des ingénieurs, berlin 1920.
> 2. en nous contentant des bas de casse, nos lettres ne perdent rien et deviennent plus faciles à lire, plus faciles à mémoriser, considérablement plus économiques.
> 3. pourquoi existe-t-il pour un son, a par exemple, deux signes, A et a ? un son, un signe. pourquoi deux alphabets pour un mot, pourquoi doubler le nombre de signes quand la moitié revient au même ?

ABCDEFGHIJ
KLMNOPQR
STUVWXYZ

Neuland 1923
[Rudolf Koch]

ABCDEFGHIJK
abcdefghijklm

Erbar 1923
[Jakob Erbar]

ABCDEFGHIJK
abcdefghijklmn

Futura 1927
[Paul Renner]

ABCDEFGHIJ
abcdefghijklmn

Kabel 1927
[Rudolf Koch]

Les tentatives faites au Bauhaus ou ailleurs pour élaborer de nouveaux caractères partaient toutes d'une base strictement géométrique afin d'évacuer les caractères de style Renaissance et gothique, ainsi que la tradition germanique des caractères calligraphiques, comme le Neuland de Rudolf Koch (1924). Koch avait repris le Erbar, un caractère géométrique du début des années 1920, pour son Kabel qui apparut en même temps que le plus populaire des nouveaux caractères antiques, le Futura, en 1927. Professeurs au Bauhaus, Josef Albers et Joost Schmidt travaillèrent sur plusieurs alphabets, mais c'est Bayer qui obtint les meilleurs résultats. Son Universal est constitué de cercles et de lignes droites d'une épaisseur constante, tracés sur une grille de carrés, comme le sont les caractères de la famille des antiques ou linéales.

ci-dessous
1 alphabet 1924
[Max Burchartz]

2 Universal 1926
[Herbert Bayer]

1

2

3

4

3 antiques géométriques 1926
[Joost Schmidt]

4 « formes géométriques de base » et « combinaison d'éléments simples » lettres dessinées au stencil 1926
[Josef Albers]

La première déclaration des objectifs de cette « Nouvelle typographie » (comme on l'appela) n'établissait aucune préférence pour tel ou tel caractère. « Nous utilisons tous les caractères et toutes les tailles, formes géométriques et couleurs, etc. », écrivait László Moholy-Nagy, en 1923. Peintre hongrois, ce dernier avait intégré le Bauhaus en tant

Le Bauhaus d'Etat à Weimar 1919-1923
couverture de livre 1923
[Herbert Bayer]
page de titre
[László Moholy-Nagy]

que professeur quelques mois avant l'ouverture d'une exposition présentant les objectifs et les réalisations de l'école. Un livre, dont la conception même démontrait cette nouvelle approche, *Staatliches Bauhaus in Weimar 1919-1923*, reprenait ces explications et la déclaration de Moholy-Nagy. Le titre, composé en capitales linéales par Bayer, remplissait toute la couverture. A l'intérieur, la mise en pages de Moholy-Nagy utilisait librement les espaces blancs et les filets noirs qui, dans le sommaire, servaient à former d'imposants chiffres romains.

Un des visiteurs de l'exposition du Bauhaus était un jeune maquettiste et calligraphe qui enseignait dans sa ville natale de Leipzig, grand centre de l'imprimerie allemande. Jan Tschichold allait devenir le principal propagandiste de la Nouvelle Typographie, commençant en 1925 avec *elementare typographie*, un numéro spécial de la revue professionnelle *Typographische Mitteilungen*. Tschichold y élaborait dix principes « élémentaires », à commencer par :

1. La typographie est liée à des exigences fonctionnelles.
2. L'objectif de la présentation typographique est la communication (pour laquelle elle est un moyen d'expression graphique). La communication doit revêtir la forme la plus courte, la plus simple, la plus pénétrante.
3. Pour que la typographie réponde à des fins sociales, ses ingrédients ont besoin d'une *organisation interne* (contenu ordonné) et d'une *organisation externe* (matériel typographique approprié).

ABCDEFGHIJK
abcdefghijklm
ABCDEFGHIJ
abcdefghijkl

City 1930
[Georg Trump]

Il poursuivait en insistant sur l'importance de la photographie, des linéales comme caractères de base – tout en reconnaissant la bonne lisibilité de la police Renaissance *Mediäval-Antiqua* –, de la surface non imprimée, de l'alignement oblique ou vertical des caractères, de l'adoption d'une norme DIN (Deutsche Industrie Normen) pour le format du papier, comme le A4 pour la correspondance, et du rejet de tout ornement autre que le carré, le cercle ou le triangle sauf si ceux-ci ne s'intègrent pas à la composition générale. Dans son livre *Die neue Typographie*, document essentiel du mouvement moderne publié en 1928, Tschichold développa et affina son propos.

A cette époque, il enseignait à l'école d'imprimerie de Munich, dirigée par Paul Renner, créateur du Futura. Il y fut rejoint en 1929 par Georg Trump, concepteur du singulier City (1930). Ce triumvirat mit au point un modernisme fonctionnel pour l'imprimerie usuelle et notamment pour le papier à lettres qu'ils conçurent comme un formulaire à remplir à la machine à écrire. Tschichold dessina également des affiches de cinéma, lithographiées en deux couleurs, qui se caractérisaient surtout par des compositions abstraites avec les lettres dessinées à la main, souvent en diagonale, et une petite photo, le plus souvent ronde. La plus intéressante de toute, *Laster der Menschheit (La Dépravation de l'humanité)*, présente la comédienne Asta Nielsen. Elle apparaît comme sur un écran de cinéma. Le titre du film et le nom du

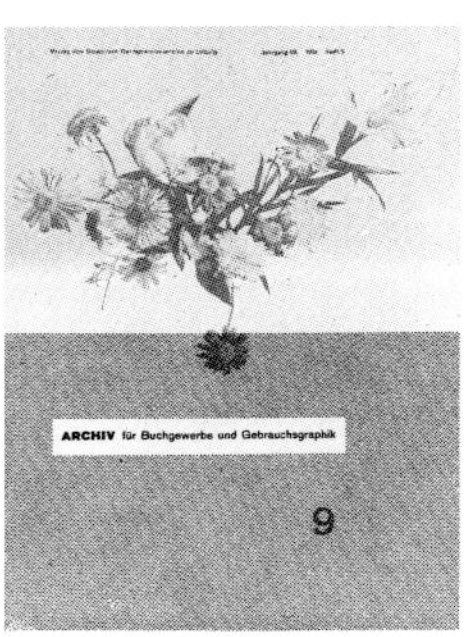

Archives des métiers du livre
couverture de magazine 1931
[Georg Trump]

La Dépravation de l'humanité
affiche 1927 [Jan Tschichold]

« La nouvelle configuration
de la typographie »
diagramme
« information » (colonne de gauche)
« publicité » (colonne de droite)
en proportion de leur fonction dans :
« papier à lettres / enveloppes /
factures / formulaires /
brochures / livres /
publicités / programmes/
catalogues / tickets / emballages /
déclarations officielles /
enseignes lumineuses »
couverture de brochure 1930
[Kurt Schwitters]

cinéma s'affichent dans la même perspective que l'écran. Ce travail illustre parfaitement l'objectif de Tschichold visant à produire l'élément graphique à partir du contenu. Il promeut non seulement l'actrice et le film mais révèle aussi la nature du cinéma, image agrandie et projetée.

Avec Tschichold, le dadaïste Kurt Schwitters fut l'un des principaux promoteurs de la Nouvelle typographie. Il lança, à Hanovre, un mouvement dont il était l'unique adhérent et une revue, *Merz*, qui parut pour la première fois en janvier 1923. Le quatrième numéro présentait un texte de Lissitzky, « Topographie de la typographie », un ensemble de sept principes qui commençait ainsi : « On voit les mots sur la page imprimée, on ne les entend pas. » Schwitters fonda une agence de publicité en 1924 et réalisa toute une série de publicités et un prospectus avec Lissitzky. Le n° 11 de *Merz* était consacré au travail de publicité réalisé pour Günther Wagner, le fabricant de fournitures en papeterie et de matériel pour artistes distribués sous la marque Pelikan. La maquette intérieure de *Merz* suivait les principes de la Nouvelle typographie – linéales, pages divisées par d'épais filets… – et présentait le programme typographique de Schwitters, dont le principe essentiel peut se résumer ainsi : « Faites-le comme personne ne l'a encore jamais fait. » Fidèle à ce principe, il tenta de réformer l'alphabet et participa de manière radicale au nouveau mouvement : son *Systemschrift* rendait les lettres « optophonétiques », avec un

conférences du soir Merz
carton d'invitation
[Kurt Schwitters]

symboles Merz
[Kurt Schwitters]
1923 v.1926

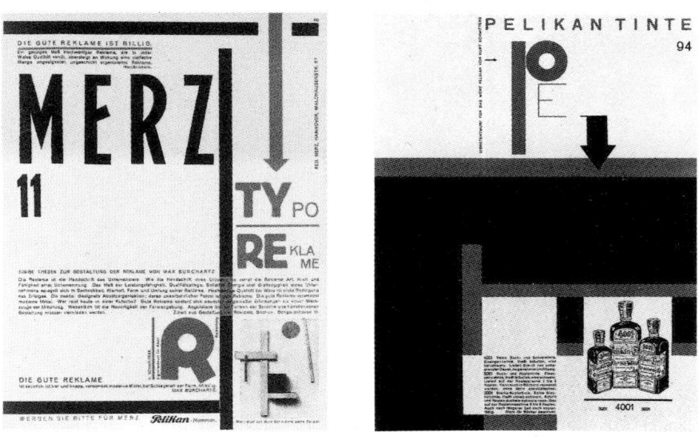

Merz n° 11
double page / démonstration publicitaire
1924
[Kurt Schwitters]

« Système de lettres des nouveaux plasticistes » 1927
[Kurt Schwitters]

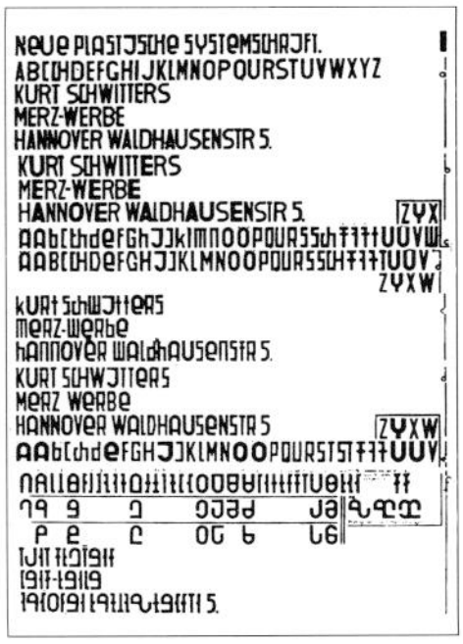

Alphabet : compositions chorégraphiques
la lettre « V »
page de livre 1926
[Karel Teige]

« Qu'est-ce que la nouvelle typographie ? »
article de la *Frankfurter Zeitung*
1927
[Walter Dexel]

signe séparé pour chaque son. S'il resta à l'état de projet, on en retrouve certains éléments dans les affiches qu'il dessina cette même année.

En dépit de cette approche très personnelle, Schwitters était un bon organisateur et un propagandiste de talent ; il était en relation avec de nombreux artistes et graphistes et enseignait en Allemagne comme à l'étranger (travaillant avec son homologue néerlandais, Theo Van Doesburg ; voir chap. 7). Cette activité aboutit à la formation d'un petit groupe, le *Ring neuer Werbegestalter* (Cercle des nouveaux graphistes publicitaires), qui comptait douze membres en 1930, dont deux graphistes néerlandais, Paul Schuitema et Piet Zwart.

Schwitters organisa de multiples expositions pour le Ring, n'hésitant pas à inviter divers participants dont Ladislav Sutnar, spécialiste des arts graphiques et dessinateur industriel. Il travaillait pour Druztevní práce (Travail coopératif), une association dont les publications encourageaient l'approche moderniste ; il fut aussi directeur de l'Ecole nationale des arts graphiques de Prague de 1932 à 1939. Un autre Praguois, Karel Teige, avait entrepris une carrière de peintre avant de se consacrer au photomontage et à la typographie. Il fut le théoricien du groupe Devetsil, dont il conçut graphiquement les revues et les almanachs à partir de ce qu'il trouvait dans des casses d'imprimeur. (Des revues similaires représentaient l'avant-garde yougoslave, *Zenit* à Belgrade et *Tank* à Zagreb.) Le troisième graphiste d'Europe orientale présenté par Schwitters était le Hongrois Lajos Kassák, créateur de la maquette du magazine *MA*. La première exposition du Ring eut lieu en 1928, au Kunstgewerbemuseum de Cologne ; elle faisait partie d'une succession d'expositions et de déclarations publiques qui permirent à la jeune avant-garde d'établir les nouvelles techniques du graphisme visuel.

Was ist neue Typographie?

Von Dr. W. Dexel.

KUNSTVEREIN JENA

PRINZESSINNENSCHLÖSSCHEN

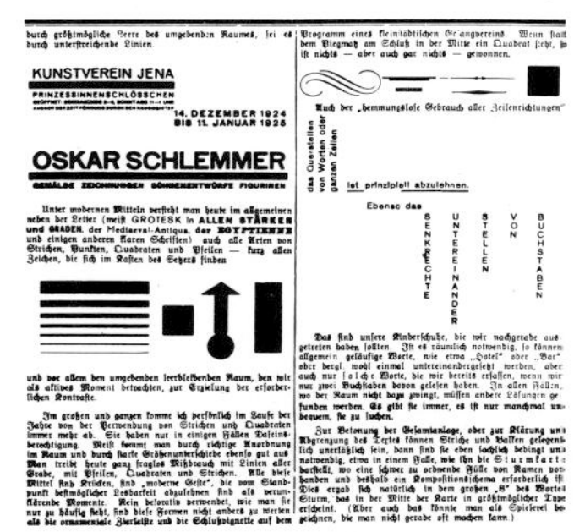

KUNSTVEREIN JENA

PRINZESSINNENSCHLÖSSCHEN

14. DEZEMBER 1924 BIS 11. JANUAR 1925

OSKAR SCHLEMMER

En 1927, les colonnes très conservatrices de la *Frankfurter Zeitung*, composées en gothique, furent interrompues par des blocs en antiques illustrant les propos d'un article de Walter Dexel publié en première page et intitulé « Qu'est-ce que la Nouvelle typographie ? ». Il s'agissait d'une simple explication, selon les principes du Bauhaus établis par Moholy-Nagy, mais qui rejetait certains maniérismes de l'école de Weimar, comme l'utilisation des filets et même des ornements géométriques qui, pour Dexel, ne valaient guère mieux que les vignettes victoriennes. Il déplorait également la disposition des lignes de texte à des angles variés, voulue par Moholy-Nagy. Historien d'art, Dexel organisait et concevait les expositions de la Kunstverein d'Iéna, pour lesquelles il créait des cartons d'invitation avec une application de plus en plus standardisée d'antiques. Il résolut le problème des majuscules et des bas de casse en n'utilisant que des lettres capitales. La publicité qu'il réalisa pour une exposition de photographies contemporaines, à Magdebourg, en 1929, constitua l'une des expressions les plus parfaites de la Nouvelle typographie, dont elle se distinguait pourtant par l'utilisation des lettres tracées à la main.

« Culte et forme »
dépliant d'exposition 1929
[Walter Dexel]

« Photographie contemporaine »
affiche 1929
[Walter Dexel]

Das neue Frankfurt
couverture de revue 1929
[Hans Leistikov]

Arrêt de tramway illuminé
Francfort 1928
[Walter Dexel]

La contribution la plus importante de Dexel fut sa conception d'enseignes lumineuses et de kiosques, à Iéna et à Francfort, villes dans lesquelles le graphisme suscitait un vaste débat public. La ville de Francfort avait son propre magazine consacré à l'urbanisme et au graphisme, *Das neue Frankfurt*, dont les couvertures étaient dessinées par Hans et Grete Leistikov, puis par Willi Baumeister ; un supplément, conçu par Johannes Canis, *Das frankfurter Register*, présentait un catalogue de produits sélectionnés pour leur qualité et leur apparence. Les réalisations graphiques de Baumeister pour l'exposition de la Werkbund *Die Wohnung* (*L'Habitation*), en 1927, innovaient de plusieurs manières. Le graphisme global de l'événement était sous la responsabilité de Baumeister. A l'instar de Dexel, il n'utilisait que des capitales de la famille des antiques. Baumeister reçut également la commande d'un timbre-poste, dont tous les éléments furent réalisés à partir de matériel d'imprimerie, y compris la maison moderne. Son affiche rouge et noire fut produite dans des formats différents, avec l'une ou l'autre des deux photographies d'intérieurs à l'ancienne, à moitié cachées par une croix peinte par-dessus, accompagnées de la question : « Wie wohnen ? » (Comment loger ?). C'est l'exemple parfait de l'idée de Baumeister selon laquelle la typographie est liée au mouvement de l'œil et, par conséquent, qu'une mise en page statique, symétrique ne peut convenir. Cette affiche démontre également la théorie de Moholy-Nagy selon laquelle la Nouvelle Typographie doit être de la « communication sous sa forme la plus intense » et qu'une « clarté absolue » est

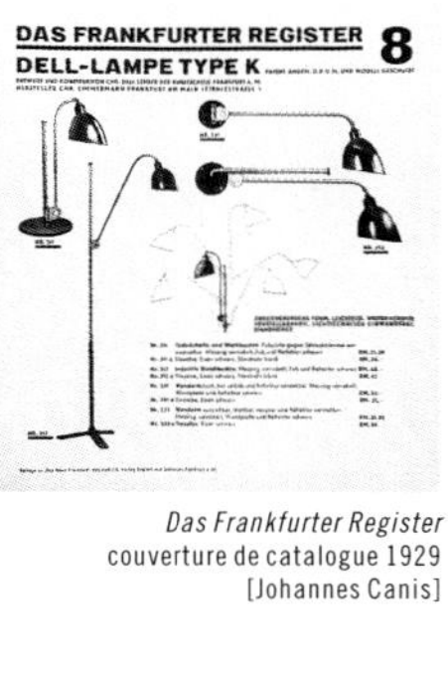

Das Frankfurter Register
couverture de catalogue 1929
[Johannes Canis]

« Exposition Werkbund : L'Habitation »
affiche, autocollants publicitaires et épreuve de timbre-poste (non diffusé)
1927
[Willi Baumeister]

essentielle. Rien n'est plus explicite que la croix barrant les salons confortables, ni plus simple que le classement des mots par taille selon leur importance dans le message. Max Burchartz, peintre vivant à Weimar, avait eu des contacts étroits avec le Bauhaus et Van Doesburg. En 1924, il fonda, avec Canis, l'agence de publicité Werbebau et, en 1926, il donna sa conception de la publicité dans le magazine de la Werkbund, *Form*. Dans ce long article, Burchartz analyse la fonction de la publicité, ce qui fait son efficacité et le rôle du destinataire. Il venait d'introduire le concept de message et de récepteur, qui allait se généraliser dans les années 1950 comme moyen d'appréhender la communication. Mais la majeure partie de l'essai de Burchartz est consacrée à « l'organisation esthétique des moyens de l'outil publicitaire ». « L'expression fonctionnelle », dit-il, doit venir de l'organisation des « matériaux bruts » et de l'équilibre des « contrastes : oppositions, tension, conflit ». Burchartz appliqua ces principes dans des réalisations à l'origine du style moderne international, style qui survécut au nazisme pour réapparaître dans les années 1960 sous le nom de « style suisse ».

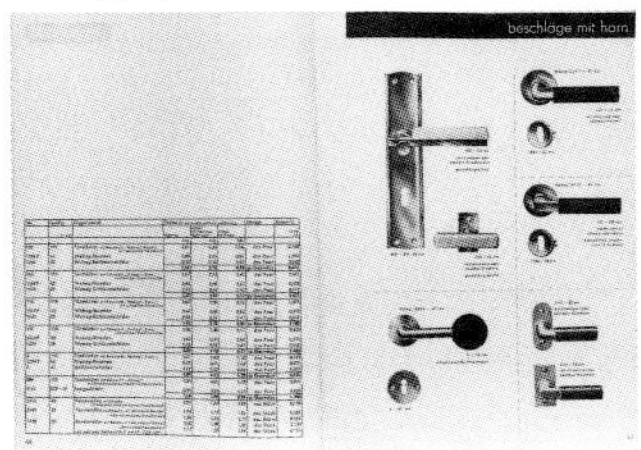

Wehag
catalogue double page
1931
[Max Burchartz]

Dans les brochures de Burchartz pour des matériaux de construction, les photographies découpées du produit étaient intégrées à la page selon son idée du contraste : « sombre/clair, espace vide/objet plein, statique/mobile, grand/petit, vertical/horizontal ». En 1931, Burchartz participa à la préparation de l'exposition internationale « Kunst der Werbung » (L'art de la publicité), à Essen. Il en conçut l'affiche, véritable synthèse des éléments du graphisme moderne : une photographie accompagnée de caractères antiques, associant la métaphore et l'information. L'agencement des mots et de l'image crée une unité de sens sur un fond sombre. Les mains sont une métaphore de l'attraction du public, mais l'image ne prend son sens que par le mot « Werbung » (publicité) qu'elle illustre.

« L'Art de la publicité »
couverture du catalogue de l'exposition
1931
[Max Burchartz]

Les graphistes se consacraient à l'apprentissage de la photographie. Publié au Bauhaus, l'ouvrage de Moholy-Nagy, *Malerei, Fotografie, Film* (*Peinture, photographie, film*), était une réflexion sur le rôle de la photographie dans le graphisme, ce qu'il appelait la « Typophoto » :

> La typographie, c'est la communication composée en caractères d'imprimerie.
> La photographie est la présentation visuelle de ce qui peut s'appréhender sur le plan optique.
> *La Typophoto est le rendu le plus visuellement exact de la communication...*
> La photographie est hautement efficace quand elle est utilisée comme matériel typographique. Elle peut apparaître comme illustration au-delà des mots ou, sous la forme de « phototexte », à la place des mots, comme une forme précise de représentation suffisamment objective pour ne permettre aucune interprétation individuelle.

L'année 1929 fut riche en événements photographiques. Tschichold, avec Franz Roh, publia une sélection de photographies internationales, *foto-auge (photo-œil)*. Les graphistes étaient très présents parmi les pionniers, comme ils l'étaient dans des expositions telles que « Film und Foto » (1929) de la Werkbund, à Stuttgart. Werner Graeff faisait partie des organisateurs et reprit l'idée du « phototexte » dans un livre publié pour l'exposition, *Es kommt der neue Fotograf (Voici le nouveau photographe !)*, où les images interrompaient le texte, même au milieu d'une phrase, pour créer une controverse ininterrompue.

Orion
brochure pour des aspirateurs 1926
[Max Burchartz]

« Werkbund Exposition internationale du film et de la photo »
affiche 1929
[auteur inconnu]

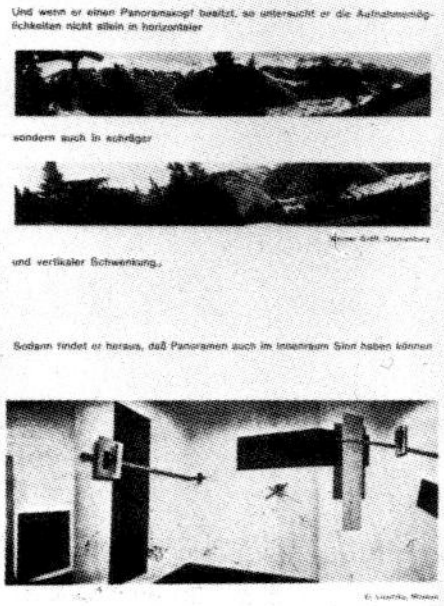

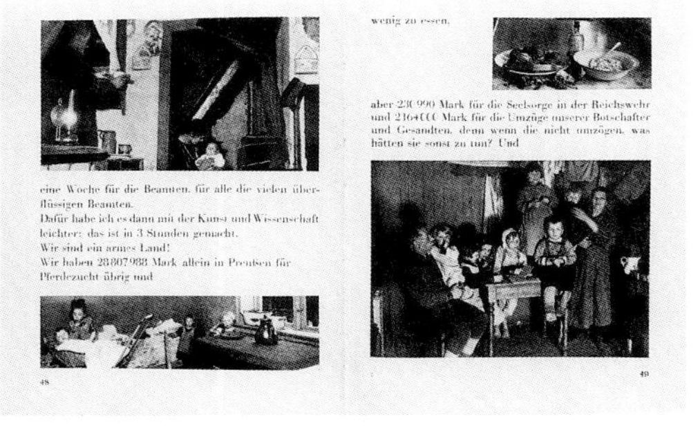

extrême gauche
Voici le nouveau photographe !
page du livre 1929
[Werner Graeff]

Deutschland, Deutschland über alles
double page 1929
[John Heartfield]

Une des salles de « Film und Foto » fut conçue par John Heartfield. Au-dessus de la porte trônait le slogan : « Utilisez la photographie comme une arme. » Les armes d'Heartfield avaient évolué, depuis les combinaisons typographiques de ses œuvres dada jusqu'aux collages photographiques réalisés en réunissant des images et en les re-photographiant après avoir dissimulé avec soin toute marque de montage. Les contrastes et l'ironie choquaient et engageaient le spectateur à considérer l'approche communiste d'Heartfield de la réalité politique.

« La main a cinq doigts – avec cinq, vous pouvez faire échouer l'ennemi. Votez pour la liste 5 »

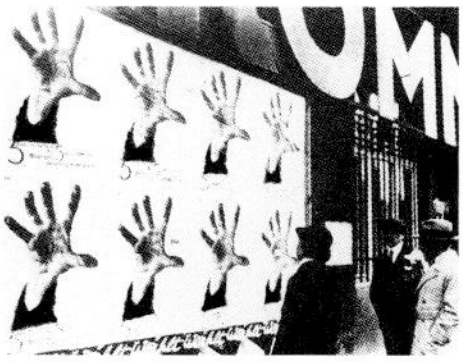

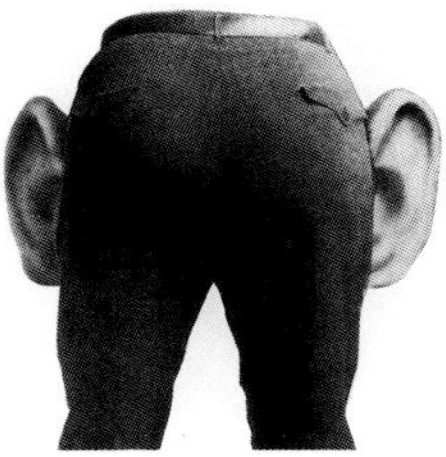

Deutschland, Deutschland über alles
ci-dessus « Idiome berlinois »
photomontage
à droite
jaquette 1929
[John Heartfield]

ci-dessous
Comment fabriquer des dollars
(*Mountain City* de Upton Sinclair)
jaquette
et les amis de Heartfield posant pour la photographie 1931
[John Heartfield]

L'affiche la plus connue d'Heartfield, qui servit également de couverture à la revue du parti communiste *Die Rote Fahne (Le Drapeau rouge)* en 1928, voulait faire passer, durablement, l'idée que pour voter communiste il fallait choisir « la liste cinq ». L'idée d'utiliser la main avec ses cinq doigts lui fut suggérée et il s'en servit à la fois pour le slogan et pour le visuel.

Dans les années 1920, Heartfield travaillait essentiellement sur des couvertures de livre. Pour l'ouvrage satirique de Kurt Tucholsky, *Deutschland, Deutschland über alles*, Heartfield se servit de la photographie comme illustration et pour créer des montages pertinents. Il attacha une paire d'oreilles à un postérieur vêtu d'un pantalon, l'intitulant : « Idiome berlinois ». Sur la jaquette, le titre sort de la bouche d'un personnage hybride, mi-bourgeois, mi-militaire, aux yeux bandés par le drapeau national. Au dos de la jaquette, un poing qui brandit une matraque de policier, un autre une épée, sont ironiquement légendés : « *Brüderlich zusammen hält* » (Ensemble, fraternellement).

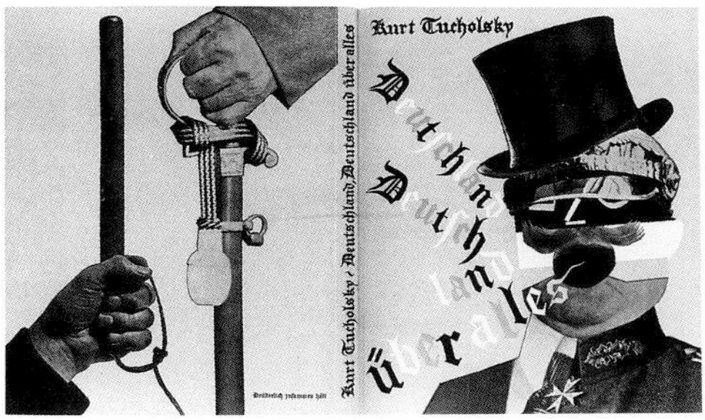

La couverture est imprimée dans des couleurs patriotiques – noir, rouge, jaune (et blanc) – et les caractères sont aussi germains que possible. Une telle utilisation des symboles et des insignes du nationalisme, du militarisme et du capitalisme, de l'ordre et de la loi, remplaçait efficacement la caricature.

Heartfield utilisait ses propres photographies et il lui arrivait de demander à des amis, vêtus pour l'occasion, de grimper sur un échafaudage, pour les représenter ensuite en « capitalistes » escaladant l'emblème du dollar, le « S », lettre initiale du titre du livre, *So Macht man Dollars*. Associées au texte, ces photographies prenaient une signification beaucoup plus forte que les photomontages soviétiques.

Heartfield parcourait journaux et hebdomadaires, où la photographie était désormais d'un usage courant, à la recherche d'images et de discours politiques. Il déformait et associait les images avec les mots afin d'obtenir des relations grotesques. De 1929 à 1936, ses idées illustrèrent des centaines de couvertures sépia créées pour l'hebdomadaire *Arbeiter Illustrierte Zeitung* (*Le Journal illustré des travailleurs*). Il se servit notamment d'une photographie d'Hitler faisant son salut habituel. Dans sa main, levée derrière lui, une silhouette corpulente et démesurée dépose des billets de banque. La phrase inscrite au-dessus,

« Le sens du salut d’Hitler », est expliquée en bas – « Le petit homme en quête de gros cadeaux » – et accompagnée d’un slogan beaucoup plus petit : « Des millions sont derrière moi », jeu de mots sur les millions de partisans d’Hitler. Heartfield se sert de l’échelle pour juxtaposer deux images, accentuant l’idée du petit homme, Hitler, manipulé par les intérêts économiques.

« Le sens du salut d’Hitler » couverture de magazine (photomontage) 1932 [John Heartfield]

Le travail d’Heartfield et des jeunes pionniers de la Nouvelle typographie était publié dans la presse spécialisée de l’imprimerie et dans *Gebrauchsgraphik (L’Art de la publicité)*. Tschichold reproduisit des exemplaires en deux couleurs dans son deuxième traité didactique, *Eine Stunde Druckgestaltung (Une heure pour réaliser un imprimé)*, qui parut en 1930, en format A4. La présentation la plus complète de l’œuvre et des idées des jeunes graphistes parut en 1931 dans *Gefesselter Blick (Le Regard prisonnier)*. Les auteurs y établissaient une relation entre le texte et le temps, entre l’image et l’espace, un thème repris l’année suivante dans l’exposition « Fotomontage », à Berlin, qui présentait Heartfield, ainsi que des Soviétiques comme Kloutsis, Lissitzky et Rodtchenko, et les pionniers du Bauhaus, Moholy-Nagy et Bayer.

Après le déménagement du Bauhaus à Dessau, en 1925, Bayer était devenu responsable de l’atelier d’imprimerie et de publicité. Moholy-Nagy s’occupait de la publicité et de la mise en pages de la revue de l’école et des publications du Bauhaus, véritables ouvrages théoriques sur l’architecture et l’art moderne. Les huit premiers numéros avaient paru en 1925. Leur typographie est souvent grossière, mais ils illustrent parfaitement la volonté de Moholy-Nagy de rompre la continuité du texte et de l’organiser de manière à ce qu’il reflète graphiquement le contenu. Les épais filets noirs sont encore présents et des linéales composent en gras les titres et les sous-titres mais servent aussi à interrompre le flot de lignes composées en Antiqua afin d’accentuer les mots comme dans la langue parlée. Ce genre d’innovation était difficile à réaliser avec les caractères en plomb et fit peu d’adeptes. Une ébauche de scénario présentée dans son livre *Malerei, Fotografie, Film*, qui utilisait des bouts de caractères d’imprimerie et ses propres gravures sur bois, ne fit pas plus d’émules.

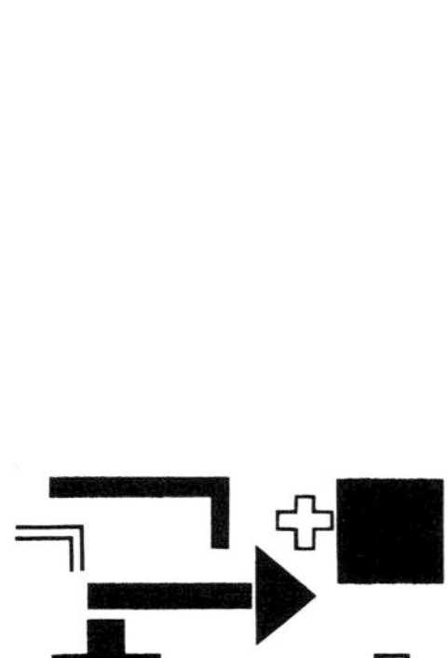

« Quelques signes typographiques utiles » illustration pour « La Typographie maintenant : objectifs, pratique, critique » dans la revue *Offset* 1926 [László Moholy-Nagy]

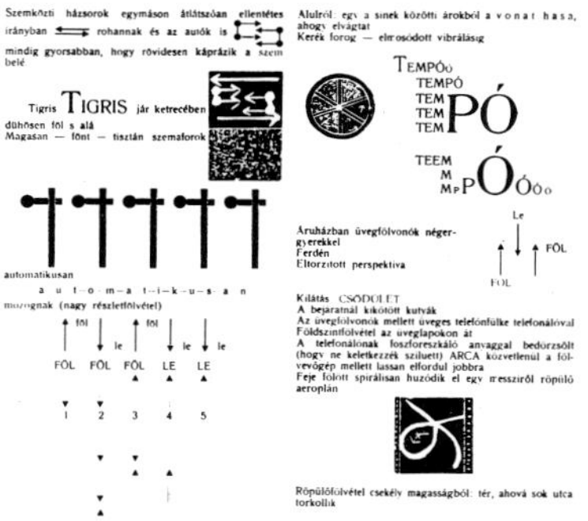

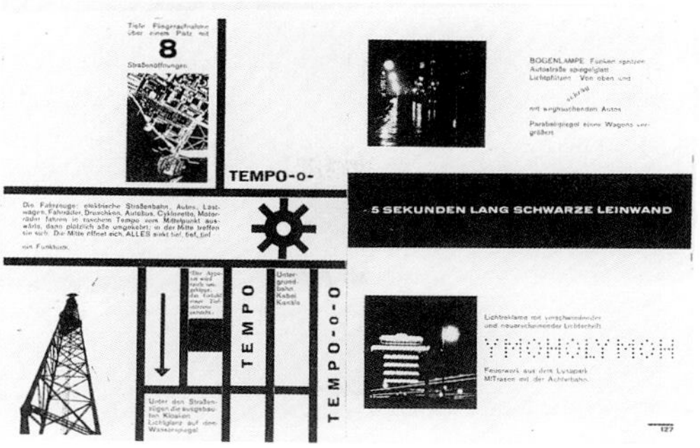

MA
détail d'une page 1924
[László Moholy-Nagy]

Painting Photography Film
Livres Bauhaus double page 1925
[László Moholy-Nagy]

Ces compositions typographiques appartenaient plus aux essais expressionnistes de Joost Schmidt qu'au mouvement moderne. C'est après le transfert du Bauhaus à Dessau que Moholy-Nagy produisit un graphisme très sophistiqué. Artisan féru d'improvisation, il se révéla être aussi un véritable dessinateur industriel. L'ambiguïté habilement dissimulée de ses réalisations fascine par l'illusion ainsi créée, mais, en même temps, ces œuvres semblent exprimer le désir d'exposer le processus par lequel une telle ambiguïté est atteinte.

'14 Livres Bauhaus'
brochure 1927
[László Moholy-Nagy]

'Exposition Walter Gropius'
catalogue 1930
[László Moholy-Nagy]

En 1927, pour une brochure publicitaire présentant les quatorze livres publiés par le Bauhaus, Moholy-Nagy fit une photographie des caractères en plomb, assemblés lettre à lettre (voir illustration en couleur, p. 19). Il inversa le cliché afin de le rendre lisible, et ajouta une autre composition, en miroir de la première qui, bien que renversée, n'est pas retournée de gauche à droite.

Il reprit cette idée pour la couverture du catalogue de l'exposition consacrée à Gropius en 1930. On y voit la photographie des bâtiments du Bauhaus sous un soleil ardent. Les caractères sont imprimés en rose sur les tons gris du cliché. Cependant, les lettres dessinent des ombres comme si elles existaient réellement sur le mur de l'édifice.

Herbert Bayer, qui dessina ces lettres, avait débuté comme graphiste publicitaire avant de venir étudier au Bauhaus en 1921. Son travail pour le gouvernement de Thuringe, une création urgente de papier-monnaie au moment de la crise de 1923, demeure célèbre, notamment son billet de banque de cinq millions de marks.

billet de banque 1923
[Herbert Bayer]

C'est Bayer qui avait conçu le papier à lettres du Bauhaus et décidé de la standardisation des formats. Il avait organisé l'atelier d'imprimerie et de publicité de l'école de manière à pouvoir répondre à des commandes. L'atelier ne disposant que d'une gamme limitée d'antiques, les premières réalisations montrent une similitude inévitable (1925). Imprimés en rouge et noir, avec d'épais « filets » verticaux et horizontaux, ces travaux constituent de véritables stéréotypes du « style Bauhaus », même si ces éléments se retrouvaient dans la plupart des œuvres de l'avant-garde, chez Lissitzky ou chez Kurt Schwitters. L'œuvre promotionnelle de Bayer pour l'industrie, en particulier pour la société Fagus, utilise les lignes et les points moins pour solliciter l'œil que pour l'orienter, comme dans son catalogue pour le mobilier « standard » de Marcel Breuer, où des ronds rouges indiquent l'emplacement du code-article. Le graphisme de l'en-tête de Bayer se voulait avant tout fonctionnel : des lignes imprimées indiquaient où plier la feuille pour que l'adresse apparaisse dans la fenêtre de l'enveloppe. Tous les formats étaient standardisés et les différents éléments de correspondance imprimés en rouge et noir sur un papier blanc.

papier à en-tête du Bauhaus 1925
[Herbert Bayer]

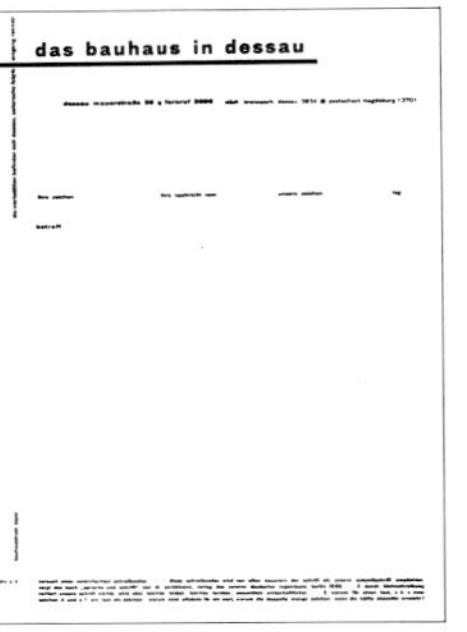

« Besuchsanzeige »
carte postale recto et verso 1925
[Herbert Bayer]

Le travail le plus ambitieux de Bayer, à cette époque, fut une petite affiche réalisée pour l'exposition célébrant le 60e anniversaire de Kandinsky. Elle est imprimée en rouge et noir sur un papier affiche orange et l'extrême rectangularité de la mise en page est allégée par son positionnement oblique. En 1930 et 1931, Bayer participa à deux expositions avec ses collègues du Bauhaus. Il réalisa d'abord le pavillon de la Werkbund à l'Exposition de la société des artistes décorateurs, à Paris puis, à Berlin, conçut l'Exposition des métiers du bâtiment. A Paris, le fonctionnalisme de Bayer s'exprima puissamment dans son petit catalogue. A travers la couverture de plastique transparent, avec le titre en relief, apparaissait une vue aérienne du bâtiment accompagnée d'un photomontage représentant des visiteurs. L'agencement des salles et leur place à l'intérieur du catalogue étaient indiqués grâce à des onglets. Une des salles de l'exposition présentait une maquette des bâtiments du Bauhaus de Dessau à même le sol, afin de donner au visiteur une vue aérienne ; des chaises fixées au mur suggéraient la production à la chaîne et des photographies étaient accrochées selon un diagramme théorique élaboré par Bayer sur la mécanique de l'œil.

«exposition pour le 60e anniversaire de Kandinsky » affiche 1926
[Herbert Bayer]

Pour Bayer, la façon constructiviste d'organiser les relations sur la feuille imprimée, grâce à la géométrie et à l'utilisation d'antiques, devait aboutir à une illustration moins dynamique et à l'utilisation de caractères avec

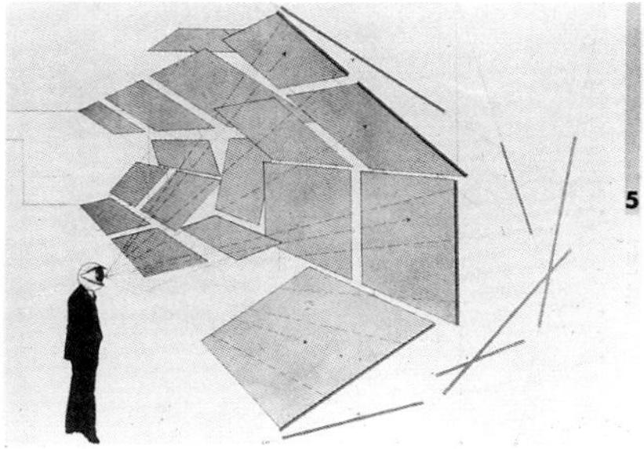

Exposition Werkbund
salle 5 et page de catalogue
Paris 1930
[Herbert Bayer]

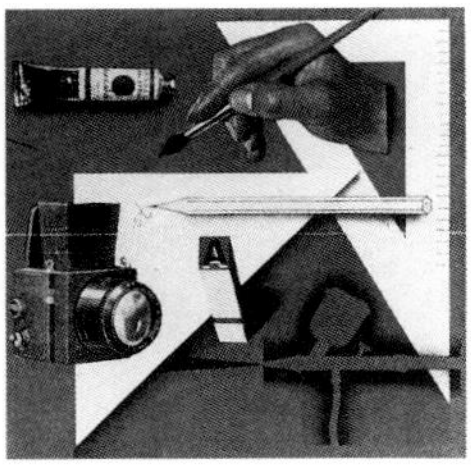

Dorland Studio
page de brochure 1931
[Herbert Bayer]

empattements, en particulier le néoclassique Bodoni. Ce changement marque son intérêt nouveau pour « les lois de la psychologie et de la physiologie », annonçant le langage publicitaire. En 1928, Bayer devint directeur artistique d'une agence internationale à Berlin. La plaquette de l'agence Dorland proposait à ses clients les services d'« artistes maîtres de tous les moyens modernes de la présentation ». Ces différents moyens étaient ensuite représentés. Dans les années 1930, Bayer utilisa l'aérographe non seulement pour créer des univers oniriques surréalistes, mais aussi pour évoquer l'objectivité de la photographie. Les diagrammes explicatifs des encyclopédies furent affinés et élaborés jusqu'à aboutir à cet outil que l'on connaît aujourd'hui sous le nom de graphisme informatif. Bayer utilisa cette technique pour décrire le corps en des termes mécaniques dans le cadre de l'exposition « Das Wunder des Lebens » (Les merveilles de la vie).

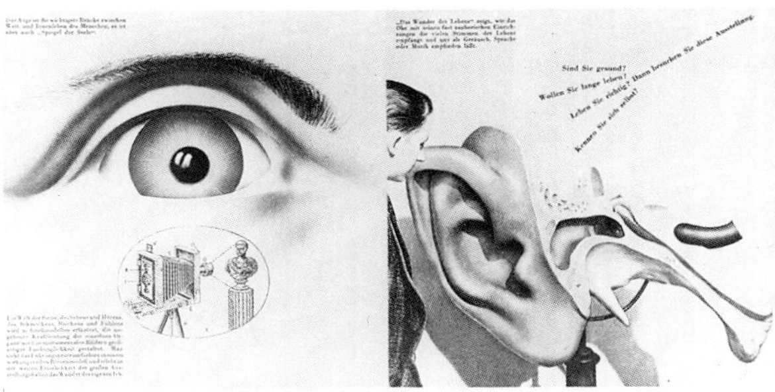

« The Wonder of Life »
catalogue d'exposition 1935
[Herbert Bayer]

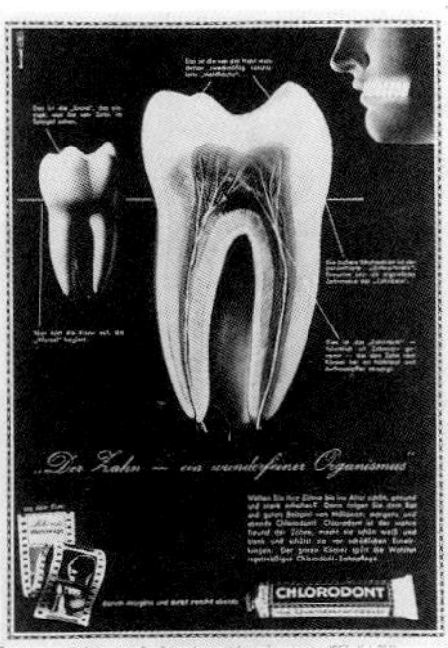

« La dent, cet organisme merveilleux »
publicité pour le dentifrice Chlorodont
1937
[Herbert Bayer]

Dans ses publicités pour Chlorodont, tous les éléments du graphisme Bauhaus disparurent, hormis le Futura utilisé pour le texte. Les slogans apparaissaient dans un style XVIIIe siècle leur donnant le caractère des vérités séculaires. Les éléments conventionnels de la publicité dans la presse – titre, illustration, texte, slogan et produit – étaient organisés autour d'un axe central.

C'est à cette époque qu'apparut ce qui allait bientôt être connu comme l'identité d'entreprise (ou *corporate identity*), c'est-à-dire l'application par une firme d'un style visuel homogène, comprenant le plus souvent un symbole, à tous les aspects de son activité – ce que Behrens réalisa pour AEG, par exemple. De 1929 à 1931, le Suisse Xanti Schavinsky travailla pour la ville de Magdebourg. A Hanovre, pendant cette même période, Schwitters concevait des dizaines de documents imprimés, de la carte postale au papier à lettres pour différents services administratifs, de l'emploi du temps pour les écoles à la facture d'hôpital, sans oublier des affiches pour le théâtre ou l'opéra. Tous portaient le symbole de la ville, qu'il avait également dessiné, et étaient imprimés en Futura. Pour la compagnie des tramways, il élabora des cartes avec un texte en vers, en Akzidenz Grotesk, renseignant les passagers sur la manière de payer leurs tickets ou de monter et descendre, l'ensemble étant illustré par des photographies.

« Indiquez votre destination et votre parcours. Faites l'appoint »
affiche de tramway 1929
[Kurt Schwitters]

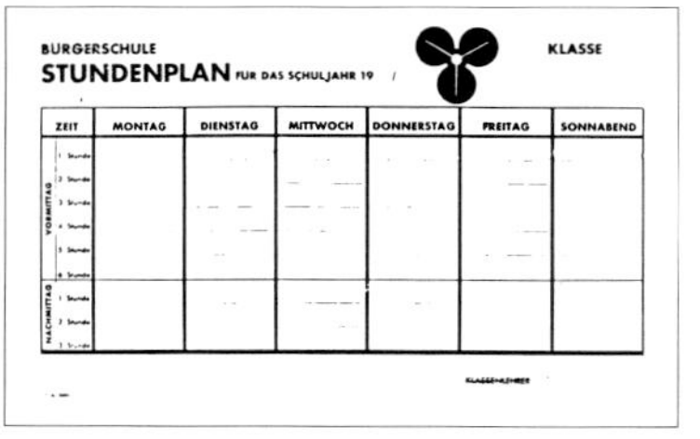

emploi du temps scolaire
(avec l'emblème de la ville d'Hanovre conçu par Schwitters)
1930
[Kurt Schwitters]

Graphiste, travaillant aussi à Hanovre, le peintre Friedrich Vordemberge-Gildewart était responsable de la publicité des expositions de la Kestner-Gesellschaft. Tous les catalogues reprenaient le même caractère antique jusqu'à évoluer, en 1932, vers une maquette standardisée, avec toutes les lettres en capitales, justifiées à droite.

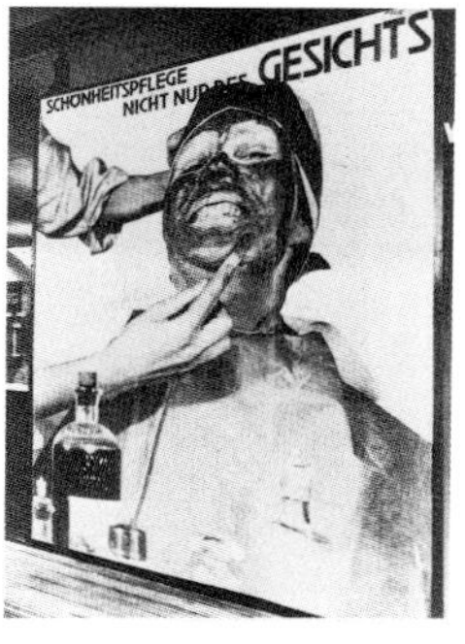

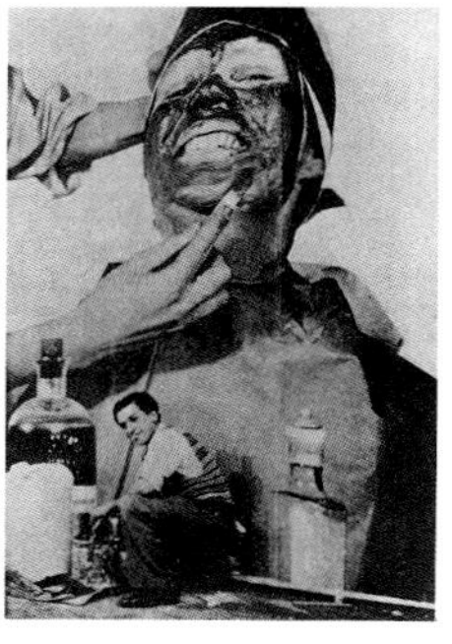

chauffe-eau Junkers
exposition « Gas und Wasser »
Berlin 1929
[Xanti Schavinsky]
le graphiste préparant un panneau d'exposition

Le nouveau graphisme fonctionnel était désormais accepté dans les écoles. Baumeister enseignait à Francfort, Burchartz à Essen, Dexel à Magdebourg, Trump à Berlin. A l'arrivée des nazis au pouvoir de nombreux graphistes progressistes, dont Renner et Tschichold à Munich, perdirent leurs travail. Le Bauhaus dut fermer ses portes. La plupart des techniques nouvelles comme le photomontage, et les affiches de Ludwig Hohlwein, passèrent au service du nouveau régime.

En fait, bien des conservateurs restaient hostiles aux innovations de la Nouvelle Typographie, désormais étiquetée comme bolchevisme culturel et parodiée pour annoncer les expositions de l'*Entartete Kunst (Art dégénéré)*, tant méprisé. De nouveaux caractères gothiques nationalistes

Eine deutsche Schrift
Deutschland
Hochheim Deutsch
National!

Fraktur
in *Graphische Nachrichten*
Berlin 1935

apparurent dans la publicité, devenue monopole d'Etat. Cependant, le Futura de Renner survécut comme étant l'un des caractères les plus pratiques pour une utilisation officielle.

« Première journée des jeunesses nationales-socialistes (nazies) »
affiche 1936
[Ludwig Hohlwein]

« Art dégénéré »
affiche d'exposition 1936
[Vierthaler]

Les graphistes qui prirent le chemin de l'exil exportèrent leur savoir-faire. En Suisse, ils devaient rejoindre une tradition déjà ancienne. En Italie, Schavinsky participa à la création de la profession, avant de partir pour New York, en 1936, pour fuir le fascisme. Dans les années 1920, un pionnier de la première génération, Lucian Bernhard, ouvrit un bureau à New York mais le style épuré de ses affiches y rencontra peu de succès. Bernhard jugeait Hohlwein mieux équipé pour combler le fossé existant entre les sensibilités américaine et européenne. « L'Américain veut une "image", une "idée". Pour lui, une idée purement visuelle n'est pas une idée. Ce qu'il veut, c'est ce qu'il appelle "l'intérêt humain". Et s'il peut l'obtenir rehaussé par une utilisation étonnante de la couleur et de la composition, ce n'en sera que mieux : c'est justement ce qu'ils admirent chez Hohlwein. » L'agence de publicité est une invention américaine qui s'exporta en Europe, où beaucoup d'entre elles, comme Dorland, étaient des succursales de sociétés basées aux Etats-Unis.

« Toute l'Allemagne écoute le Führer sur sa radio populaire»
affiche 1936
[Leonid Bermann]

7

Les Pays-Bas

Le graphisme néerlandais était parmi les plus avant-gardistes. L'œuvre de Piet Zwart illustre son aspect le plus original. Cet artiste signait de la lettre P suivie d'un carré noir (*zwart* signifie noir en néerlandais). Le carré, forme statique, fait ressortir la planéité de la feuille et la rectangularité de l'œuvre imprimée. La géométrie envahissait le graphisme néerlandais.

cachet du graphiste
1924
[Piet Zwart]

dallage d'un hall d'entrée
1898
[H.P. Berlage)

L'architecte H. P. Berlage, qui employa Zwart comme assistant au début des années 1920, était lui aussi un théoricien insatiable. Selon Berlage, « la géométrie (et donc les mathématiques) n'est pas seulement utile dans la création de la forme artistique, c'est une nécessité absolue... ». Son collègue, l'architecte J.L.M. Lauweriks, enseignait à l'Ecole des arts et techniques de Düsseldorf, dirigée par Behrens. Lauweriks prônait l'utilisation d'un système de grille, reposant sur la subdivision et la multiplication du carré, idée qui imprégnait le travail de Behrens, en particulier dans ses réalisations pour AEG. *Der Ring*, la revue de Lauweriks, innova en utilisant des caractères sans empattements, ou linéales.

Le Cercle
emblème de couverture 1908
[J.L.M. Lauweriks]

De Stijl (« Le Style »), le mouvement hollandais d'avant-garde d'art et d'architecture, développait des idées proches et se caractérisait par l'utilisation du rectangle, tel qu'il apparaît dans la peinture abstraite de Piet Mondrian. Dans celle-ci, les éléments sont le plus souvent une grille de lignes noires sur une toile blanche accompagnée de rectangles de couleur primaire ou gris. L'énergique porte-parole et théoricien du mouvement, Theo Van Doesburg, était à la fois peintre, architecte et poète. Egalement éditeur de la revue *De Stijl*, dont il assurait la mise en pages, il élabora un graphisme et une typographie dont la stricte géométrie annonçait les œuvres de Schwitters et du Bauhaus.

De Stijl
emblème de couverture de la revue 1917
[Vilmos Huszar]

Les premières réalisations graphiques de Van Doesburg utilisaient également des caractères élaborés à partir d'éléments rectangulaires. Sur le papier à lettres du mouvement, De Stijl était imprimé en noir par-dessus les lettres « NB » (*Nieuwe Beelding*, nouveau plasticisme), une technique courante dans l'imprimerie commerciale et très prisée des artistes dada. En 1920, Van Doesburg modifia la maquette du *Stijl*, délaissant la

De Stijl
logotype 1921
[Theo Van Doesburg]

Hagemeijer & Co
carte-postale 1919
[Theo Van Doesburg]

Ligue des
intellectuels
révolutionnaires-socialistes
papier à lettres 1919
[Theo Van Doesburg]

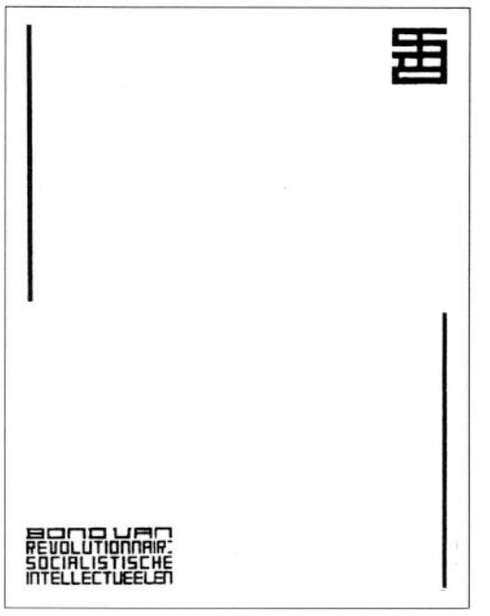

Mécano n° 3
couverture de revue 1923
[Theo Van Doesburg]

présentation du texte sur une seule colonne au profit de deux colonnes. En effet, la revue était le plus souvent pliée pour être envoyée et la pliure pouvait ansi se faire entre les deux colonnes de texte.

Sur d'autres papiers à lettres de la revue, le texte s'inscrivait tout au long des bords de la page, obligeant le lecteur à tourner la feuille pour pouvoir lire. Van Doesburg publia également quatre numéros de la revue dadaïste, *Mécano* (1922-1923). Le troisième numéro impliquait une lecture circulaire, indiquée au centre de la couverture grâce au dessin d'une scie circulaire. Cette technique avait déjà été utilisée en Allemagne par Schwitters, qui collabora à la revue *De Stijl* et aimait, comme Van Doesburg, explorer les possibilités offertes par la typographie pour représenter les sons. En collaboration avec Käthe Steinitz, à Hanovre, il édita un petit conte de fées écrit par Schwitters. Encouragés par le livre de Lissitzky, *Pour la voix*, ils l'illustrèrent en se servant uniquement de caractères d'imprimerie. *Die Scheuche* (« *L'Epouvantail* ») parut en 1925. Imprimé en rouge ou en bleu, il se présentait comme un délicieux, et ironique, post-scriptum au dadaïsme.

L'Epouvantail
double page de livre 1925
[Kurt Schwitters, Käthe Steinitz, Theo Van Doesburg]

Au cours de ses voyages à travers l'Europe, Van Doesburg, qui semait les idées géométriques du Stijl, trouva un sol particulièrement fertile au Bauhaus de Weimar. En 1920, à Berlin, il avait rencontré Gropius et accepté de lui rendre visite au Bauhaus. L'année suivante, il accepta d'y donner des cours et des conférences gratuitement. Son influence sur le graphisme du Bauhaus fut immédiat et fut particulièrement visible dans toute la publicité de 1923 pour leurs expositions. L'affiche de Fritz Schleifer (voir p. 53) reprenait les caractères géométriques propres à Van Doesburg ; le prospectus se servait de la grille de lignes noires de Mondrian et les filets en plomb d'imprimeur étaient utilisés pour réaliser le sceau du Bauhaus dans le style du premier logo du *Stijl*. L'adepte le plus proche de Lauweriks, l'architecte Hendrikus Wijdeveld, éditait la revue *Wendingen* (*Tournants*) et utilisait le filet en cuivre d'imprimeur pour fabriquer des lettres et concevoir des ornements géométriques. Sur ses affiches, de grands aplats de couleur sont imprimés à partir de filets joints entre lesquels apparaissent de fines lignes de papier non imprimé. Le dessin et le procédé de reproduction devenaient ainsi interdépendants.

Wendingen
lettres élaborées à partir de filets d'imprimeur et page de revue 1921
[H. Th. Wijdeveld]

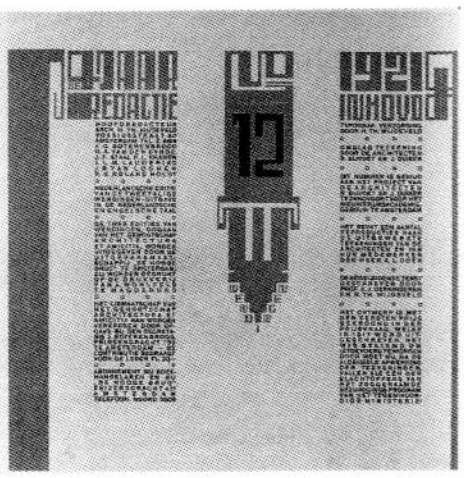

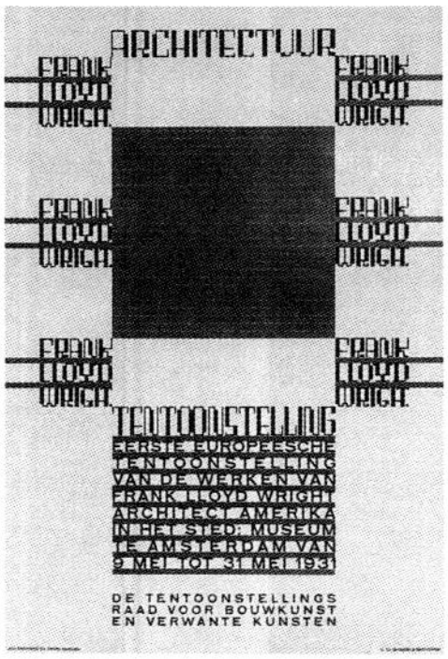

Exposition Art et Industrie
affiche v. 1923
[J.J. Hellendoorn]

Exposition d'architecture
Frank Lloyd Wright
affiche 1931
[H. Th. Wijdeveld]

Des œuvres aux styles similaires et qui employaient des caractères rectangulaires, comme l'affiche pour l'exposition de 1923 par Jakobus Hellendoorn, étaient conçues pour être reproduites par un imprimeur, tout comme les premières œuvres graphiques de Piet Zwart. Doté d'une formation d'architecte, Zwart était également architecte d'intérieur et créateur de mobilier ; sa longue carrière dura jusque dans les années 1960. Avant de travailler pour Berlage, il assista l'architecte Jan Wils, membre créateur du Stijl.

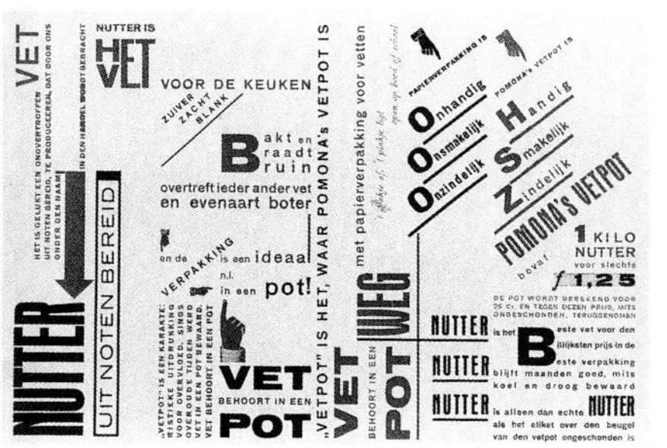

à gauche
papier d'emballage
margarine Nutter 1924
[Piet Zwart]

revêtements de sol loco
publicité 1922
[Piet Zwart]

papier à lettres pour Jan Wils 1921
[Piet Zwart]

Au début de sa carrière de graphiste, il créa un papier à lettres pour Wils, sorte d'extension typographique du logo personnel de l'architecte : un carré entouré de cinq filets de la même épaisseur. Zwart persévéra dans cette voie et dessina à partir de caractères géométriques des publicités et des logotypes. En 1923, il rencontra

Schwitters et Lissitzky aux Pays-Bas. Lissitzky offrit à Zwart son livre *Pour la voix* (son *Histoire de deux carrés* avait été traduite et publiée par Theo Van Doesburg l'année précédente). Zwart prit aussitôt conscience des possibilités graphiques qu'offrait le matériel typographique. Avec l'aide d'un imprimeur, et dans un esprit « dadaïsant », il se servit de caractères, de vignettes et de filets pour créer des compositions libres et ludiques, où les mots courraient dans tous les sens sur la page. Berlage l'introduisit en 1923 au sein de la Nederlandse Kabelfabriek (NKF, Fabrique néerlandaise de câble).

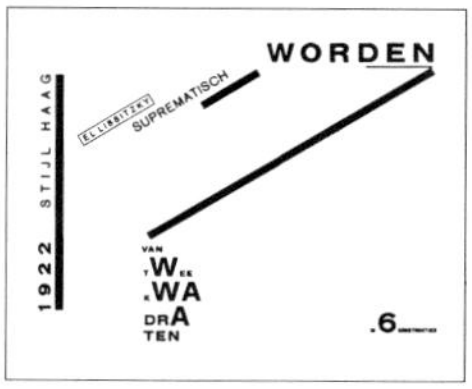

Histoire de deux carrés
page de titre du livre, La Haye 1922
[El Lissitzky]

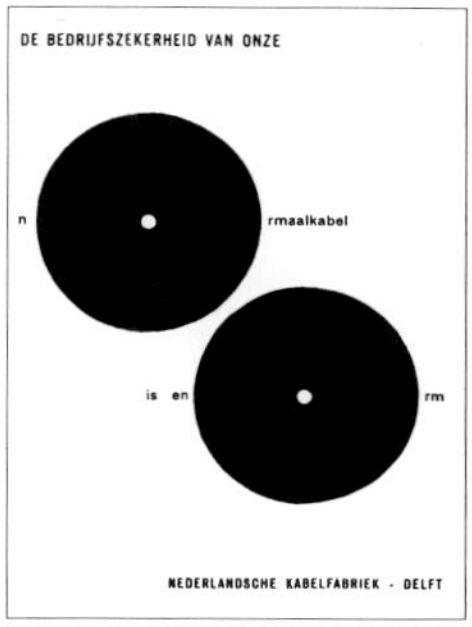

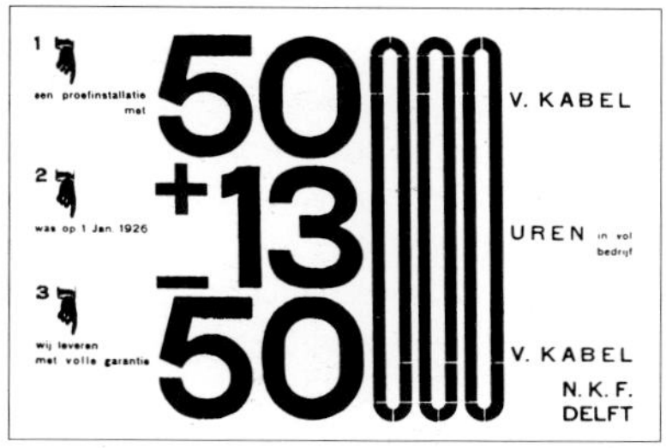

ci-dessus et à droite
« Câble de cuivre »
« La sécurité de nos câbles **O**rdinaires est én**O**rme »
« Câble de 50 000 volts testé pendant 3 000 heures »
publicités pour NKF 1923-1926
[Piet Zwart]

Dans les dix années qui suivirent, au cours desquelles il réalisa près de trois cents publicités, Zwart évolua de la typographie pure au photomontage accompagné de caractères d'imprimerie. Son carré et le rectangle cédèrent la place à l'angle aigu et au cercle.

catalogue NKF 1927-1928
[Piet Zwart]

Plus tard, en 1926, au cours d'une autre visite à Lissitzky, Zwart apprit la technique du photogramme : source nouvelle d'images pour son travail avec la NKF. Dans le catalogue de la NKF, les lignes de texte sont placées parallèlement à l'axe principal de l'image, souvent en diagonale. L'utilisation de la diagonale venait naturellement aux graphistes possédant une formation d'architecte, comme Zwart (et Lissitzky). Les outils et les techniques de l'architecte leur fournissaient un vocabulaire géométrique d'une grande richesse : ils utilisaient couramment l'équerre à différents angles, le

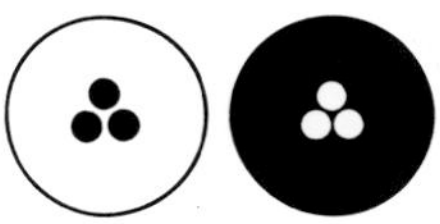

NKF
symboles v. 1924
[Piet Zwart]

compas et les projections en perspective. A La Haye, une affiche de 1932 conçue pour un cours de graphisme, montre un étudiant utilisant un T réglable pour positionner un titre et, en-dessous, une autre figure, plus grande, orientant son appareil photo en plongée, à 45°.

Bart Van der Leck et Vilmos Huszár, du groupe De Stijl, réalisaient des œuvres géométriques. Cesar Domela appartenait, comme Zwart et Paul Schuitema, au Ring neuer Werbegestalter. Schuitema et des confrères, tel Gerard Kiljan, leurs étudiants et leurs assistants (Wim Brusse, Dick Elffers et Henny Cahn) apprenaient aussi la photographie, dont les images, disaient-ils, transmettraient le message avec plus de rapidité et de clarté. Grâce au photomontage, ils pouvaient fusionner le texte et l'image de façon « organique ».

Académie des beaux-arts
cours de publicité
affiche 1932

Kiljan travailla sur une notice explicative pour les Télécommunications et utilisa des diagrammes et des photographies accompagnés d'un minimum de mots. Excellent exemple de leurs méthodes, cette notice présente le matériel de télécommunication, explique les symboles graphiques inscrits sur les appareils et décrit leurs modes de fonctionnement. Des lignes relient ou séparent les différentes parties et les conversations téléphoniques sont représentées par des interlocuteurs lointains photographiés en biais et en plongée, telles des vues aériennes.

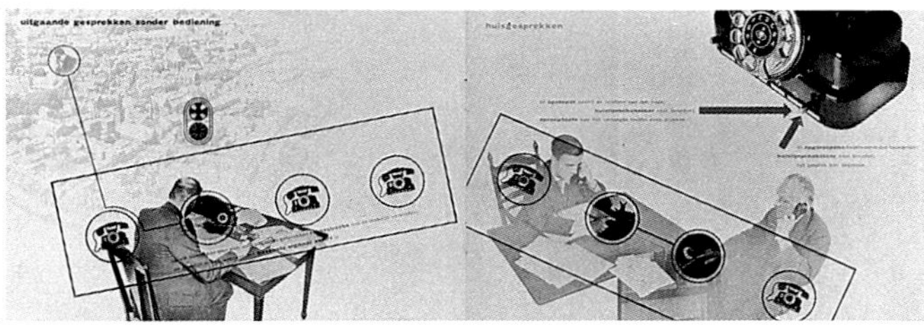

PTT (Poste, Télégraphe et Téléphone)
mode d'emploi du téléphone 1932
[Gerard Kiljan]

Schuitema travaillait pour Berkel, qui fabriquait, entre autres, des balances. Il conçut le graphisme de la marque, du papier à lettres et des publicités, brochures et catalogues. Berkel était en accord avec le principe de Schuitema qui consistait à utiliser « un minimum de moyens pour un maximum d'effet » ; il faut savoir, cependant, que le temps nécessaire à la lecture de ce type de document est inversement proportionnel au temps passé à leur conception.

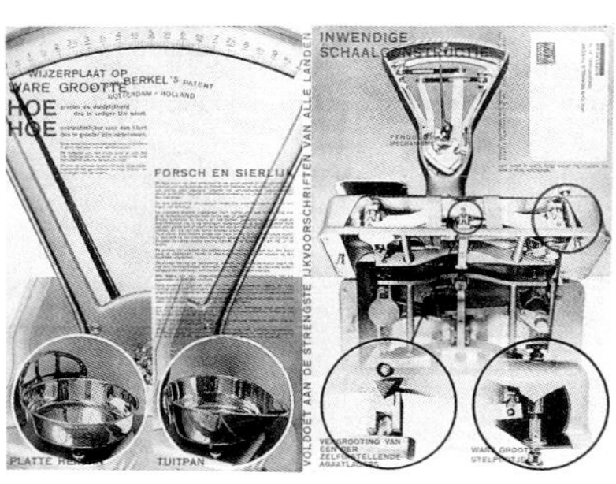

balances Berkel
brochure 1930
[Paul Schuitema]

La pression du métal encré sur le papier devait être de la plus grande précision pour obtenir un effet aussi sophistiqué que dans le dépliant de Cahn pour les pendules et les téléphones. Un tel raffinement technique répond à la technologie moderne du matériel dont la brochure vante les mérites. (« La machine est, par excellence, un phénomène de discipline spirituelle », écrivait Van Doesburg.)

Société néerlandaise de téléphone
pendules électriques / téléphones internes
double page de brochure 1938
[Henny Cahn]

Le travail de H. N. Werkman était, quant à lui, tout à fait différent. Ses mises en pages dévoilaient délibérément le procédé d'impression utilisé. L'épaisseur et l'irrégularité de l'encrage ainsi que des taches ici et là étaient bienvenues pour mieux tourner en dérision certains usages établis de la profession. Werkman utilisait souvent les caractères comme des abstractions, ajoutant des zones de couleur faites de morceaux de papier déchirés et trempés dans de l'encre. Il imprimait souvent sans presse, méthode qu'il appelait « l'impression à chaud ». Les innovations graphiques de Werkman inspirèrent de nombreux graphistes. L'utilisation délibérée d'anciens caractères en bois fut synonyme de graphisme « non commercial » bien après la Seconde Guerre mondiale. C'est d'ailleurs au cours de ce conflit que Werkman fut exécuté à cause de sa presse clandestine.

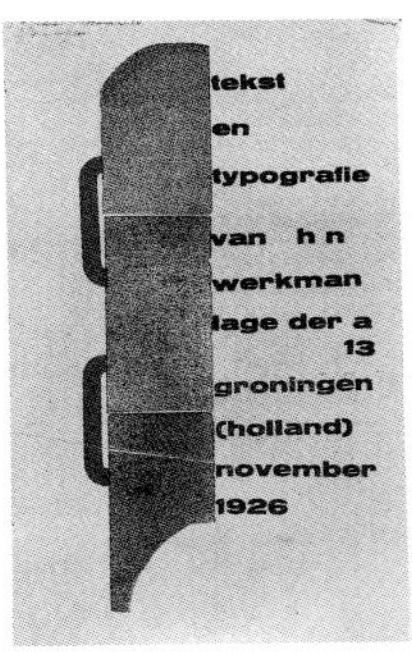

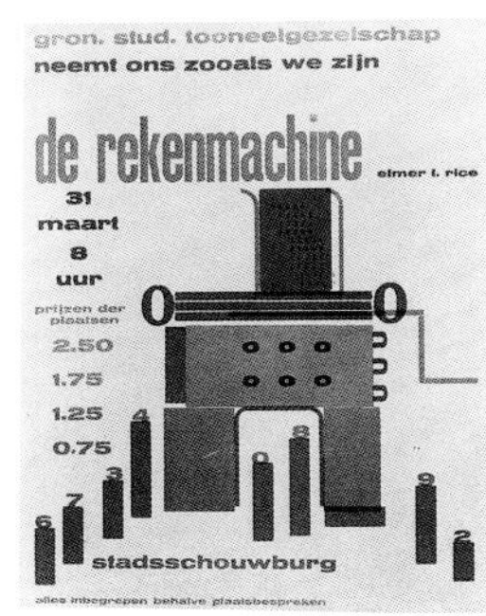

Le Prochain Appel
quatrième de couverture 1926
[H.N. Werkman]

La Machine à additionner
affiche de théâtre 1933
[H.N. Werkman]

La mort prématurée de Van Doesburg, en 1931, entraîna la disparition de la revue *De Stijl*, et l'avant-garde s'exprima alors sur les couvertures de *De 8 en Opbouw* (*Le 8 et Construction*), une revue bimestrielle lancée en 1932 et publiée par deux groupes d'architectes. Leur technique d'assemblages improvisés, l'utilisation du noir avec une couleur en surimpression, le tout dominé par le chiffre « 8 », caractérisa le style de Schuitema et de Zwart.

Le 8 et Construction
couverture de revue 1932
[Paul Schuitema]

« Lampes Giso »
affiche 1928
[Willem Gispen]

« Mobilier en acier Gispen »
affiche 1933
[Willem Gispen]

Pour Bruynzeel, fournisseur en matériaux de construction, Zwart dessina des articles préfabriqués (portes et éléments de cuisine) et réalisa des centaines de brochures, catalogues, calendriers… Dans le même domaine d'activité, Schuitema était, lui, chargé des photographies pour le dessinateur industriel W. H. Gispen qui réalisait du matériel promotionnel dont l'esthétique correspondait à l'élégance des produits.

lettrage pour cabines téléphoniques
1933 [Willem Gispen]

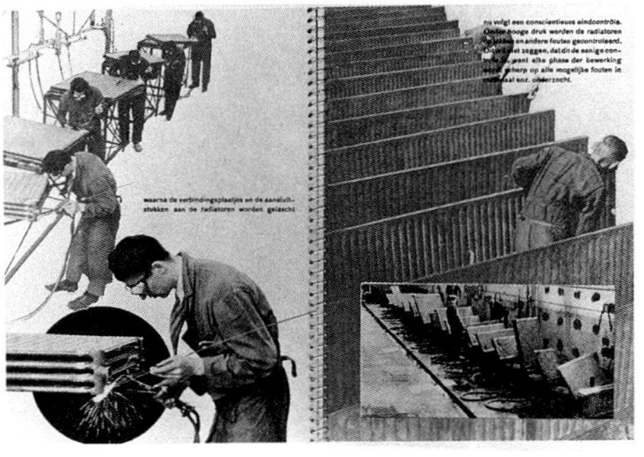

catalogue de radiateurs 1939
[Paul Schuitema]

Parmi les produits conçus par l'atelier de Gispen, la cabine téléphonique commandée par les PTT néerlandais affichait un lettrage géométrique composé en bas de casse très caractéristique. L'idée d'utiliser un graphisme contemporain au sein d'une entreprise publique venait de J. F. Van Royen. En 1904, Van Royen était un simple employé aux PTT mais il dirigeait parallèlement une imprimerie qui travaillait dans la tradition Arts & Crafts. Seize ans plus tard il était à la tête des PTT et, en tant que membre de l'Association hollandaise des techniques et des arts industriels (VANK), il employa non seulement des artistes reconnus, comme Jan Toorop, adepte de l'Art nouveau, mais aussi des

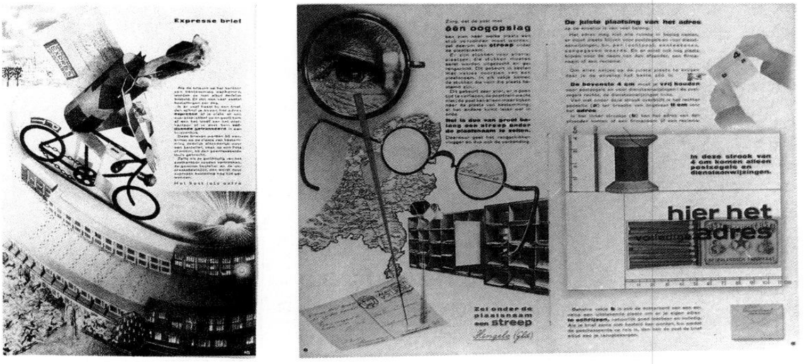

Le Livre des PTT
pages de la brochure 1938
[Piet Zwart]

représentants de l'avant-garde. Les goûts personnels de Van Royen forgèrent l'identité visuelle de l'entreprise. Les PTT, notamment à travers leurs timbres-poste, popularisèrent les techniques graphiques les plus récentes. Les timbres où figuraient des photographies de Zwart et de Kiljan furent édités en 1931, ceux de Schuitema un an après.

Les idées venues de l'Est étaient bien accueillies aux Pays-Bas, lesquels s'en imprégnèrent largement tout en les affinant. Van Doesburg sut influencer l'évolution internationale de la photographie. En 1928, Zwart se vit confier le département graphique du Bauhaus (où il ne donna qu'un seul cours intensif) . Parce que Zwart et Schuitema étaient membres du Ring neuer Werbegestalter, leurs œuvres furent rendues publiques et exposées en 1929, avec celles de Kiljan, dans le cadre de « Film und Foto » à Stuttgart.

Mais ce fut avant tout la tradition d'un graphisme développé par le service public, dont héritèrent les étudiants de Zwart, Schuitema et Kiljan, qui allait donner aux Pays-Bas l'importance qu'ils gardent aujourd'hui dans l'histoire des arts graphiques.

timbres-poste
1931
[Piet Zwart]
[Gerard Kiljan]

8

La Suisse

A la fin du XIXe siècle, trois des plus célèbres graphistes travaillant à Paris étaient suisses. Il s'agissait de Grasset, Steinlen et Vallotton qui firent tous trois carrière en France. C'est également à l'extérieur de la Suisse que le peintre Ferdinand Hodler fit sa première importante contribution au graphisme, avec son affiche pour la 19e exposition de la Sécession, à Vienne, en 1904. Sous un ciel aux nuages stylisés, un corps allongé dans un champ de fleurs blanches reprend le symbole de la Sécession, « le printemps sacré ». Cette affiche emploie les éléments qui marqueront plus tard les affiches de voyage helvètes et préfigure le « style suisse ». Comme dans les estampes japonaises, toute perspective est annulée, effet que Hodler obtient ici en alternant des bandes de ciel avec des lettres d'une hauteur égale, sans les diminuer au nom de la perspective, comme l'aurait voulu une approche naturaliste.

« Zermatt »
affiche 1908
[Emil Cardinaux]

Exposition de la 19e Sécession
affiche 1904
[Ferdinand Hodler]

« Usine automobile Safir »
affiche 1907
[Burkhard Mangold]

La superbe affiche d'un autre peintre, Burkhard Mangold, annonçait l'évolution suivante. Conçue pour un fabricant automobile, cette affiche représente un « S » marron clair – première lettre du nom du constructeur – qui dessine une route et rompt l'aplat noir du fond. Une autre affiche, réalisée en 1908 par Emil Cardinaux pour la petite ville de Zermatt, emploie aussi ce style épuré, en deux dimensions, aussi bien pour l'image que pour le lettrage. Il fut également repris en 1920 par Hugo Laubi : la géométrie de son affiche pour le café Odéon annonce l'abstraction des graphistes suisses.

En 1919, Otto Baumberger réalisa, pour le chapelier Baumann, une affiche dont la genèse illustre la maîtrise nouvelle des graphistes suisses d'une technique qui allait connaître une longue histoire. Elle fut modifiée deux fois en 1928, pour annoncer le changement d'adresse de l'entreprise, et souvent réimprimée. Le haut-de-forme symbolisait le couvre-chef en général et dispensait de toute autre précision.

Café « Odéon »
affiche 1920
[Hugo Laubi]

chapelier Baumann
affiches
1919/1928/1928
[Otto Baumberger]

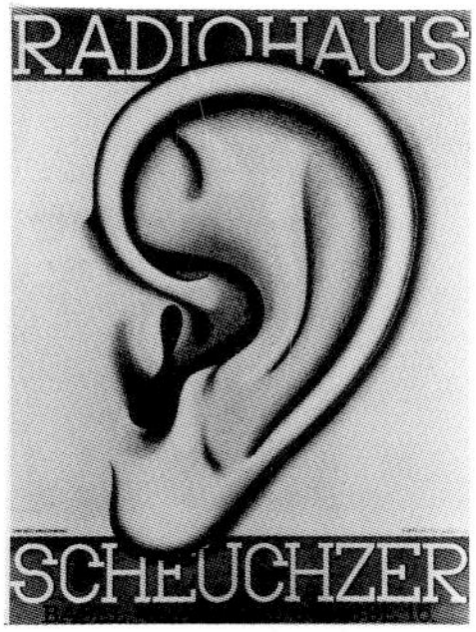

« Maison de la radio Scheuchzer »
affiche 1931
[Niklaus Stoecklin]

Le seul mot qui apparaît, la marque du chapelier, devient également un élément de l'équation : Baumann = chapeaux.

L'affiche de Niklaus Stoecklin pour le savon Sunlight incitait le public à associer le savon et sa boîte (en bas de l'affiche) au drap blanc (au centre). Le message brut (la blancheur comme effet direct de l'emploi du savon) est tempéré par la présence de la nature symbolisée par un papillon. De nombreuses affiches de cette période se passent de toute légende, comme celle de Stoecklin pour la Radiohaus Scheuchzer (1931), qui montre une oreille agrandie de manière surréaliste, ou celle de Peter Birkhäuser, représentant une bouche ouverte, pour le festival de chansons de Bâle ou encore celle, illustrée d'un unique bouton, pour le tailleur PKZ.

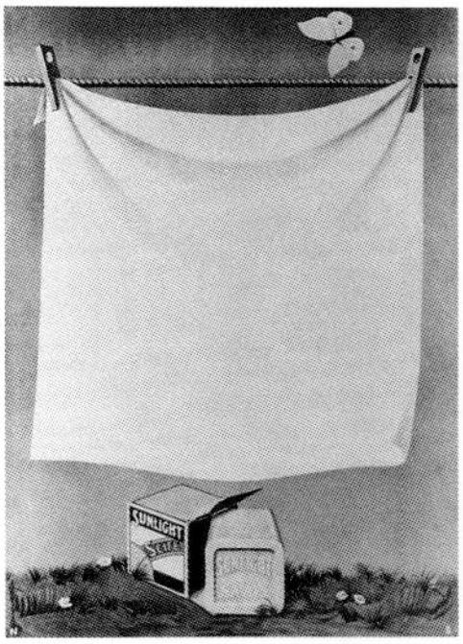

savon Sunlight
affiche 1924
[Niklaus Stoecklin]

vêtements pour hommes PKZ
affiche 1934
[Peter Birkhäuser]

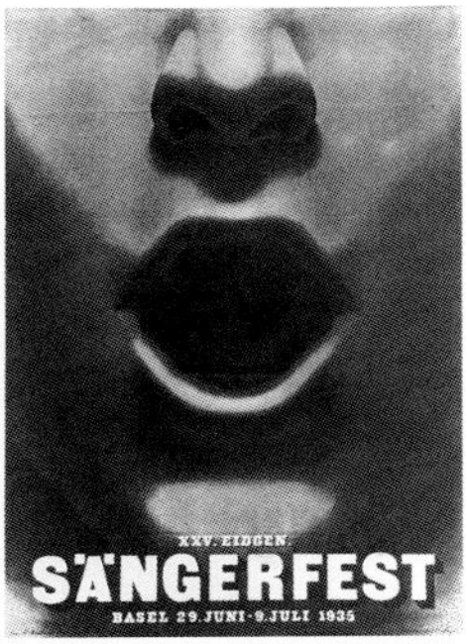

« Festival de la chanson »
affiche 1935
[Peter Birkhäuser]

Comme partout en Europe, la publicité subissait l'influence américaine, en particulier dans l'utilisation d'un slogan ou d'un titre. On en vint ainsi à mettre l'accent sur un véritable concept publicitaire, centré sur un seul aspect du produit (« l'offre vendeuse unique ») et décliné dans une campagne d'affiches et de publicités publiées dans la presse écrite.

L'« offre unique » que fait Baumberger dans son affiche pour le *Neue Zürcher Zeitung* se focalise sur les trois éditions quotidiennes du journal. Cela se traduit graphiquement par trois têtes en ombres chinoises, soigneusement différenciées. Mais la force du graphisme est amoindrie par le slogan « le meilleur journal politique, économique, scientifique et artistique en Suisse » sans lien direct avec le concept.

Neue Zürcher Zeitung
« trois éditions quotidiennes »
affiche 1928
[Otto Baumberger]

Si les Suisses admiraient les façons de faire américaines, les Américains, eux, respectaient les Européens pour leur style. Ils enviaient tout particulièrement les affiches touristiques conçues par Herbert Matter, un grand novateur de l'Entre-deux-guerres, qui s'installa à New York à la suite d'un séjour qu'il y fit en 1936. Matter avait étudié la peinture, d'abord à Genève, puis à Paris et, en 1929, il fut nommé directeur de publicité chez le fondeur parisien Deberny & Peignot.

En 1931, maîtrisant parfaitement la photographie et les procédés d'impression, il retourna en Suisse. Il fit la maquette de plusieurs couvertures pour la revue spécialisée *Typographische Monatsblätter* et la publicité de l'imprimeur zurichois Fretz, réalisant des montages quasi surréalistes. Il employait ses couleurs préférées – le rouge, le bleu et le noir – pour les brochures et les affiches touristiques. Le montage précis et la surimpression des photographies détourées donnaient souvent l'illusion d'une quadrichromie. Contrairement à ses homologues soviétiques ou à Heartfield, Matter ne recherchait pas la juxtaposition spectaculaire, mais préférait créer un espace artificiel parfait. Ces affiches étaient imprimées selon un procédé de photogravure, ce qui donnait un encrage gras. Le lettrage – toujours des linéales dessinées à la main – était imprimé en dernier pour permettre le positionnement de titres en différentes langues.

« Toutes les routes mènent en Suisse »
(version anglaise)
« Prenez la route de la Suisse »
(version tchèque)
affiche 1934
[Herbert Matter]

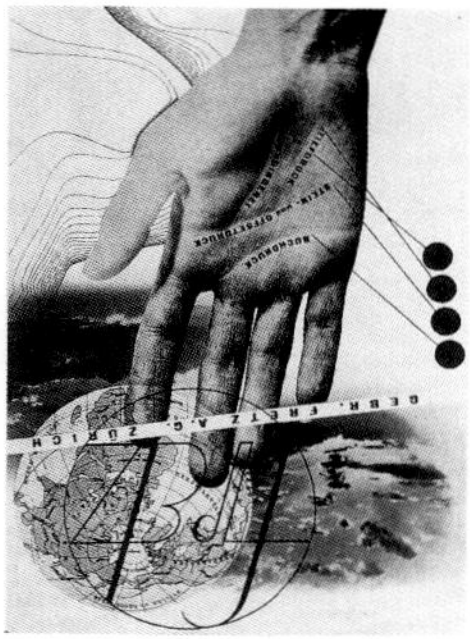

Fretz
couverture de la brochure v. 1934
[Herbert Matter]

Dans ses dépliants pour des lieux de villégiature, Matter sut dépasser les limites imposées par l'impression typographique en superposant des images et en estompant leurs bords jusqu'au blanc brillant du papier, une technique rappelant les images « fondues enchaînées » d'un film (voir p. 22). Ses confrères, le photographe Emil Schulthess (qui deviendra directeur artistique de la revue *Du*, parfait reflet de la maîtrise technique de l'imprimerie suisse) et Walter Herdeg (directeur artistique de l'influente revue professionnelle *Graphis*) jouèrent un rôle comparable dans la publicité touristique.

La promotion des produits de l'industrie suisse amena la rencontre des différents courants avant-gardistes. Anton Stankowski avait déjà travaillé avec Burchartz et Canis dans la Ruhr, avant de s'installer à Zurich. De 1929 jusqu'à son retour en Allemagne, en 1937, il fut le pionnier du « graphisme industriel ».

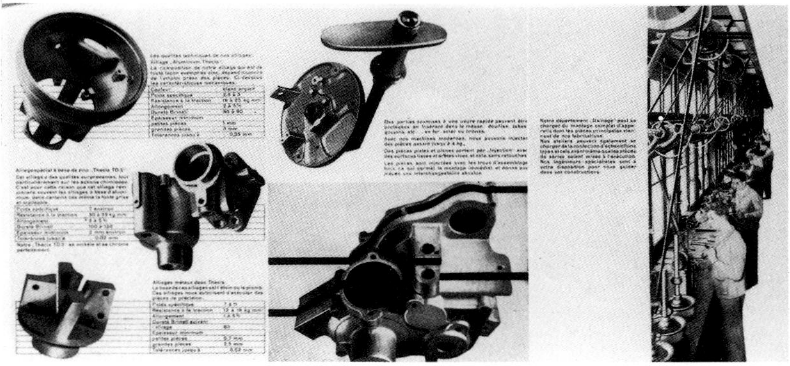

Fonderie Thécla brochure 1932
[Anton Stankowski]

publicité Max Dalang
« Comment faire de la publicité ? L'appareil photographique en est l'un des moyens, il montre le produit pour que tout le monde en ait envie »
publicité 1934

La technique de Stankowski était l'antithèse des illustrations métaphoriques de Baumberger et de Stoecklin. Il présentait le produit de la manière la plus claire possible, l'accompagnant seulement des informations indispensables, disposées asymétriquement, et aménageant l'espace grâce à une utilisation libre des filets. Composé uniquement en Akzidenz Grotesk – caractère sans empattements – le texte utilisait hauts et bas de casse mais jamais uniquement des capitales. Stankowski se souvient de la façon dont il abordait un travail : « Pour trouver une bonne idée d'affiche vantant un produit végétarien, il nous fallait vivre quelque temps comme des végétariens. » Stankowski réalisait lui-même la plupart de ses photographies. En 1934, il conçut pour les cubes de bouillon Liebig, en collaboration avec Hans Neuburg, l'une

« Economiques, les vols d'automne de Swissair » publicité v. 1935
[Anton Stankowski]

des premières affiches constituées uniquement d'une photographie. (La comparaison avec l'affiche de Cappiello pour Kub est intéressante, voir p. 86.) La boîte est imprimée en jaune et le logotype « Liebig » en vert. La maîtresse de maison, vêtue d'un tablier dont les carreaux répètent le motif du cube, photographiée en contre-plongée, est en noir et blanc. En imprimant la photographie à partir du négatif, Stankowski a exagéré le point de vue de l'enfant, déformant la partie droite de l'image pour concentrer l'attention sur le visage.

L'objectivité illusoire de la photographie était très appréciée des publicitaires. Elle pouvait montrer des produits familiers de façon inattendue, rendre intéressant l'ordinaire et lui donner un attrait irrésistible.

« Liebig Super Bouillon »
affiche 1934
[Anton Stankowski / Hans Neuburg]

Tschichold, qui fit beaucoup pour promouvoir la photographie, avait trouvé refuge en Suisse en 1933. En 1938, il produisit la dernière grande œuvre réalisée selon ses propres idées de typographie asymétrique. Il s'agit d'une affiche dont l'économie et la précision sont extrêmes (voir illustration en couleurs p. 22), où l'illustration est une photographie en négatif. Le mot-clef, « *photograph* », s'amorce juste au bord de l'image. Avec la photographie en surimpression, le mot forme une unité de sens qui inclue la première partie du sous-titre, « *sein werkzeug* » (ses outils). La seconde moitié du sous-titre, « *seine arbeiten* » (son œuvre), est placée après un tiret qui fait le lien entre l'image elle-même et le blanc du papier. Le reste du texte informatif apparaît dans des endroits et des gradations relatifs à son importance. « Où » (le musée) est aligné horizontalement avec « quoi » (*ausstellung*, l'exposition), qui est aligné verticalement avec « qui » (le nom du partenaire commercial), tout en haut, et avec le titre principal, en dessous. « Quand » (les dates et horaires) est relié à l'ensemble, avec moins de logique, par l'inversion des dates en blanc dans un rectangle noir, comme un autre « négatif ». Les jours et les horaires sont présentés dans un tableau qui met en valeur les heures d'ouverture du dimanche matin et du mercredi soir. Dans une ligne de texte verticale, placée à l'extrême

werktags		14-19	
mittwochs		14-19	19-21
sonntags	10-12	14-19	
eintritt frei			

« Le photographe professionnel »
affiche d'exposition 1938
[Jan Tschichold]

droite, apparaissent les noms du graphiste, du photographe, du photograveur et de l'imprimeur. Tous les caractères, à l'exception du titre principal, sont imprimés en noir, de même que la photographie. Le reste – les filets horizontaux, le titre principal et le sous-titre – est imprimé en un seul passage, les rouleaux d'encrage enduits de jaune à gauche, de bleu au milieu et de rouge à droite.

Les connaissances de Tschichold et d'Herbert Matter en imprimerie leur permettaient d'élargir leurs possibilités d'expression. La surimpression servait non seulement à créer un effet de profondeur, mais aussi, en faisant coexister des images de couleurs différentes dans un même espace sans qu'elles s'annulent l'une l'autre, de moduler leur sens et de renforcer leurs liens avec les mots.

Quand, en 1946, Tschichold abandonna l'asymétrie, Max Bill le critiqua avec virulence. Bill était revenu à Zürich en 1929, après deux années passées au Bauhaus de Dessau. Peintre, sculpteur, architecte, dessinateur industriel et théoricien, frustré par le manque d'opportunités s'offrant aux architectes, il devint rapidement un maître du graphisme (voir p. 21). Il faisait preuve du même rationalisme que Tschichold, mais son œuvre ne reflétait pas encore le formalisme qui fut par la suite associé au graphisme suisse.

relâche et *ariadne*
affiche de ballet 1931
[Max Bill]

Dans une affiche célèbre, annonçant deux ballets, Bill se moque du dadaïsme en utilisant volontairement des caractères en bois, des bordures décoratives et la technique de « l'arc-en-ciel », comme

Tschichold. Egalement à l'instar de Tschichold, mais cette fois-ci en véritable « Bauhäusler », il finit par abandonner l'usage des capitales. Annonciatrice du style suisse, l'affiche de Bill pour une exposition d'art nègre est encore plus célèbre. L'ovale blanc sur un fond uni est une métaphore parfaitement abstraite. La construction géométrique, ainsi que celle de l'ensemble de l'affiche, est maîtrisée par des relations simples mais précises reposant sur le carré et le cercle.

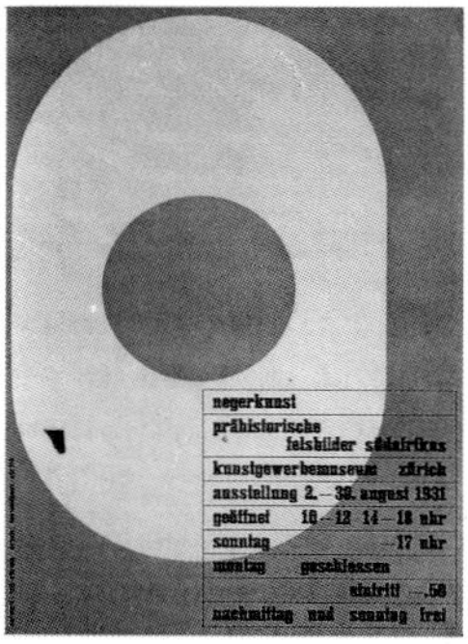

« Art nègre :
peintures rupestres préhistoriques
d'Afrique du Sud »
affiche d'exposition 1931
[Max Bill]

La diversité de la production de Max Bill et l'étendue de son inventivité dans le domaine des publications techniques, des logotypes, des en-têtes, des revues politiques, des couvertures de livre ainsi que de la publicité, sont étonnantes. Sa réalisation majeure, dans les années 1930, fut le pavillon suisse de la Triennale de Milan (1936). Son austérité créait un environnement parfaitement adapté au formalisme et à la sobriété radicale des affiches qui y étaient exposées. Il s'agissait là de la première démonstration internationale du « style suisse » qui, déjà bien établi, dominerait vingt-cinq ans plus tard les arts graphiques à l'étranger.

« Walter Gropius » et « Techniques d'une construction rationnelle »
affiche d'expositions 1931
[Ernst Keller]

pavillon suisse
Triennale de Milan
exposition de design 1936
[Max Bill]

9

La France

rue de Paris dans les années 1930
in *Mise en pages*
par A. Tolmer

Dans l'Entre-deux-guerres, Paris était considéré comme la capitale culturelle du monde. Après les horreurs de la Grande Guerre, la capitale française demeura un symbole de modernité, avec ses expositions internationales et son spectacle dans la rue – ces affiches toujours nouvelles, remarquables tant sur le plan artistique que commercial, vantant l'évasion, les produits de luxe ou de simples plaisirs quotidiens. L'affichiste le plus talentueux et prolifique, Adolphe Mouron Cassandre, célébrait avec le même gigantisme le plaisir de manger, de boire, de fumer, de se distraire ou de voyager.

« Au Bûcheron »
affiche pour un magasin de meubles
1923
[A.M. Cassandre]

La première grande affiche de Cassandre, pour le magasin de meubles Au Bûcheron, date de 1923. Elle valorisait le nom du magasin plutôt que ses produits. Une immense silhouette brandit sa hache vers la gauche de l'affiche longue de quatre mètres. Un arbre s'abat sur la droite et des faisceaux de couleurs, dégradés du jaune au blanc, s'ouvrent en éventail depuis la base du tronc. Ces teintes dégradées allaient devenir l'une des caractéristiques principales du style Art déco.

L'Art déco s'affirma comme le style dominant de l'Entre-deux-guerres. Comme l'Art nouveau au tournant du siècle, il coexista avec des formes d'illustration plus populaires et un lettrage moins formel. Il découlait directement de la peinture cubiste d'avant-guerre. En plus des dégradés, allant du clair au sombre afin de faire ressortir les contours des formes choisies, l'Art déco adopta également une géométrie rigoureuse. Au début des années 1930, ce style fut adopté par ceux que l'on appelait, souvent avec dérision, les modernes, dont le style propre était en partie lié à « l'esthétique de la machine » de l'avant-garde, mais qui répondait surtout à l'attrait romantique exercé par l'automobile, la locomotive et le transatlantique.

Les modernes utilisaient la ligne droite, souvent en diagonale, et le cercle. Pour Cassandre, la géométrie était fondamentale aussi bien pour la construction de l'image que pour la forme des lettres. Mais, le travail de Cassandre commençait toujours avec le mot : « Dans mon travail, disait-il, c'est le texte, la lettre qui [...] déclenchent les idées qui engendrent la forme plastique. » Son affiche de 1924 pour l'apéritif Pivolo repose sur la seule origine du nom, équivalent phonétique du conseil donné aux apprentis pilotes : *Et puis vole haut* suggéra à l'artiste *Pie vole haut*. La pie devint ainsi le motif central, intégrée au verre placé dans le même axe. Cela n'est pas sans rappeler l'affiche de Cappiello pour le cognac Albert Robin qui, vingt ans plus tôt, utilisait le nom de la marque comme source d'inspiration (un *robin,* c'est-à-dire un rouge-gorge. Voir p. 13).

« Pivolo »
affiche 1924
[A.M. Cassandre]

L'Intransigeant
affiche pour le journal 1925
[A.M. Cassandre]

Dans les dix années qui suivirent et dès 1925 avec la symétrie diagonale de l'*Intransigeant*, Cassandre réalisa plusieurs centaines d'affiches dont un certain nombre sont des chefs-d'œuvre graphiques. Conscient de la valeur esthétique qu'il donnait à ses affiches, il déclarait très clairement qu'elles étaient seulement

> un moyen de communication entre le commerçant et le public. L'affichiste est comme le télégraphiste : il ne rédige pas de messages, il les transmet ; on ne lui demande pas son avis – on lui demande seulement d'établir une communication claire, puissante, précise.

Parallèlement à ses affiches qui donnaient un charme poétique aux moyens de transport, Cassandre créa l'une des images les plus célèbres de cette époque : celle de Dubonnet, en 1932. En trois étapes successives, une silhouette assise se colore progressivement ; l'idée de satisfaction se développe parallèlement au nom de la boisson : DUBO (du beau) – DUBON (du bon) – DUBONNET. Le nom et l'homme figurent finalement en entier et la bouteille fait alors son apparition, remplissant le verre. Cassandre accorde une importance aussi grande au mot qu'à la forme des caractères et à

caractère Bifur 1929
[A.M. Cassandre]

« Dubonnet »
affiche 1932
[A.M. Cassandre]

caractère Peignot 1937
[A.M.Cassandre]

« pas d'*R*... pas d'appétit »
affiche 1933
[Paul Colin]

leur disposition. Il dessinait ses lettres lui-même et intégrait les mots à la composition générale ou les reléguait dans les marges.

Son affiche pour Au Bûcheron est typique de l'époque précédant l'agrandissement des caractères d'imprimerie par la lithographie. Le « C » de BÛCHERON correspond à la moitié du « O ». Dans le sous-titre, LE GRAND MAGASIN DU MEUBLE, des triangles remplacent la barre transversale du « A » et du « E » et on retrouve le triangle sur le « I ». Le « G » se termine par une flèche.

« La lettre ne prend vie, disait-il, que lorsqu'elle a trouvé sa place dans le mot. L'image graphique de ce mot [...] crée dans notre esprit une harmonie qui correspond exactement à une idée. » Cassandre se consacra alors à la création de caractères : le Bifur, en 1929, d'une grande rigueur géométrique, puis, en 1937, le Peignot, dont les bas de casse rappellent des petites capitales.

Comparés à Cassandre, les autres graphistes français utilisaient des caractères d'affiche et des figures uniques, inspirées du cubisme, d'une grande banalité. Jean Carlu, Paul Colin et Charles Loupot faisaient néanmoins exception. L'immense « R » en trois dimensions de l'affiche de Colin est l'élément central de son concept et du jeu de mot : « pas d'air – pas d'appétit ».

musée d'Ethnographie du Trocadéro
affiche 1930
[Paul Colin]

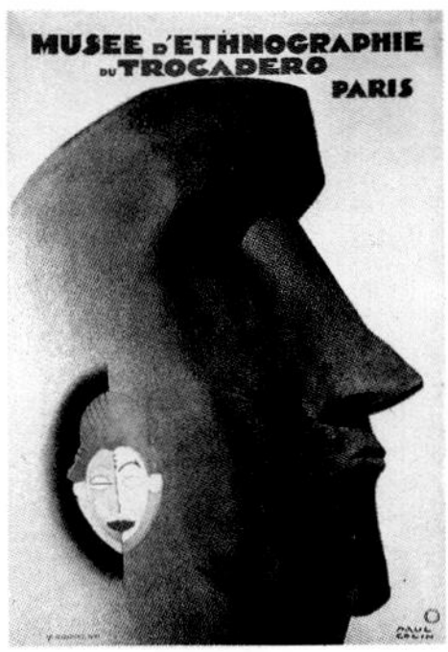

« St Raphaël Quinquina
Rouge. Blanc »
plaque émaillée v.1930

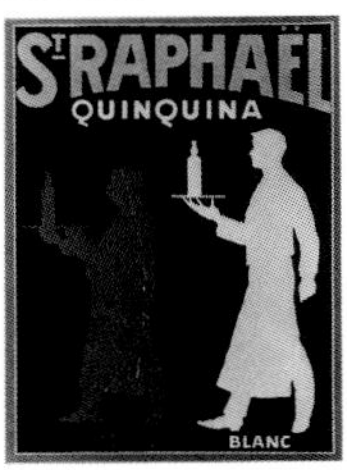

En 1930, Colin fit une affiche pour le musée d'Ethnographie de Paris où l'on retrouvait toute la simplicité d'un dessin d'Hohlwein. Elle met en valeur la planéité de la surface et confère une intensité dramatique à l'image grâce à un important décalage d'échelle et d'angle de vue, passant du profil monumental d'une tête sculptée de l'île de Pâques à la représentation cubiste d'un masque à la taille réelle.

« St Raphaël Quinquina »
affiche 1937
[Charles Loupot]

Le travail de Loupot pour l'apéritif St Raphaël, qui se poursuivit après la Seconde Guerre mondiale, marque une nouvelle étape dans l'histoire des arts graphiques. Dans son affiche de 1937, il réutilisa à sa manière les deux serveurs dont les silhouettes, blanche et rouge, caractérisaient le matériel promotionnel de l'entreprise depuis 1910 (voir p. 148).

Leonetto Cappiello était déjà un grand affichiste durant la Belle

Le Petit Dauphinois
affiche 1933
[Leonetto Cappiello]

« Bouillon Kub »
affiche 1931
[Leonetto Cappiello]

Epoque. Dans l'Entre-deux-guerres, il créa pour les bouillons Kub des images saisissantes par leurs simplicité et efficacité. La symétrie de la tête du taureau, le blanc intense de l'œil rendu par le papier non imprimé et le cube de bouillon dessiné en perspective, sans ombre, ne nécessitaient aucun slogan, à l'instar d'un *Sachplakat* allemand. Le produit est présenté grâce à une image à la fois littérale et métaphorique : le taureau n'est pas seulement l'ingrédient exclusif du bouillon, il transmet également sa force au cube.

« Exactitude »
affiche 1932
[Pierre Fix-Masseau]

Avec Cassandre, l'image réalisée à l'aérographe et les caractères géométriques exprimaient la précision de l'ère industrielle. L'affiche des chemins de fer due à l'un de ses disciples, Pierre Fix-Masseau, avec les deux mots EXACTITUDE et ETAT, illustre parfaitement la ponctualité : la petite aiguille de l'horloge – cette dernière formant comme une auréole au-dessus de la tête du machiniste – trace une autre ligne droite vers le centre de la locomotive.

Les affichistes contrôlaient désormais mieux leur production car ils étaient liés contractuellement aux imprimeurs. Ces entreprises spécialisées gagnaient de nouveaux clients grâce à la réputation de leurs graphistes. Mais, face au développement de l'agence de publicité, où le travail se faisait en équipe, et le nombre croissant de magazines publiant de la publicité, l'importance de l'affiche et du travail individuel déclina au cours des années 1930.

automobiles Rochet-Schneider
brochure 1929
[Atelier Draeger Frères]

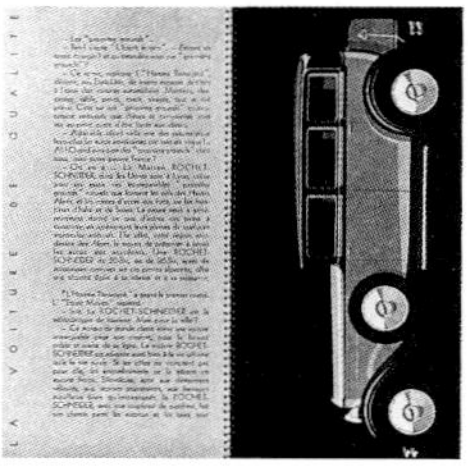

Ce furent donc les agences de publicité et les imprimeurs (Tolmer et Draeger, par exemple), avec leurs propres ateliers de graphisme, qui mirent en pratique le style moderne. Auparavant, la taille même des affiches impliquait le transfert du dessin original à la main et excluait toute utilisation de la photographie. Mais cette contrainte ne concernait pas, par contre, la publicité publiée dans la presse, les brochures ou les catalogues.

En 1931, l'imprimeur parisien Alfred Tolmer publia à Londres un livre intitulé *Mise en pages : Theory and Practice of Layout* qui présentait les nouvelles tendances du graphisme en France. Le caractère nouveau du métier y est bien relaté : « De nos jours, l'art de la mise en pages tire sa force de la libre utilisation des techniques. Avec un appareil photo, une paire de ciseaux, une bouteille d'encre de chine et de la colle, associés à la main du graphiste et à son regard sans préjugé, une composition peut naître et une idée nouvelle s'exprimer grâce à des moyens très simples. »

Mise en pages
doubles pages du livre de Tolmer en 1931
[Louis Caillaud]

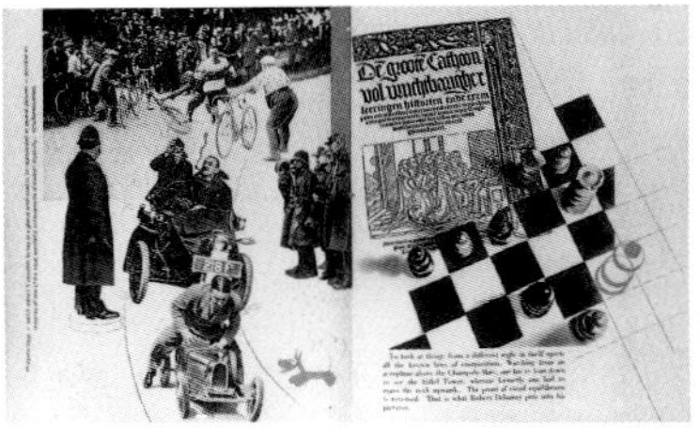

Les choix de Tolmer étaient spécifiques au graphisme français ; en effet, les mouvements d'avant-garde, Dada et le surréalisme, eurent peu d'influence sur lui. L'utilisation par Cassandre de la géométrie et une grande partie de sa technique rappelaient le purisme de Le Corbusier, qui, en tant que théoricien, utilisa magistralement le graphisme dans ses livres.

Les œuvres allemandes reproduites dans la revue *Arts et métiers graphiques* ne suscitèrent qu'un intérêt limité en France, où peu de professionnels partageaient l'engagement social de leurs collègues avant-gardistes du Nord et de l'Est. Le graphisme parisien présentait une image de modernité chic. A la fin des années 1920, le grand magasin Aux Trois Quartiers choisit le style moderne pour sa façade, les lettres de son nom (l'utilisation architecturale de majuscules géométriques), ainsi que pour sa publicité et ses catalogues. Leur réalisation était dirigée par un émigré russe, Alexey Brodovitch, qui devint ensuite, avec le directeur artistique de l'hebdomadaire *Vu,* Alexander Liberman, l'un des meilleurs maquettistes de New York. Robert Block, son collaborateur aux Trois Quartiers, distinguait trois catégories de publicités :

« Michelin »
affiche en photomontage
1932

1. Celles qui doivent surprendre les individus d'une manière brutale en laissant aller leur étonnement jusqu'à la stupéfaction.

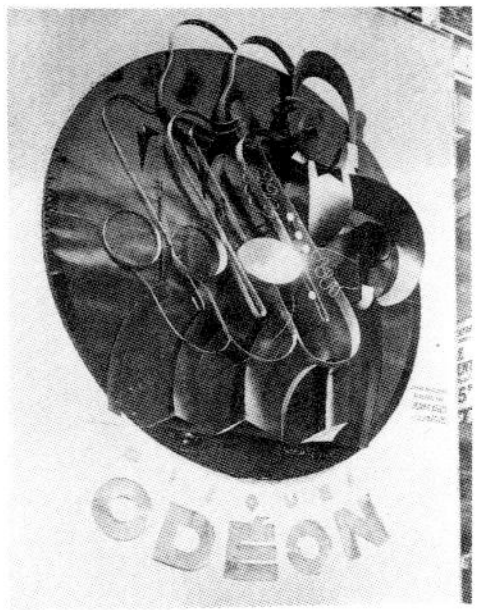

« Aux Trois Quartiers »
publicité 1920
[Alexey Brodovitch]

extrême gauche
« Odéon »
affiche en trois dimensions
v. 1937

2. Celles qui permettent d'incruster dans le cerveau des gens certaines idées, certains noms, certaines formes, certaines évocations par un travail répété, automatique, dont le résultat est semblable à celui de la goutte d'eau sur la pierre qu'elle arrive à creuser.
3. Enfin celles qui, par leur forme ou leur esprit, créent de l'intérêt, de la curiosité, du désir de comprendre, de savoir…

symbole Citroën années 1920

extrême gauche
usine Citroën
photomontage pour publicité
1913

grille de radiateur années 1930

publicité lumineuse
sur la tour Eiffel 1925
publicité aérienne années 1930

Cette analyse souligne l'interdépendance qui existe entre le graphiste, le client et le public. La relation qui unissait l'artiste à son mécène s'était transformée en un partenariat commercial et professionnel.

10

La Grande-Bretagne

Les développements de l'avant-garde en Europe continentale furent étudiés par Tschichold dans divers articles écrits en Allemagne et parus dans la revue britannique *Commercial Art*, en 1930 et 1931. En Grande-Bretagne, où il travailla à la fin des années 1940, la Nouvelle Typographie – utile pour suggérer la sophistication moderne – reçut un accueil mitigé. Les créations allemandes étaient mal imitées et les affiches britanniques ne surent pas reprendre efficacement le cubisme décoratif des graphistes français. En définitive, le poids de la tradition était bel et bien, en Grande-Bretagne, le plus fort.

La seule réaction avant-gardiste notable eut lieu, en fait, avant la Première Guerre, en réponse au futurisme. En effet, en 1913, Marinetti se rendit à Londres où se forma peu après le groupe des vorticistes. Leur revue, *Blast*, ne parut que deux fois, en 1914 et en 1915. La couverture présentait des caractères d'affiche noirs, composés en diagonale sur un aplat rose vif. La taille et l'agencement du texte en linéales épaisses étaient fonctions du sens et de l'importance des mots. Le choix d'un tel caractère et l'abandon de la symétrie, au profit d'une présentation délibérément rudimentaire, à la manière des publicités populaires, plaçaient les vorticistes en marge de ce qui se faisait en Grande-Bretagne, puisqu'ils se servaient de la forme typographique comme un des éléments d'une réforme plus large.

Blast
page de la revue 1914
[P. Wyndham Lewis]

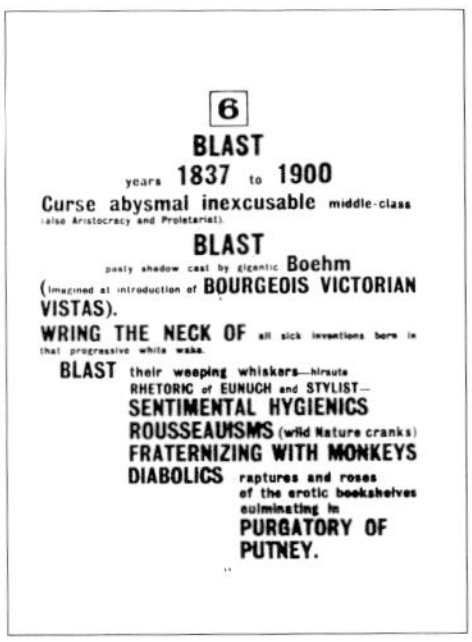

6

BLAST
years 1837 to 1900
Curse abysmal inexcusable middle-class
(also Aristocracy and Proletariat).
BLAST
pasty shadow cast by gigantic Boehm
(imagined at introduction of BOURGEOIS VICTORIAN VISTAS).
WRING THE NECK OF all sick inventions born in that progressive white wake.
BLAST their weeping whiskers—hirsute
RHETORIC of EUNUCH and STYLIST—
SENTIMENTAL HYGIENICS
ROUSSEAUISMS (wild Nature cranks)
FRATERNIZING WITH MONKEYS
DIABOLICS raptures and roses
of the erotic bookshelves
culminating in
PURGATORY OF
PUTNEY.

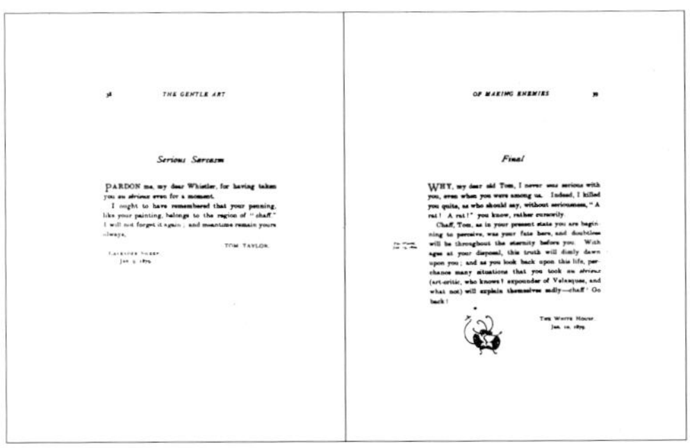

THE GENTLE ART

Serious Sarcasm

PARDON me, my dear Whistler, for having taken you au sérieux even for a moment.

I ought to have remembered that your penning, like your painting, belongs to the region of "chaff." I will not forget it again; and meantime remain yours always,

TOM TAYLOR.

OF MAKING ENEMIES

Final

WHY, my dear old Tom, I never was serious with you, even when you were among us. Indeed, I killed you quite, as who should say, without seriousness, "A rat! A rat!" you know, rather cursorily.

Chaff, Tom, as in your present state you are beginning to perceive, was your fate here, and doubtless will be throughout the eternity before you. With ages at your disposal, this truth will dimly dawn upon you; and as you look back upon this life, perchance many situations that you took au sérieux (art-critic, who knows! expounder of Velasquez, and what not) will explain themselves sadly—chaff! Go back!

THE WHITE HOUSE.

L'Art aimable de se faire des ennemis
page de titre 1890
[J.M. Whistler]

Une maison de grenades
Oscar Wilde
page de livre 1891
[Chiswick Press]

THE FISHER-MAN AND HIS SOVL

EVERY evening the young Fisherman went out upon the sea, and threw his nets into the water. When the wind blew from the land he caught nothing, or but little at best, for it was a bitter and black-winged wind, and rough waves rose up to meet it. But when the wind blew to the shore, the fish came in

Cependant, de précédentes asymétries sur des pages de titre – les plus marquantes étant celles des ouvrages de Whistler, comme *L'Art aimable de se faire des ennemis* (1890), dont la maquette fut inspirée par son ami Mallarmé aussi bien que par les Japonais – parvinrent à influencer quelques imprimeries anglaises privées. Le dramaturge et critique George Bernard Shaw, bien que décrié dans les pages de la revue *Blast*, insistait depuis un certain temps déjà pour que le texte en page de titre de ses pièces soit aligné à gauche et composé en Caslon uniquement.

C'est dans le domaine du dessin des lettres que la Grande-Bretagne marqua de manière durable l'apparence du mot imprimé. Les leçons que tira le mouvement Arts & Crafts des premiers livres imprimés eurent pour résultat une esthétique opposée à celle, éthérée, de Whistler : l'encrage s'épaississait, il fallait donc des caractères plus robustes, laissant moins d'espace entre les mots et les lignes.

Dès la fin du XIXe siècle, les caractères typographiques pouvaient être sélectionnés sur un clavier et fondus mécaniquement. Les différents systèmes de composition de texte entrèrent en concurrence et les compositeurs se virent obligés d'offrir de nouvelles polices à leurs clients. Imprint (1912) est la première police de caractères conçue spécialement pour le procédé de fonte de la société Monotype. D'autres suivirent, inspirées de lettres anciennes : le Plantin (1913), le Caslon (1916), le Garamond (1922) et le Baskerville (1923).

Le calligraphe Edward Johnston travaillait selon l'ancienne tradition, mais de manière extrême. En effet, il écrivait à la plume d'oie sur du parchemin et, étant professeur, il persuada plusieurs générations d'étudiants de suivre son exemple. Son manuel, *Writing & Illuminating & Lettering*, publié pour la première fois en 1906, fut réimprimé trente fois. En 1915, on lui demanda de créer pour les panneaux signalétiques du métro londonien un alphabet « qui appartiendrait sans équivoque possible au XXe siècle ». Johnston choisit de revenir aux proportions des capitales composées en romain classique, avec un « O » en cercle parfait et les montants du « M » formant les deux côtés d'un carré, les branches se rejoignant en son centre. Le point en forme de losange du « i », du « j » et de la ponctuation montre bien l'origine calligraphique des caractères – la forme en losange étant produite naturellement par une plume dont le bec est taillé en carré.

ABCDEFGHIJKLMNOP
QRSTUVWXYZ
abcdefghijklmnopqrst
uvwxyz

En 1928, un ancien élève de Johnston, Eric Gill, mit au point son Gill Sans en s'inspirant de l'alphabet de ce premier. A la différence des linéales allemandes, telles que le Futura qui date de la même époque, ses lettres conservaient un aspect traditionnel – la variation de l'épaisseur du trait – mais elles abandonnaient les points en forme de losange, considérés comme archaïques. En comptant les différentes versions, on dénombre au total plus de vingt déclinaisons du Gill Sans. Gill dessina également une série de caractères avec empattements, dont le célèbre Perpetua, mais au cours des trente années qui suivirent, c'est le Gill qui eut le plus de succès en Grande-

Three Plays for Puritans: The Devil's Disciple, Cæsar and Cleopatra, & Captain Brassbound's Conversion. By Bernard Shaw.

London: Grant Richards, 48 Leicester Square, W.C.

Trois pièces pour puritains
page de titre 1901

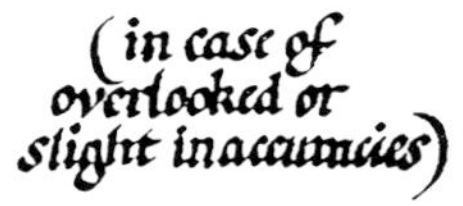

instructions calligraphiées
pour la création des caractères
pour London Underground (détail)
1915
[Edward Johnston]

MNO
hijkl

caractères pour London Underground
1915
[Edward Johnston]

Essai sur la typographie
page de livre
(composée en Gill, fer à gauche) 1931
[Eric Gill]

Lettering 49

ing should be left to the imagination of the sign-writer or the enamel-plate maker. In this quality of 'fool-proofness' the Monotype sans-serif face (figure 15) is perhaps an improvement. The letters

ABCDEFGHIJKLM
NOPQRSTUVWX
Y&Z 1234567890
abcdefghijklmno
pqrstuvwxyz

Figure 15: Monotype sans-serif

are more strictly normal — freer from forms depending upon appreciation and critical ability in the workman who has to reproduce them.

¶ But, as there is a norm of letter form — the bare body, so to say, of letters — there is also a norm of letter clothes: or rather there are many norms according as letters are used for this place or purpose or that. Between the occasion wherein the pure sans-serif or mono-line (block) letter is appropriate & that in which nothing is more appropriate than pure fancifulness (see fig. 17: 9, 13, 15 & 16), there are innumerable occasions.

D

Bretagne, notamment pour la composition d'horaires et de formulaires.

« Aujourd'hui, le principal support pour les caractères est, indubitablement, la feuille ou le livre imprimés [...] ni le ciseau, ni le stylo n'ont plus désormais la moindre influence », écrivait Gill dans son fameux *Essai sur la typographie*, paru en 1931, un ouvrage important surtout parce qu'il plaidait pour une composition non justifiée, un style qui ne devint courant qu'une quarantaine d'années plus tard. Gill faisait remarquer qu'« avec des mots de longueurs différentes, il est impossible d'obtenir des lignes de longueurs uniformes », l'on a soit des espaces inégaux entre les mots soit une longueur de ligne non constante. Selon lui, la lisibilité était meilleure avec un espacement régulier plutôt qu'avec une longueur de ligne uniforme.

C'est Stanley Morison, conseiller auprès de Monotype, qui avait

formulaire de télégramme
avant et après la nouvelle maquette
(caractère Gill) v. 1936
[Stanley Morison]

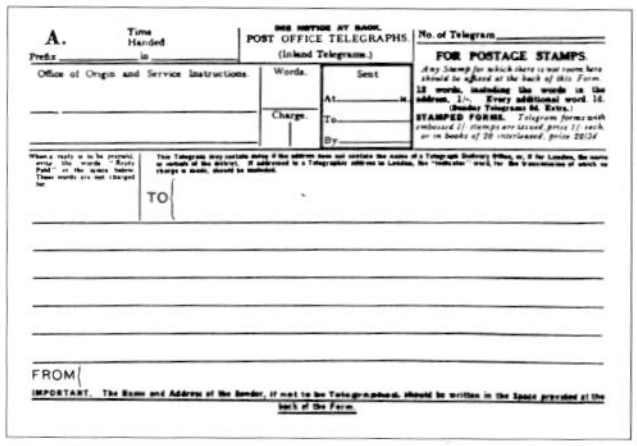

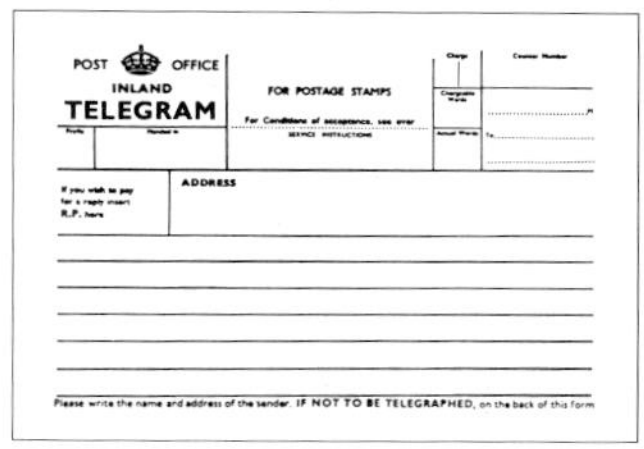

choisit Gill pour ce travail. Historien autodidacte de la typographie et typographe, Morison avait su s'imposer dans la profession. Conseiller auprès du *Times*, il élabora une nouvelle maquette, avec une police de caractères de son cru, le Times New Roman, qui reste très appréciée dans la presse et dans l'édition. Morison justifiait toujours ses choix par des critères pratiques et il défendait ses innovations en attaquant sans détour le conservatisme de l'imprimerie. « Pour avoir un impact, il faut surprendre, *saisir*. L'individualité et la nouveauté sont les seuls critères. En les contrôlant avec logique, l'imprimeur progressiste saura créer de nouvelles règles à chaque occasion », écrivait-il. C'est exactement ce qu'il fit pour les jaquettes des livres de l'éditeur Victor Gollancz, dès 1929. Jaune vif, ces jaquettes comportaient un texte de

The Times
manchette 1932
[Stanley Morison]

Times New Roman
caractère 1932

ABCDEFGHIJKLMNOPQRSTUVWXYZ
abcdefghijklmnopqrstuvwxyz

présentation composé en diverses sortes de caractères. La typographie utilisée avait beaucoup de l'inventivité brute de *Blast*, rejetant toute tradition.

Morison ne voulait pas rompre avec toutes les règles établies, comme cela était le cas des adeptes de la Nouvelle Typographie, et pourtant, ces derniers partageaient avec lui l'idée que « la typographie est le seul moyen efficace d'arriver à une fin essentiellement utilitaire dont l'esthétique n'est de toute façon qu'accidentelle ».

Pour le monogramme « vg » destiné aux jaquettes des éditions Gollancz, Morison engagea un affichiste américain, Edward McKnight Kauffer, le plus prolifique des graphistes employés par le métro de Londres. Le directeur de la publicité de London Transport, Frank Pick, avait choisi comme support l'affiche, d'abord dans le but d'encourager les gens à prendre le bus et le métro en dehors des heures de pointe, mais aussi pour convaincre les annonceurs de l'efficacité de la publicité dans le métro. Ces affiches avaient une fonction surtout esthétique : elles décoraient les stations et donnaient au public un aperçu de l'histoire de l'art.

Kauffer débarqua en Angleterre en 1914, après avoir sillonné toute l'Europe. Il avait été marqué par les affichistes allemands, tout particulièrement par Hohlwein. Le rendu lié à la texture de leur peinture se retrouvait dans la première affiche touristique de Kauffer, réalisée pour London Transport, pour les North Downs. Son œuvre la plus célèbre représentait des oiseaux à la manière des vorticistes ; acquise par le *Daily Herald*, on lui ajouta ensuite le slogan : « The Early Bird ». Ce dessin fut sans doute la source d'inspiration du merveilleux symbole « Speedbird », réalisé dix ans plus tard par Theyre Lee-Elliott pour la compagnie Imperial Airways.

De 1915 à 1940, Kauffer dessina 250 affiches et 150 jaquettes de livre, vulgarisant un style mélangeant Art déco et cubisme : de petites surfaces colorées – des carrés, des triangles et des segments de cercles ou d'arcs – souvent estompées par des éclaboussures ou des pointillés, sont juxtaposées, clair sur foncé, pour donner de la profondeur. Comme ce fut le cas en France, l'utilisation répandue de l'aérographe contribua au développement de ce style. Kauffer et les autres affichistes, soutenus par des directeurs de publicité qui agissaient en mécènes, maintinrent leur moyen d'expression dans une catégorie à part : ni art, ni industrie, ni tout à fait encore graphisme.

Mais la plupart des affiches anglaises n'arrivèrent pas à associer avec succès mots et images dans le but d'exprimer une idée. L'affiche de Kauffer « L'énergie : le centre nerveux du métro de Londres » rappelle la géométrie des affiches de Cassandre. L'idée est cependant aussi confuse que sa représentation graphique. L'affiche présente trois idées : l'énergie, le centre nerveux, le métro. L'énergie est représentée deux fois : la centrale électrique, en rouge, et le bras noir au poing fermé d'où surgit un éclair, symbole de l'électricité. Le « centre nerveux » est suggéré de manière plus ambiguë par les nerfs

The Running Footman
jaquette de livre 1931
[Stanley Morison]
monogramme (coin supérieur gauche)
1931 [E.M. Kauffer]

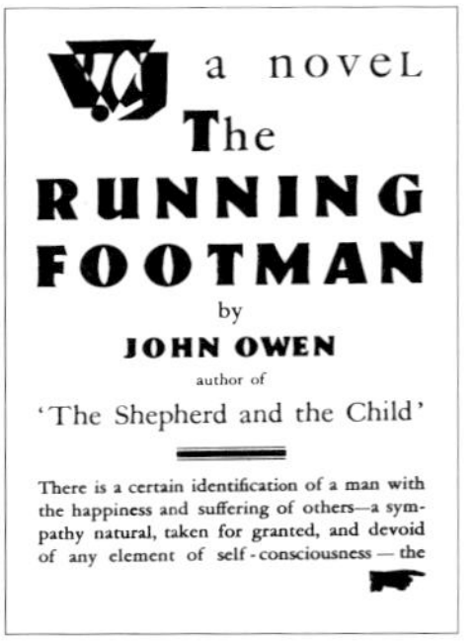

Daily Herald
affiche 1918
[E.M. Kauffer]

The North Downs
affiche touristique
[E.M. Kauffer]

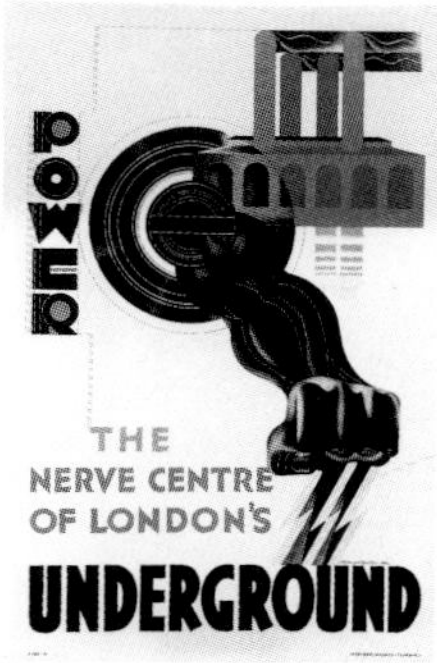

« Energie »
London Underground affiche 1930
[E.M.Kauffer]

Imperial Airways
symbole v. 1934
[Theyre Lee-Elliot]

qui tracent comme de fines veines bleues sur le bras émergeant d'un cercle noir, pareil à un disque de gramophone. Au centre du disque apparaît l'emblème du métro, relié par un éclair au mot « Underground » [métro]. Le mot « Power » [énergie] effectue comme un cheminement à travers le cercle et le long du bras jusqu'au mot « Underground », auquel il est également associé pas sa couleur noire. Les touches rouges à l'intérieur des lettres du mot « Power » créent un lien entre ce mot et la centrale électrique. Mais le rouge est aussi la couleur du « centre nerveux » : la localisation de ce centre nerveux (l'endroit où les décisions sont prises et où s'exerce le contrôle) reste obscure. Le déploiement d'une vaste gamme de conventions graphiques ne transmet pas de message clair.

Dans les années 1930, les affiches de la société pétrolière Shell étaient aussi variées que celles du métro londonien. Shell faisait travailler les meilleurs peintres, aussi bien traditionnels que modernes, sur des affiches qui conféraient au produit une image « classe moyenne cultivée et audacieuse ». Délaissant tout logotype, ainsi que toute référence visuelle au produit, ces affiches reposaient sur l'introduction du mot Shell dans divers slogans d'une série de publicités présentant telle ou telle profession comme consommatrice de Shell : « Les acteurs préfèrent Shell », « Les musiciens préfèrent Shell »...

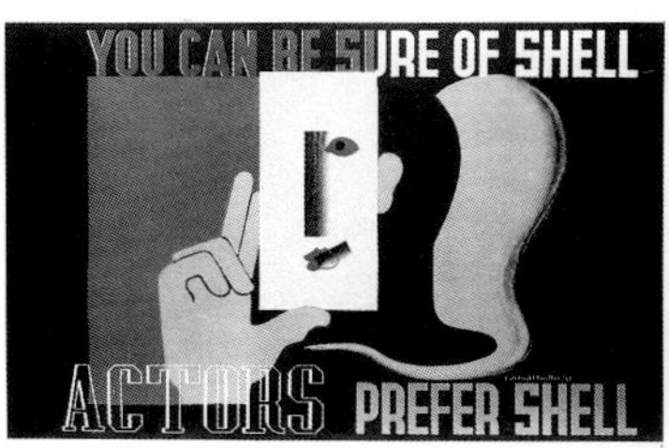

« Les acteurs préfèrent Shell » affiche 1935
[E.M.Kauffer]

« C'est le moment de passer au Shell d'hiver » affiche 1938
[Tom Eckersley / Eric Lombers]

Kauffer, qui produisit pour la société pétrolière ses graphismes les plus modernistes, élabora également une sorte de mascotte pour Shell, la silhouette d'un petit mannequin d'artiste articulé. Son allure de robot évoquait la machine et ses joints circulaires la lubrification ;

il apparaissait sur tous les produits Shell et fit même une apparition sous une forme animée en 1935, dans l'un des tout premiers films publicitaires en couleurs.

Suivant l'exemple de Frank Pick pour le métro londonien, les chemins de fer de Londres et du Nord-Est de l'Angleterre (LNER), dotés de deux mille gares, instaurèrent aussi un « style maison ». La compagnie choisit le Gill Sans pour la signalétique et les publicités. L'impression d'une même affiche se faisait simultanément dans les différentes parties de la région grâce à une standardisation qui la rendait en outre plus économique.

« Nouveaux lubrifiants Shell »
détail d'une affiche 1937
[E.M. Kauffer]

« Côte Est »
affiche de voyage 1935
(pas en Gill)
[Tom Purvis]

Pour ses affiches, la LNER adopta également une politique similaire à celle de London Underground, passant par exemple commande à Cassandre et à Hohlwein. Tom Purvis fut particulièrement prolifique et son style d'aplats de couleur rappelait celui des Beggarstaffs. Ses affiches n'employaient aucun dégradé de couleur et étaient donc faciles à reproduire. Purvis utilisait toute la surface de la feuille et travaillait les zones de papier non imprimé en les intégrant à l'ensemble du dessin au même titre que les zones colorées.

Ce n'est pas un affichiste qui fit entrer les transports londoniens dans l'histoire du graphisme, mais le dessinateur industriel Henry Beck qui redessina le plan du métro de Londres (voir p. 18). Il représenta le réseau sur une grille octogonale afin que les lignes se croisent à angle droit ou à 45 degrés. Les stations sont situées en fonction de leurs relations entre elles et non en fonction des distances réelles les séparant, et la Tamise donne une échelle à l'ensemble. Les correspondances sont indiquées par des signes spécifiques et la typographie renforce l'autorité du plan.

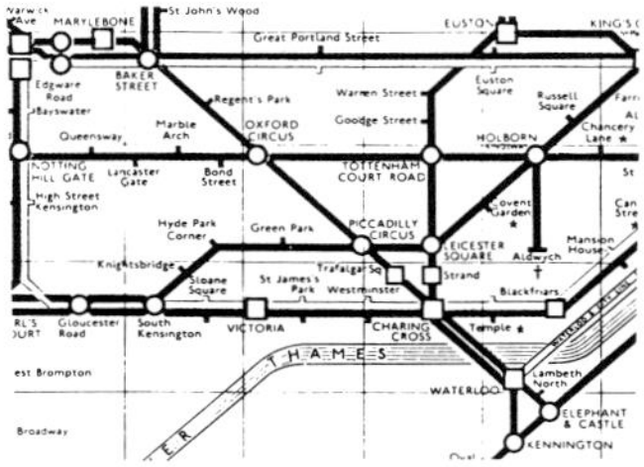

plan du métro de Londres (voir p. 18)
détail d'une version
des années 1960
[Henry C. Beck]

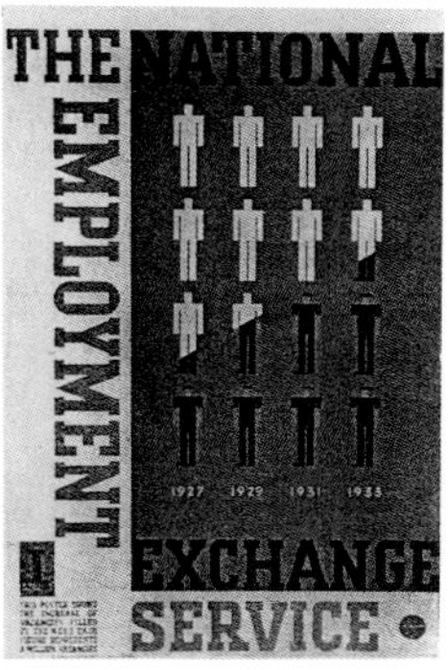

Service national d'échange d'emplois
affiche informative 1936
[Theyre Lee-Elliott]

De nouvelles façons symboliques de représenter le temps, les distances et les quantités apparurent dans la publicité, sur les affiches et dans les salons professionnels. Lee-Elliott démontra que l'information numérique représentée graphiquement « apportait à l'œil une preuve visuelle dotée d'une force de conviction supplémentaire ».

Ce type de graphiques statistiques, issu du système viennois de l'Isotype, fut introduit en Grande-Bretagne, en 1931, par Tschichold, dans les pages de la revue *Commercial Art*. Selon lui, les graphiques pouvaient revêtir trois formes : « la photographie composite, la copie et le photogramme ». La « photographie composite » équivalait au photomontage, technique utilisée par les ateliers graphiques de Maurice Beck, qui faisaient régulièrement leur publicité dans la même revue.

London Underground
affiches v. 1935
[Ateliers Maurice Beck]

En 1914, Fred Taylor conçut l'une des affiches les plus magistrales des transports londoniens : « The Right Way To Get Off ». La compagnie voulait rassurer le public en lui montrant que tout était mis en œuvre pour assurer sa sécurité. Elle choisit Maurice Beck pour représenter une technologie maîtrisée par l'homme : la main du cheminot et un slogan écrit manuellement humanisent la technologie environnante.

Les premiers réfugiés politiques venus d'Allemagne apportèrent avec eux une influence plus fonctionnaliste. Quand Tschichold partit pour la Suisse, en 1935, Moholy-Nagy fut parmi ceux qui trouvèrent asile en Angleterre. Avant de s'exiler aux Etats-Unis, il passa là deux ans à concevoir des jaquettes de livre, des affiches pour le métro et une exposition pour Imperial Airways, et travailla également comme responsable des vitrines de Simpson's, un nouveau magasin de confection pour hommes installé sur Piccadilly. Il fut aussi photographe et, pour ses clichés parus dans l'*Architectural Review*, il créa une mise en pages où des découpes laissaient deviner des parties d'images se trouvant sur les pages suivantes et incitaient le lecteur à partir à leur découverte.

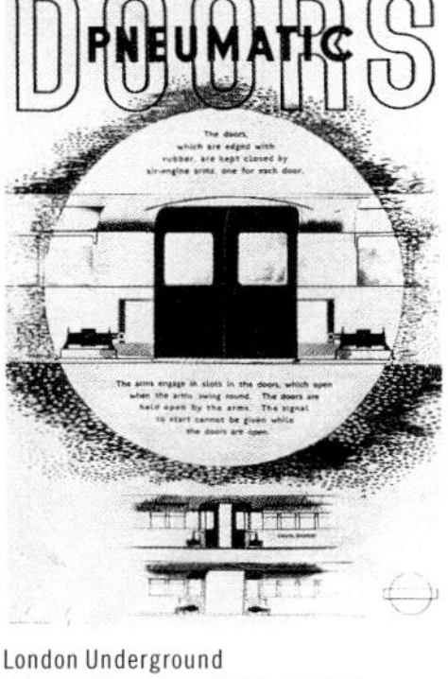

London Underground
présentation des nouvelles portes
automatiques, affiche 1937
[Lázsló Moholy-Nagy]

Moholy-Nagy fut introduit chez Simpson's par l'agence publicitaire de W.S. Crawford dans laquelle travaillait déjà le plus grand des graphistes modernistes britanniques, Ashley Havinden, qui fut à l'origine d'une célèbre campagne publicitaire pour les voitures Chrysler, à la fin des années 1920. La société Monotype reprit le dessin de sa lettre pour créer la police de caractères Ashley Crawford, et ses lettres réalisées au pinceau furent nommées Ashley Script.

« Buvez du lait tous les jours »
affiche 1935
[Ashley Havinden]

Les graphistes étaient employés par des agences de publicité comme Crawfords ou par les ateliers de graphisme des imprimeries. Un petit nombre d'imprimeurs produisaient des brochures et des catalogues modernes et élégants. Il existait également des ateliers d'art qui proposaient différents services aux agences, imprimeurs et parfois directement au client. Certains graphistes étaient indépendants, d'autres travaillaient en association. C'est ainsi qu'en 1921, le Bassett Gray Group fut fondé, ses membres désirant « trouver une voie intermédiaire entre l'influence abrutissante des agences artistiques commerciales et les occasions limitées dues à l'isolement total ». Dès 1932, ils pouvaient satisfaire à la fois des commandes de graphisme de produits, de publicités, d'affiches, d'expositions et d'emballages, sans oublier celles d'ordre purement typographique. Ces activités, ainsi que la conception graphique de brochures, prospectus et jaquettes de livre, consituaient le quotidien des jeunes graphistes britanniques, rejoints ensuite par des collègues venus du reste de l'Europe.

« Bassett Gray Industrial Art »
affiche publicitaire
v. 1932
[Milner Gray]

Typography 8
couverture de revue 1939
[Robert Harling]

11

Les Etats-Unis dans les années 1930

Pour nombre d'Européens, dont Raymond Loewy, « l'Amérique semblait si merveilleuse, si virile, si moderne ». Loewy quitta donc la France après la Première Guerre pour s'y installer et redessina là le paquet de cigarettes Lucky Strike en 1940. Cette image d'une Amérique idéale était transmise par le cinéma mais aussi par les magazines populaires et les publicités qu'ils publiaient.

Chesterfield
panneau d'affichage v. 1935

Les similitudes entre les pages éditoriales et publicitaires étaient révélatrices de l'interdépendance économique de la presse et de la publicité. Le journalisme et la publicité étant de plus en plus dépendants de l'image (l'élément « artistique »), la reproduction des illustrations ainsi que la mise en pages en général passèrent sous la responsabilité d'un « directeur artistique ».

Aux Etats-Unis, la profession de directeur artistique était antérieure à celle de graphiste. Le Club des Directeurs Artistiques de New York fut fondé en 1920. Les expositions annuelles et la publication d'un annuaire favorisèrent la reconnaissance de ces graphistes dont le travail n'appartenait pas forcément au domaine de la publicité à proprement parler.

Les Américains étaient séduits par la culture moderne et le côté sophistiqué du Vieux Continent. L'éditeur new-yorkais Condé Nast trouva ces qualités réunies chez Mehemed Fehmy Agha, un émigré russe qui travaillait alors pour l'édition allemande de *Vogue*, à Berlin. Il le fit venir aux Etats-Unis en 1929 pour lui confier la direction artistique de *Vogue*, de *House and Garden* et « du magazine kaléidoscopique de la vie moderne », *Vanity Fair*.

Agha prit progressivement le contrôle de ces différents magazines. Il y introduisit l'élégance parisienne et l'expérience allemande. Il fut un des premiers à reproduire des photographies à fond perdu en simili deux tons et, en 1932, il publia pour la première fois une photographie en couleurs dans *Vogue*. Il encourageait ses graphistes à piller les trésors du « temple du constructivisme » et c'est également lui qui instaura la grille de maquette en doubles pages et l'utilisation

Vanity Fair
double page 1936
[M.F. Agha]

Vanity Fair
couverture 1934
[illustrateur Paolo Garretto]
[directeur artistique M.F. Agha]

de faux texte pour préparer la maquette à l'aide de collages très précis au lieu de simples croquis crayonnés.

Agha fut le premier à considérer un magazine comme une succession de doubles pages plutôt que comme une suite de pages individuelles. Il fut également à l'origine d'une nouvelle façon de composer le texte en harmonie avec les photographies l'accompagnant. Il instaurait une logique visuelle entre les pages traitant d'un même sujet à l'intérieur du magazine et planifiait tout le numéro avant de passer commande aux meilleurs photographes du moment.

Les couvertures de *Vanity Fair* étaient généralement réalisées par des peintres ou des illustrateurs. Pour le numéro de juillet 1934, Paolo Garretto symbolisa les intellectuels du gouvernement en dessinant sur le Capitole de Washington des lunettes et une toque universitaire. Ce type de juxtaposition fut par la suite souvent réexploité. Le titre du magazine était généralement composé en capitales linéales de graisse moyenne et différents effets pouvaient être donnés aux lettres.

Ces couvertures en quadrichromie firent d'Agha le premier véritable directeur artistique moderne. Le ton de la couverture devait refléter le contenu du magazine, mais l'artifice nécessaire à l'élégance et l'attention apportée au moindre détail étaient soigneusement dissimulés. Selon les termes d'Agha, le directeur artistique « planifie,

Vanity Fair
couverture 1934
[M.F. Agha]

The Saturday Evening Post
couverture 1916
[illustrateur Norman Rockwell]

coordonne et répète, mais il ne joue pas ; du moins pas devant le public ». Les démonstrations publiques de savoir-faire étaient laissées au bon soin des méthodes traditionnelles d'illustration de couverture, dont Norman Rockwell était le meilleur représentant. Les couvertures pour le *Saturday Evening Post* qu'il dessina de la Première Guerre mondiale aux années 1960, réjouissaient le lecteur dans la mesure même ou l'artiste y faisait étalage de son talent. Comme la plupart des illustrations publicitaires, les scènes de la vie quotidienne créées par Rockwell, souvent à partir de photographies, possédaient justement les qualités qui faisaient défaut aux clichés d'alors : la couleur et une netteté parfaite, quelle que soit la profondeur de champ. Ceci dit, l'attrait que pouvait représenter la photographie venait aussi précisément de ce qu'elle semblait être produite par une machine. Manipulé par le directeur artistique, le cliché photographique remplaça désormais largement le dessin.

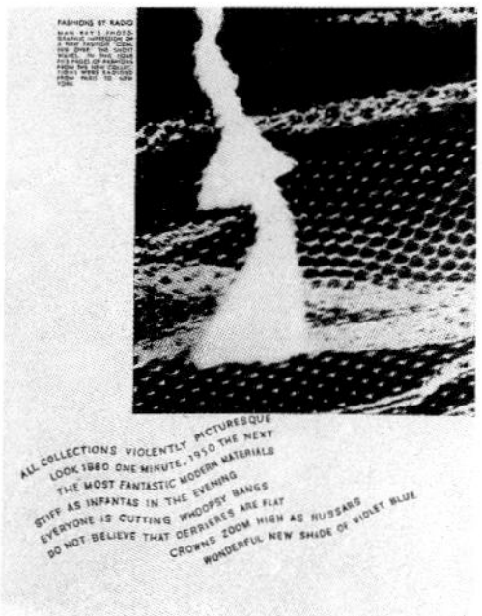

Harper's Bazaar
page de magazine 1936
[photographe Man Ray]
[directeur artistique Alexey Brodovitch]

Agha resta chez Condé Nast jusqu'en 1943. Ses techniques furent appliquées à d'autres magazines par des graphistes qui l'avaient côtoyé, mais aussi par Alexey Brodovitch qui, venant de Paris en 1930 pour enseigner à Philadelphie, rejoignit *Harper's Bazaar* en 1934, en tant que directeur artistique. Brodovitch s'adressa à des photographes européens ainsi qu'aux Américains Irving Penn et Richard Avedon. Pour les couvertures, il engagea Cassandre, dont les affiches avaient été exposées au MoMA en 1936.

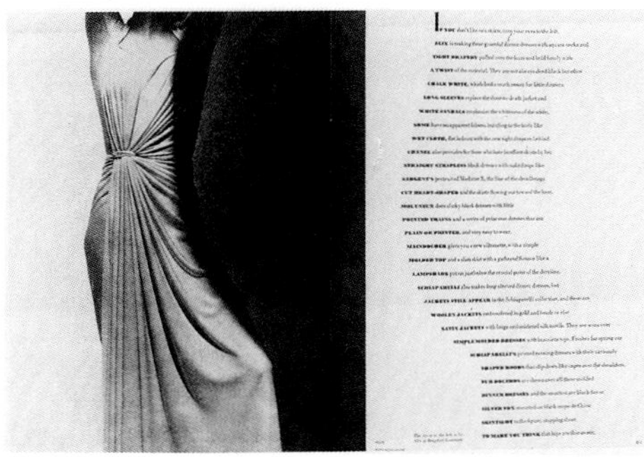

Harper's Bazaar
page de magazine 1938
[photographe Hoyningen-Huene]
[directeur artistique Alexey Brodovitch]

Bien que la direction artistique fût une innovation spécifiquement américaine, c'est principalement la concurrence économique qui réclamait que les produits aient une identité graphique apte à différencier les marques. Il suffisait de faire passer un message clair et facile à retenir, comme le prouve le logo de Coca-Cola ou le paquet de Lucky Strike revu par Loewy. Comme il s'agissait d'un remaniement du design du paquet de cigarettes – et non d'une création pure – l'intervention de Loewy se résuma à modifier la couleur, choix néanmoins déterminant d'un point de vue esthétique et pratique. Loewy évoque ainsi son travail : « L'ancien paquet de Lucky Strike était vert foncé. Côté face, il y avait la cible rouge bien connue, et le dos présentait un texte que peu de gens lisaient. L'encre verte coûtait cher et avait une légère odeur. Le nouveau paquet est blanc, seule la cible rouge reste. Le texte a été déplacé sur les côtés, et la cible apparaît sur chaque face. Les coûts d'impression ont été réduits. »

Lucky Strike
paquet de cigarettes avant/après 1940
in *Never Leave Well Enough Alone*
[Raymond Loewy]

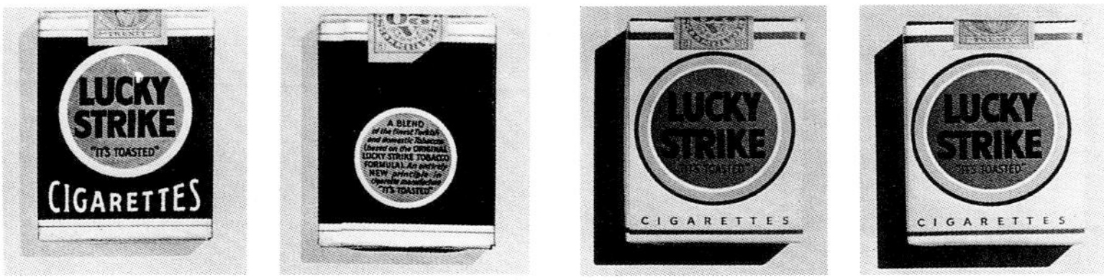

Ces observations traduisent trois préoccupations : les processus d'impression, l'image du produit et la réaction du consommateur (un paquet blanc, selon Loewy, « évoquerait automatiquement la fraîcheur du contenu et une fabrication irréprochable »).

L'intervention directe des directeurs d'entreprise sur le design des produits et le packaging devait disparaître avec le développement d'agences de publicité et de services spécialisés au sein des entreprises. La première identité graphique globale d'une société – celle de la Container Corporation of America (CCA) – fut pourtant l'iniative de son propriétaire, Walter Paepcke. En 1936, ce dernier nomma un directeur artistique, Egbert Jacobson, et choisit pour sa publicité, la plus ancienne agence américaine, celle de N.W. Ayer. Or, c'était Charles Coiner, le directeur artistique d'Ayer, qui accueillit Cassandre cette même année, à son arrivée à New York. Avant même d'avoir quitté le port, l'affichiste français avait accepté un contrat pour dessiner la première d'une série de publicités pour la CCA. L'objectif était de donner à la société « une personnalité distincte et de l'assimiler à ce qui se faisait de mieux dans les arts graphiques », selon Paepcke. Le fait qu'artistes et graphistes s'associèrent dans leur travail pour de grandes entreprises conféra un certain statut aux graphistes. Cependant, ce ne fut que dans les toutes premières publicités, avant la fin de la Seconde Guerre mondiale, que des graphistes – tels que Herbert Matter et Matthew Leibowitz – purent démontrer que les arts graphiques savaient marier le mot et l'image pour communiquer une idée.

« Concentration »
Container Corporation of America
publicité 1938
[A.M. Cassandre]

Les affaires stimulèrent également le graphisme d'information. Dans leurs brochures promotionnelles, les laboratoires pharmaceutiques utilisaient de nombreux tableaux, cartes et diagrammes. Ceux-ci jouaient un rôle essentiel dans les pages du mensuel économique *Fortune*, magazine grand format lancé quelques mois après la crise de 1929. Dans les années 1930, des artistes tels que Fernand Léger, Diego Rivera ou Ben Shahn en illustrèrent les couvertures. Puis, progressivement, ils cédèrent la place à des graphistes américains ou immigrés, comme Will Burtin, qui devint le directeur artistique de *Fortune* dans les années 1940.

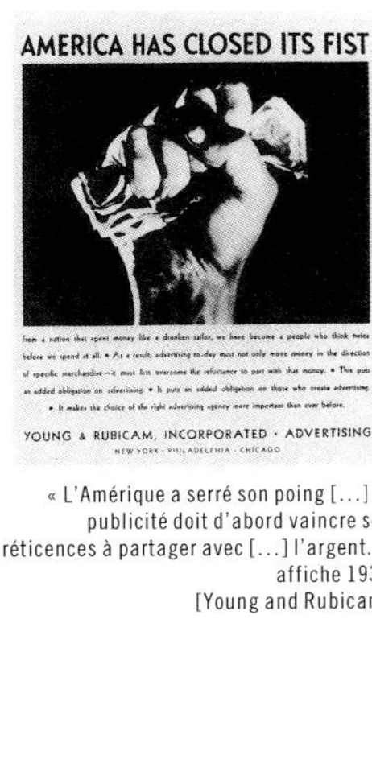

« L'Amérique a serré son poing [...] la publicité doit d'abord vaincre ses réticences à partager avec [...] l'argent. »
affiche 1933
[Young and Rubicam]

« Regarde les Ford passer »
panneau d'affichage 1937
[A.M. Cassandre]

Le graphisme européen moderne débarqua aux Etats-Unis avec les nombreux graphistes qui y émigrèrent. L'effet fut immédiat. Des enseignants, comme Brodovitch, formèrent toute une génération de nouveaux artistes. Herbert Matter s'installa à New York et travailla comme photographe pour Agha, à *Vogue*, et pour Brodovitch, au *Harper's Bazaar*. L'arrivée des nazis au pouvoir contraignit également Will Burtin à quitter Cologne pour émigrer, en 1938, à New York où il enseigna au Pratt Institute. Il y fut rejoint par Ladislav Sutnar, chargé de la conception du pavillon tchèque de l'Exposition internationale de New York de 1939, qui ne fut jamais construit.

Fortune
couverture de magazine 1939
[Herbert Bayer]

Herbert Bayer, lors d'une visite à New York en 1936, fut chargé d'organiser une exposition sur le Bauhaus au MoMA qui ouvrit ses portes à la fin de l'année 1938. Il décida finalement de rester aux Etats-Unis où il devint une personnalité influente, notamment dans le domaine de la conception d'expositions. Schavinsky enseignait avec Albers au Black Mountain College. Moholy-Nagy arrivait d'Angleterre et, avec son compatriote hongrois Gyorgy Kepes, il tenta d'établir un nouveau Bauhaus, le futur Institute of Design de Chicago. Les livres de Moholy-Nagy publiés par la suite, *The New Vision* (1944) et *Vision in Motion* (1947), et celui de Kepes, *Language of Vision* (1944) favorisèrent une nouvelle approche de la perception et, en combinant texte, image et légende, ces ouvrages influencèrent tout autant la maquette de livres que celle de magazines.

logo du nouveau Bauhaus
sur le premier prospectus
Chicago 1937

Trois graphistes nés aux Etats-Unis, Lester Beall, Alvin Lustig et Paul Rand, commencèrent leur carrière avant 1940. Autodidacte, Lester Beall travailla comme graphiste publicitaire indépendant à Chicago dès 1927. En 1935, il s'installa à New York et fut l'un des premiers graphistes américains à voir son travail publié dans le mensuel allemand *Gebrauchsgraphik* en 1937. La même année, le MoMA exposait ses affiches pour la Rural Electrification Administration, qui faisait partie du programme pour améliorer les conditions de vie des victimes de la crise économique. Plus de 30 000 affiches furent ainsi réalisées, la plupart imprimées en sérigraphie et réduites à de simples aplats de couleur. Beall affirma qu'elles étaient influencées

Agence pour le travail
Projet artistique fédéral
affiche, Cleveland, Ohio v. 1939
[Stanley T. Clough]

à gauche et ci-dessous
Agence pour l'électrification rurale
affiches v. 1937
[Lester Beall]

par « les affiches politiques américaines, celles pour le recrutement pendant la guerre de Sécession et par Die Neue Typographie [...] par la recherche de formes puissantes, directes et provocantes ». Il reprit le motif du drapeau américain avec originalité. Son affiche montrant deux jeunes fermiers accoudés à une barrière se veut simplement rassurante à l'époque du New Deal. Bien des approches de Beall font écho à l'utopie de William Morris (« la laideur est une forme d'anarchie qu'il faudrait gommer »), mais elles en donnent une version plus américaine (« un bon graphisme est une bonne affaire »).

C'est pour l'édition qu'Alvin Lustig réalisa ses œuvres majeures. Sa collaboration avec Frank Lloyd Wright fit germer quelques-unes des typographies les plus originales. L'utilisation que faisait Lustig des caractères d'imprimerie était d'une inventivité si maîtrisée que des travaux similaires réalisés par des typographes allemands comme Joost Schmidt semblaient brouillons en comparaison.

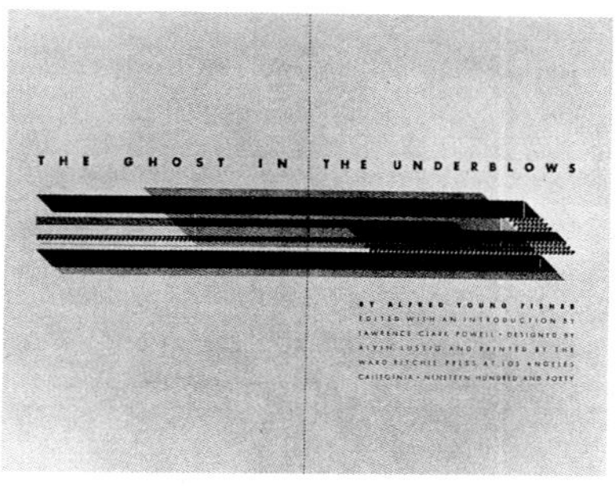

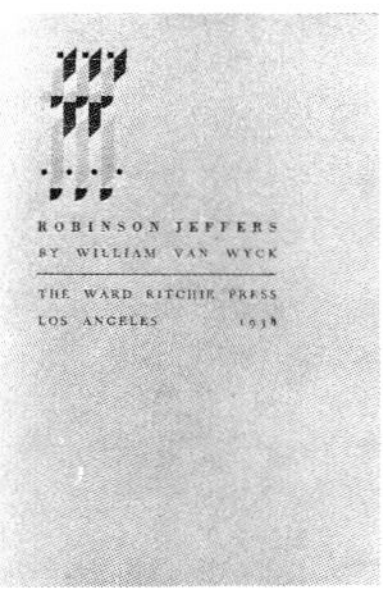

extrême gauche
The Ghost in the Underblows
double page de titre de livre 1940
[Alvin Lustig]

ci-dessus
Robinson Jeffers
page de titre de livre 1938
[Alvin Lustig]

Le langage graphique ultérieur de Lustig est souvent difficile à distinguer de celui de Beall ou du travail de l'étonnant Paul Rand. A cette époque, Rand dirigeait les magazines *Esquire* et *Apparel Arts*. Pour la conception de leurs couvertures, et pour le bimensuel *Direction*, il affirmait vouloir « essayer de rejoindre Van Doesburg, Léger et Picasso, de travailler dans leur esprit ». En réalité, en utili-

« Radio électronique Emerson »
(photogramme)
publicité en couleur v. 1940
[Paul Rand]

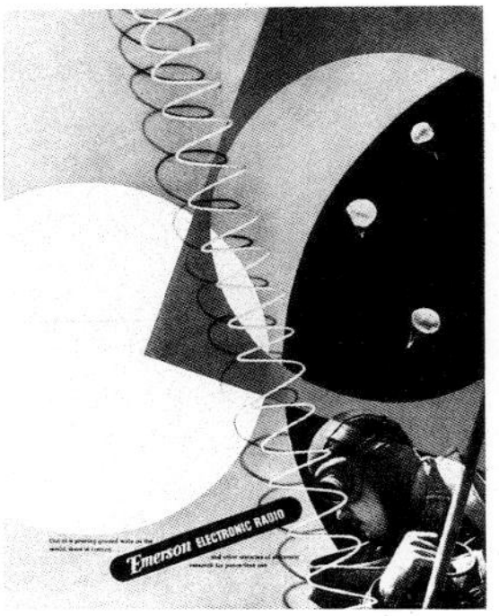

Apparel Arts
couverture de magazine 1939
(photogramme et montage)
[Paul Rand]

sant le montage et le collage, notamment les découpages de papiers de couleur unie associés à la photographie et à un dessin au trait le plus simple, il reprit, avec quelques autres, des éléments de l'art moderne européen, improvisant un langage visuel d'une grande souplesse. Avec un pragmatisme tout américain, Beall affirmait : « Il doit y avoir un lien direct entre le graphisme [...] et le thème ou le message qu'il doit projeter. » Associées à une maîtrise typographique de plus en plus affirmée, leurs techniques étaient déjà celles du graphisme tel qu'il serait reconnu vingt ans plus tard.

Direction
couverture de magazine 1938
[Paul Rand]

Funny Business
couverture de magazine 1937
[Lester Beall]

12

Guerre et propagande

Des années 1920 à 1945

« Plus jamais la guerre »
affiche 1923
[Käthe Kollwitz]

Lorsque la guerre éclata en 1939, le graphisme était essentiel à la vie politique, notamment en période électorale. Les murs se couvraient alors d'affiches, des prospectus circulaient, des écriteaux et des bannières accompagnaient rassemblements et manifestations. Dans l'Europe totalitaire, les illustrations vilipendaient violemment l'opposition tandis que des images héroïques des membres du parti, reconnaissables à leurs symboles, uniformes, bannières et saluts, représentaient la force et l'unité d'une foi aveugle. En pleine guerre civile, le soldat restait confiant, soutenu par l'ouvrier et le paysan combatifs. Des drapeaux nationaux et blasons héraldiques étaient remplacés par la hache fasciste et les faisceaux de verges liées de la Rome impériale, la faucille et le marteau, le drapeau rouge et la svastika.

Tout comme la petite moustache, le chapeau melon et la canne de Charlie Chaplin à l'écran, l'image des leaders politiques était traduite en deux dimensions. Les silhouettes d'Hitler, de Mussolini et de Staline incarnaient la puissance et l'idéologie de l'Allemagne nazie, de l'Italie fasciste et de l'Union soviétique. Leurs noms étaient remplacés par des titres, tels des produits de consommation : der Führer et il Duce, les « guides ». Toutes ces images, reproduites inlassablement sur les couvertures de journaux et de magazines, des affiches et des timbres-poste, devinrent des icônes.

Gustav Kloutsis retouchant une photographie de Staline
1932

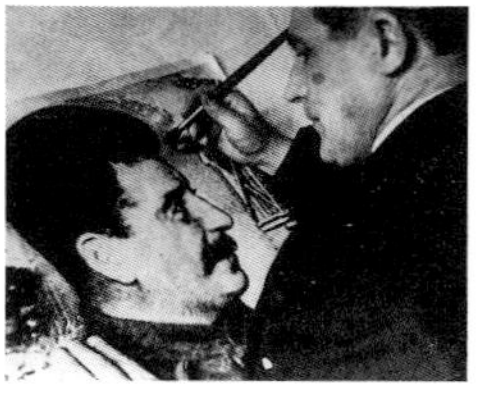

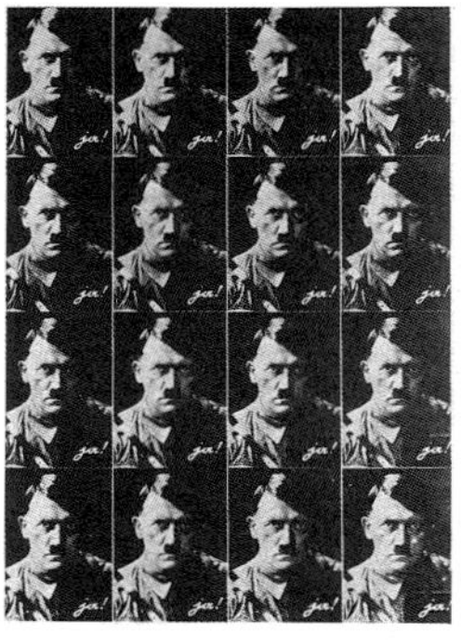

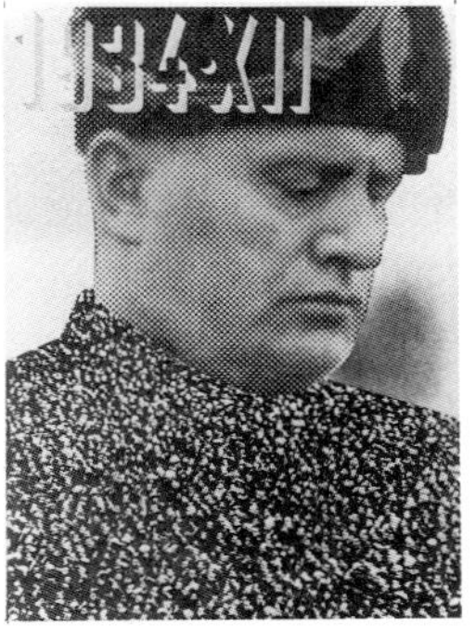

extrême gauche « Votez oui »
référendum d'Hitler affiche 1934

(Mussolini) Année XII de l'ère fasciste
(photomontage)
affiche 1934
[Xanti Schavinsky]

La photographie constituait un nouveau moyen de communication qui transformait non seulement la fabrication des images mais aussi leur perception. La généralisation de l'appareil photo laissait croire aux gens que ce qui se trouvait devant l'objectif était enregistré objectivement. Mais la réalité était souvent déformée par la retouche des clichés. Parallèlement, des artistes comme Käthe Kollwitz ou Ben Shahn, continuaient à peindre ou dessiner leurs affiches.

Pendant la guerre d'Espagne, un très grand nombre d'affiches républicaines aux graphismes variés apparurent. Leur typographie demeurait simple, tandis que les illustrations étaient de style héroïque. Elles traduisaient l'influence des soviétiques Deni et Moor et des Français Cassandre, Colin et Carlu. Mais la photographie restait l'innovation la plus marquante. Carlu avait créé un Office International de Propagande Graphique pour la Paix en 1932, année où il réalisa l'une des ses plus célèbres affiches : associant la photographie d'une mère avec son enfant au dessin d'avions et de bombes, elle augure des tristes événements espagnols. La photographie s'avérait être un moyen de protestation antimilitariste bien plus efficace que les caricatures du premier conflit mondial.

ci-dessous, au centre
« Pour le désarmement »
affiche 1932
[Jean Carlu]

ci-dessous, à droite
« Donnez lui un abri ! »
affiche 1937
[Padial]

manifestation, Paris 1936
photographie

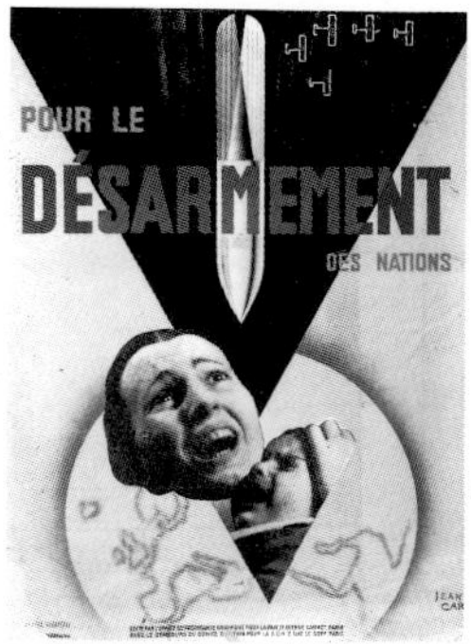

Le cliché, utilisé par Carlu comme image rhétorique, équivalait maintenant à un témoignage devant encourager la solidarité nationale et la compassion à l'étranger. Les affiches républicaines usaient aussi de la photographie comme illustration documentaire, pour rendre compte des nouvelles mesures sociales. Mais les plus révolutionnaires de toutes étaient ces compositions d'une grande intensité dramatique, élaborées avec soin à partir d'éléments photographiques.

extrême droite
affiche républicaine 1937
[Pere Català Pic]

« Dans les écoles du ministère de l'Education, les fils de nos combattants ont une vie saine et heureuse »
affiche 1937
[Mauricio Amster]

En plus de son rôle documentaire, la photographie permettait de manipuler les symboles par le truchement d'un éclairage particulier ou d'un recadrage. L'affiche montrant le pied d'un paysan piétinant une croix gammée est constituée d'une seule photographie, il ne s'agit pas d'un montage. Le slogan en catalan – « *Aixafem el Feixisme* », « Ecrasons le fascisme » – est superflu étant donné ce que « dit » la photographie : « Regardez, les paysans sont en train d'écraser les fascistes et ils sont assez forts pour les fouler aux pieds. » Tout comme la svastika symbolise le nazisme, l'espadrille représente le peuple paysan et contraste avec la botte, stéréotype du totalitarisme.

« Ecrasons le fascisme »
affiche 1937
[Pere Català Pic]

Les uniformes et les insignes jouaient un rôle essentiel dans les conflits politiques. Le nazisme, depuis son émergence dans les années 1920, se servait de conventions pré-existantes pour sa propagande visuelle et utilisait les couleurs du drapeau impérial pour ses propres bannières. En 1920, Hitler avait planifié les symboles de chacun des éléments de son parti. Le national-socialisme serait représenté par le blanc et le rouge : le blanc pour la pureté arienne et, pour son programme social, ce rouge qui l'avait tant impressionné lors d'un rassemblement marxiste. La croix gammée, déjà utilisée comme emblème de l'antisémitisme et qui fut ensuite associée à l'aigle impérial germanique pour symboliser le troisième Reich, a survécu au nazisme pour identifier les factions d'extrême-droite. Le drapeau rouge et l'étoile à cinq branches des communistes ne s'opposaient pas seulement à la svastika des nazis, mais aussi aux trois flèches inclinées du Front de fer des sociaux-démocrates.

défilé nazi
photographie v. 1933

le Front de fer
social-démocrate
contre la croix
gammée nazie
détail d'affiche
v. 1930

Pour les Alliés, pendant la Seconde Guerre mondiale, l'image d'Hitler, avec sa mèche sur le front, sa petite moustache et son brassard nazi, symbolisait l'ennemi, haï et ridicule.

« Gaspillez la nourriture
et aidez les Boches »
affiche v. 1942
[C. K. Bird / « Fougasse »]

On représentait souvent Hitler en train d'écouter des conversations imprudentes. Le problème du bavardage inconscient était grave et préoccupait les deux camps. En Grande-Bretagne, ce sujet inspira l'une des meilleures affiches d'une série conçue par Abram Games : « Vos paroles peuvent tuer vos camarades ». Ses affiches se composaient généralement de plusieurs images, reliées entre elles et immé-

« Vos paroles peuvent tuer vos camarades »
affiche 1942
[Abram Games]

« La parole tue »
affiche 1942
[Abram Games]

diatement compréhensibles, qu'accompagnaient des slogans. Ceux-ci ne servaient pas de légende aux images, et les images n'étaient pas les simples illustrations des slogans. « La typographie, notamment, disait Games, doit fonctionner à égalité avec le dessin et non être ajoutée ensuite. »

Games maîtrisait à la perfection la technique de la peinture. Il réalisait chaque élément d'une affiche sans caractères d'imprimerie ni photographie. Il dessinait ses slogans en composant une partie du message avec des lettres claires sur un fond sombre et en inversant les valeurs sur l'autre zone. Fils de photographe, il maniait l'aérographe avec dextérité et était capable de dessiner dans une gamme de tons proche de la photographie. Grâce à cette technique, il pouvait obtenir les images souhaitées, aux bonnes dimensions et dans la position voulue. Le réalisme qui s'en dégageait accentuait l'impact des juxtapositions et donnait sa cohérence à l'affiche.

« Tous ensemble »
General Post Office
affiche v. 1943
[F.H.K. Henrion]

Tandis que Games était employé par le War Office, d'autres graphistes britanniques travaillaient pour le Ministry of Information (MoI). On leur demandait de dessiner des affiches pour remonter le moral des citoyens, pour encourager la production et pour inciter les civils à faire face aux épreuves de la guerre. Les graphistes adaptaient leur style au sujet. Les techniques variaient de la bande dessinée humoristique à des séries de photographies illustrant des instructions et des recommandations. Les affiches étaient très directes, mais cela n'excluait pas l'utilisation d'effets surréalistes comme dans les créations de G.R. Morris et de Reginald Mount.

Plusieurs années s'écoulèrent avant que ne soit utilisée la photographie en couleur pour les affiches. On se servait plutôt de clichés noir et blanc, sur lesquels on rajoutait des aplats de couleur. En Grande-Bretagne, F.H.K. Henrion utilisa cette technique dans plusieurs de ses affiches. Henrion était employé, à Londres, par l'Office of War Information américain (OWI) et par le MoI. La propagande du OWI visait à la fois les ouvriers et les civils du pays et les soldats partis au front.

« Attendez ! Comptez lentement jusqu'à 15 avant de bouger dans le noir »
affiche 1942
[G.R. Morris]

« Keep'em Rolling ! »
Office for Emergency Management
affiche 1941
[Leo Lionni]

« America Calling »
affiche 1941
[Herbert Matter]

Office of Civilian Defense
insignes v.1942
[Charles Coiner]

Le gouvernement américain avait commandé des affiches à plusieurs graphistes modernistes, dont Matter et Leo Lionni. Dans sa série « Keep'em Rolling ! », Lionni utilisa la répétition de clichés et reprit l'idée de Beall avec sa référence au drapeau américain. Carlu, qui se trouvait à New York quand la France se rendit aux Allemands, reçut commande d'une affiche destinée à stimuler la production industrielle. Cent mille exemplaires de « Production » furent imprimés et distribués dans les usines. Au vu d'un tel succès, l'OWI engagea Carlu comme conseiller pour la création de ses affiches.

« La réponse de l'Amérique ! Production »
affiche de l'OEM 1942
[Jean Carlu]

L'OWI conçut de nombreux prospectus, souvent très élaborés, destinés à être déversés par avion en territoire ennemi avec les journaux racontant la guerre selon le point de vue des Alliés. Parmi les publications de l'OWI destinées à un lectorat américain, on trouvait

Victory, qui publiait des reportages accompagnés de photographies, et l'élégante revue *USA : A Portrait in Miniature of America and Americans in Wartime*. Conçue par Bradbury Thompson dans un tout petit format (12 x 10 cm), la maquette de cette revue s'inspirait à la fois de *Life* et du *Reader's Digest*.

Westvaco Inspirations
double page de magazine 1942
[Bradbury Thompson]

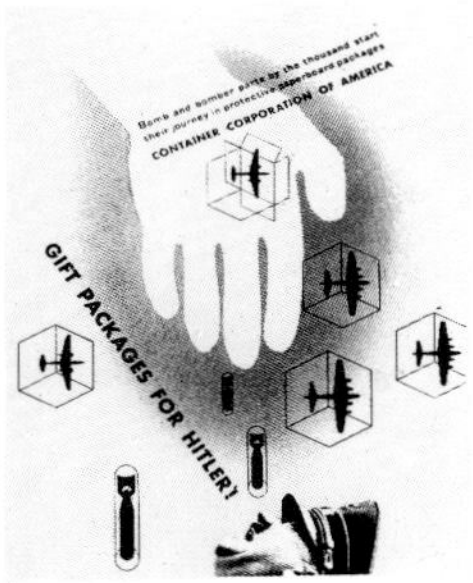

« Paquets cadeaux pour Hitler »
publicité de la CCA 1943
[Jean Carlu]

« Trois en un –
pâte à papier, fabrique de papier et
usines d'emballage...
le tout au sein d'une seule entreprise ! »
publicité pour la CCA 1943
[Matthew Leibowitz]

« Appuyez sur le bouton. Participez
à l'emprunt de guerre... larguez les
bombes » publicité pour la CCA
[Leo Lionni]

Thompson était surtout célèbre pour sa maquette d'une revue publicitaire pour un fabricant de papier, *Westvaco Inspirations*. Pendant la guerre, la revue était axée sur le conflit lui-même, tout comme les publicités de la Container Corporation montrant sa participation à l'effort de guerre.

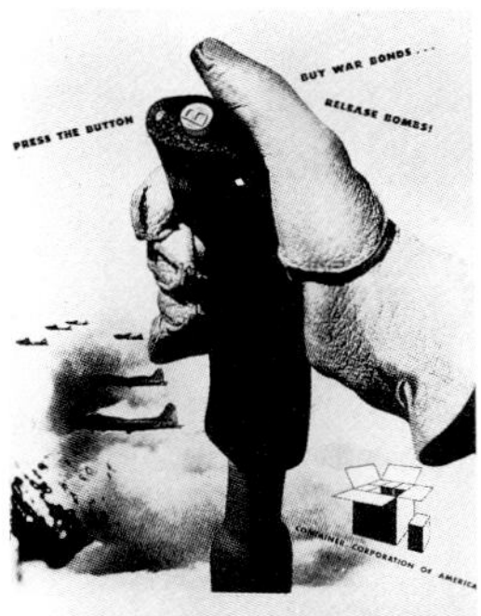

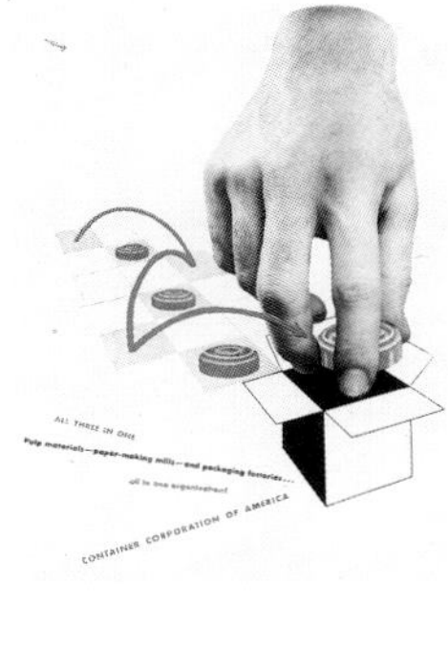

Dans les régimes totalitaires, la publicité reflétait l'idéologie nationale et, pour l'Allemagne nazie, elle rapportait également des fonds énormes au parti. L'abandon du modernisme au profit de divers styles nationalistes apparut également en URSS, où les affichistes adoptèrent certains éléments du réalisme socialiste.

Moyens de propagande moderne, les expositions jouaient désormais un rôle important dans de nombreux pays. D'immenses constructions et images dominaient les visiteurs qui avaient, en même temps, accès à des objets et des maquettes réels. L'exposition de la Révolution fasciste, à Rome en 1933, fut la plus importante dans l'Europe de l'Entre-deux-guerres, avec celle d'Hitler, organisée en 1937 et intitulée « Donnez-moi quatre ans ». Parallèlement à ces grandes expositions, des foires professionnelles continuèrent d'être organisées dans les pays de

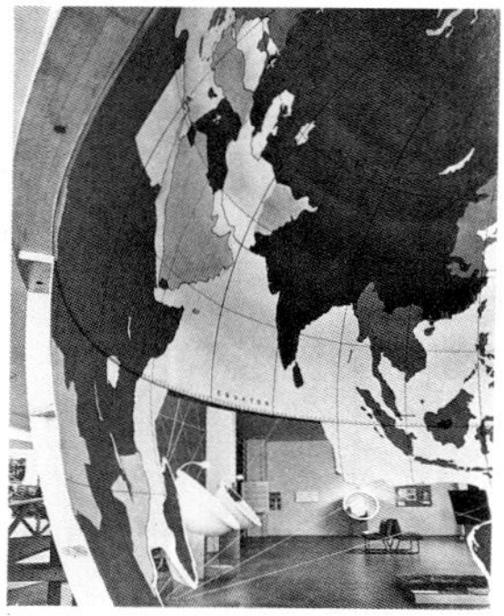

extrême gauche
« Donnez-moi [Hitler] quatre ans »
exposition, Berlin 1937

centre
« Les voies aériennes de la liberté »
exposition, New York 1943
[Herbert Bayer]

ci-dessus, à droite
« Défrichement et agriculture »
panneau d'exposition, Sofia 1942
[Erberto Carboni]

l'Axe pendant toute la durée du conflit. Aux Etats-Unis, les expositions étaient également considérées comme un moyen efficace pour sensibiliser le public aux problèmes de la guerre. Au MoMA, Herbert Bayer présenta deux expositions très différentes en 1942 et en 1943. Le titre de la première, « La Route de la victoire », résumait le principe scénographique de Bayer. Les visiteurs devaient suivre un itinéraire longeant des textes et des photographies, dont certaines, immenses, étaient collées directement sur les murs et illustraient l'idée américaine de la liberté. Pour « Les voies aériennes de la liberté », le concept de Bayer était de « laisser la magie des cartes et la géométrie des globes donner corps à l'idée ». L'exposition présentait parallèlement l'histoire de la cartographie et celle de l'aviation. Cette seconde exposition permit à Bayer de développer ses notions d'angles de vue, déjà utilisées dans les années 1930, en associant le point de vue du spectateur à celui du photographe. En effet, une rampe d'observation permettait de se pencher sur des vues aériennes. La pièce maîtresse était un immense globe terrestre, dans lequel les visiteurs pouvaient pénétrer et découvrir une carte du monde dessinée sur la face intérieure de la sphère. On pouvait ainsi voir les différentes régions du globe reliées d'une manière impossible à rendre sur un globe classique, où plus de la moitié du monde demeure habituellement invisible à partir d'un endroit fixe.

Dès le début de la guerre, la Grande-Bretagne avait créé au sein du MoI un département consacré aux expositions. Celles-ci étaient montées dans des lieux souvent inattendus – zones bombardées, stations de métro…– et voyagèrent à travers tout le pays et même à l'étranger. Les expositions étaient devenues un moyen précieux pour informer le public et, en tant que telles, survécurent après la guerre sous la forme de foires commerciales et d'expositions internationales.

Bien qu'ayant été la plus manifeste des contributions graphiques aux combats politiques et à la propagande pendant la guerre, l'affiche en tant que support publicitaire, déclina au cours des vingt-cinq années qui suivirent le conflit. Les magazines, qui donnaient aux civils des nouvelles du front (les soldats avaient aussi leur feuille d'information), prirent après-guerre de l'importance au point de devenir

« Nous luttons pour la paix. Mais nous ne craignons pas le danger et nous sommes prêts à répondre coup pour coup aux bellicistes. – Staline » affiche 1932
[Gustav Kloutsis]

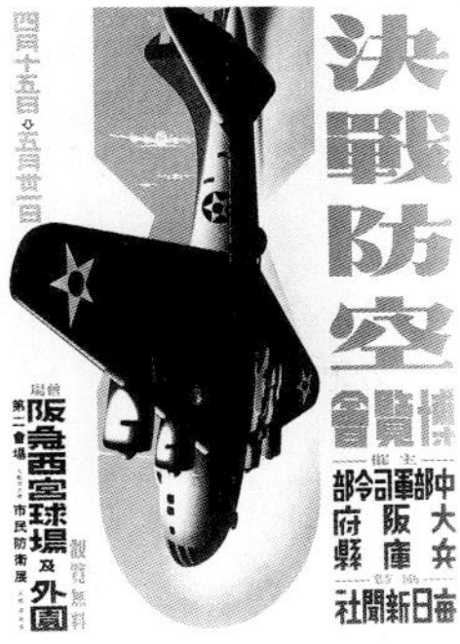

Défense aérienne
affiche de l'exposition 1943
[Kumi Sugai]

l'un des principaux employeurs de graphistes. Le conflit donna également un élan au graphisme méthodique et à la notion de graphisme conçue pour résoudre les problèmes de communication. Les principes développés à partir de la *Gestalttheorie*, et qui trouvèrent leur équivalent en temps de paix dans les études de marché, furent appliqués dans divers domaines comme celui du camouflage et de l'identification. Les méthodes d'identification de l'aviation américaine furent modifiées pour éviter toute confusion avec l'emblème rouge des Japonais. Et surtout, l'urgence relative à la guerre, qui impliquait une compréhension rapide des faits et des situations pour la prise de décisions, favorisa le développement du graphisme informatif.

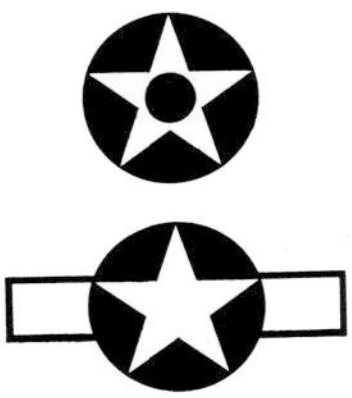

emblèmes de l'aviation américaine
avant/après 1943

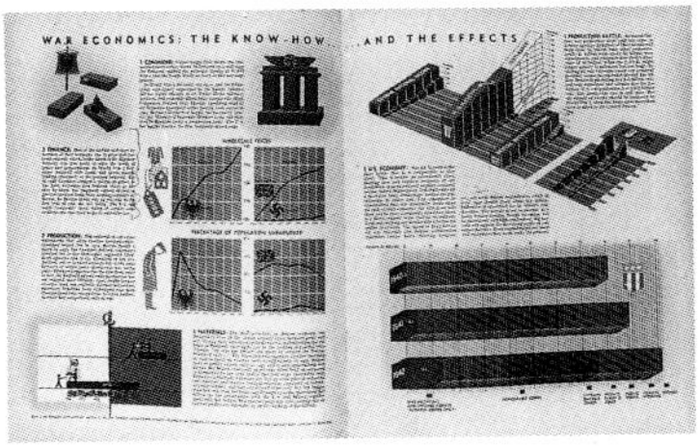

à droite
Economie de guerre
Fortune
double page de magazine 1942
[illustrateur Irving Geis]
[directeur artistique Francis Bremner]

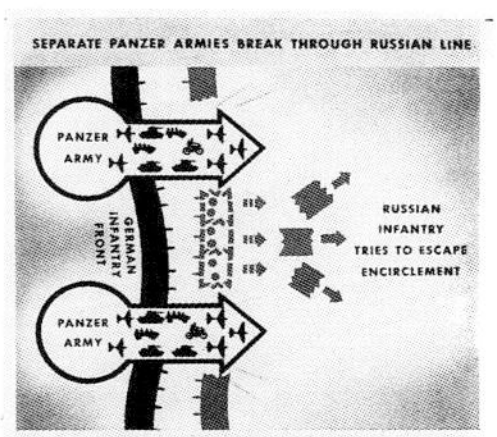

Technique de combat des chars
Fortune
diagramme 1942

13

Les Etats-Unis
De 1945 aux années 1960

Dans les années 1930, ce sont les directeurs artistiques qui imposèrent le graphisme, essentiellement dans la publicité et dans la mise en pages de magazines. Au cours des décennies suivantes, les graphistes surent à leur tour se faire accepter sur le marché de la communication. La question était désormais de savoir comment ces professionnels pouvaient se définir. A partir de 1958, certains directeurs artistiques n'apprécièrent plus la présence du terme « art » dans leur titre et préférèrent qu'on les appelle ingénieur visuel ou graphiste (en anglais, *graphic designer*). Le livre de Paul Rand, intitulé *Thoughts on Design* et publié pour la première fois en 1947, eut un fort retentissement : pour son auteur, le mot graphisme était bel et bien lié à la notion d'art et non seulement à celle de « design ».

L'*Annuaire des directeurs artistiques* de 1951 indentifie leur champ d'activité professionnelle, le divisant en six catégories : les catégories 1, 2 et 3 correspondent à la publicité dans les magazines, journaux et revues spécialisées ; la 4 au courrier et aux prospectus distribués aux particuliers ; la 5 aux affiches, cartes, calendriers, pochettes de disque et jaquettes de livre ; et la 6 au graphisme éditorial (maquette de magazines). Les graphistes travaillaient dans un ou plusieurs de ces domaines à la fois. Ils opéraient soit seuls, soit avec des assistants, soit en groupe, au sein de l'atelier graphique d'une société, soit encore dans une agence de publicité.

L'évolution des méthodes d'impression transforma les rapports entre le graphiste et l'industrie. Quelle que soit la méthode d'impression, les presses typographiques cédaient la place à des techniques plus modernes. Les mots étaient moins souvent transférés directement des caractères de plomb au papier. Le graphiste continuait à donner des instructions à l'imprimeur pour la composition du texte, mais les épreuves étaient de plus en plus souvent découpées et montées par le graphiste lui-même afin d'être photographiées pour la fabrication de formes imprimantes. Le graphiste pouvait ainsi mieux contrôler les opérations. L'utilisation des photostats, une technique simple servant à agrandir ou à réduire les documents, lui permettait de jouer avec la taille des caractères et de passer du négatif au positif. Paul Rand consacra un essai à l'utilisation du noir, illustré, entre autres, du dessin qu'il avait réalisé pour la couverture d'un catalogue. « Sur cette couverture, la tension entre le noir et le blanc est accentuée par l'opposition entre une grande zone de noir et une autre, plus petite, de blanc. »

« L'art du xxe siècle
Collection Arensberg »
couverture de catalogue 1948
[Paul Rand]

Paul Rand domina longtemps le graphisme publicitaire, puis celui d'entreprise. De 1941 à 1954, il fut le directeur artistique de l'agence

Automobiles Frazer
publicité 1946
[Paul Rand]

William H. Weintraub, à New York. Dans son livre *Thoughts on Design*, maintes fois réédité, il définissait le graphiste comme celui qui doit « découvrir un moyen de communication entre lui-même et le spectateur ». Il exploita au mieux toutes les techniques du mouvement moderne – collages, photogrammes et détourages – influencé par des peintres comme Miró ou Jean Arp. Les lignes horizontales de Paul Klee étaient un aspect récurrent de son œuvre. S'il utilisait la photographie, c'était plutôt une image déjà existante et non une qu'il aurait réalisée ou commandée. A l'asymétrie élégante de sa typographie s'oppose souvent un texte manuscrit. Sa signature apposée sur le dessin affirme l'idée que c'est bien le graphiste, et non le client, qui communique avec le spectateur.

La manière dont Paul Rand changea la façon dont les mots et les images se combinent pour faire passer une seule et unique idée est fondamentale. Il fut l'un des pionniers de la Nouvelle publicité. Selon celle-ci, le spectateur doit jouer un rôle actif : sa curiosité ayant été suscitée, il doit ensuite compléter le sens du message de lui-même. Cette technique atteint sa maturité au début des années 1960 dans les publicités pour Volkswagen. Le texte et l'image étaient isolés sans autre contenu esthétique apparent que le savoir-faire photographique et typographique. Les titres, généralement rédigés en langage parlé, étaient comme des slogans (souvent incongrus) qui ressemblaient à ceux des publicités télévisées. Le texte était disposé de manière simple et agréable à lire, en colonnes étroites, divisé en phrases courtes et en nombreux paragraphes.

« Pensez petit »
publicité 1959
[Doyle Dane Bernbach]
[directeur artistique Helmut Krone]

Avant l'arrivée de la Nouvelle publicité, une étape intermédiaire avait vu l'intégration totale du mot et de l'image, avec un texte minimal. Dans les publicités pour les chapeaux Disney, le produit passe du monde du graphisme élaboré, manipulant des images existantes, à l'imitation du monde « réel », au romantisme chic, illustré par une photographie de commande.

chapeaux Disney
publicité 1946
[Paul Rand]

chapeaux Disney
affiche pour les magasins 1949
[Gene Federico]

Pour l'agence Doyle Dane Bernbach, Federico réalisa d'autres magnifiques exemples de publicités où la direction artistique était très présente. Pour convaincre les annonceurs d'acheter des espaces publicitaires dans la revue *Woman's Day*, il disposa la photographie d'une

Woman's Day
doubles pages
publicités 1951-1954
[Gene Federico]

lectrice du magazine sur une double page, mettant en avant son statut de consommatrice et précisant ses besoins (s'occuper d'elle-même, de ses enfants, de ses animaux domestiques) car quand elle sort, rappelait-il aux annonceurs, « elle n'achète pas que *Woman's Day* ! ».

Federico travailla près d'un an pour *Fortune*, dont Will Burtin fut le directeur artistique de 1945 à 1949. En ces débuts d'ère atomique, Burtin utilisa les pages éditoriales de *Fortune* pour présenter des données scientifiques et statistiques exhaustives aux technocrates du monde des affaires. Son commentaire sur les arts graphiques est l'un des plus clairs et des plus cohérents : « Quand la simple énumération des faits est insuffisante, laborieuse ou peu claire pour le lecteur et qu'une organisation visuelle s'impose, il faut alors faire appel au graphisme. Celui-ci doit avoir les qualités d'une bonne prose. Sa lisibilité doit être parfaite. » Pendant la guerre, Burtin avait conçu des manuels d'artillerie pour l'armée de l'air américaine. Ces deux pages d'instructions pour l'assemblage d'une mitrailleuse d'aviateur furent réalisées grâce à une technique cinématique qui permet, contrairement à des images carrées, de ne pas interrompre le flux visuel. C'est dans ce même objectif que les titres ont été composés en gras plutôt que dans un corps supérieur. Des sujets comme le calcul de l'angle et de la vitesse des avions ennemis nécessitaient des schémas d'une grande complexité, que Burtin réalisa avec une grande clarté. « Quand tous les éléments d'un graphisme sont étudiés, assemblés et assimilés avec intelligence, le résultat ne peut pas être déplaisant à l'œil, il atteint même la beauté du message clair – et son objectif.

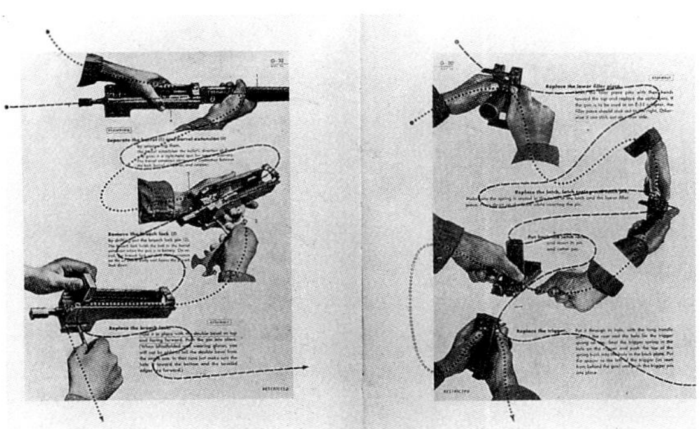

manuel de l'armée de l'air
les flèches dessinées
par le graphiste
montrent le cheminement
de l'œil sur la page
v. 1944 et 1948
[Will Burtin]

Grâce à ces explications visuelles, la période d'entraînement des artilleurs aériens passa de douze à six semaines. »

Burtin disait que « la vie devenant de plus en plus complexe, un langage plus large est aujourd'hui nécessaire. La représentation graphique est ce nouveau langage, cette synthèse de l'art et de la science dont le monde contemporain a un besoin urgent ». Succédant à Lester Beall, en 1948, à la direction artistique du journal interne des laboratoires pharmaceutiques Upjohn – *Scope* –, son travail exprimait désormais cette volonté de « lier l'image de l'annonceur à la nature du marché pharmaceutique et à son contexte scientifique ».

La première couverture que Burtin réalisa pour *Scope* montrait une

Scope
couverture de magazine 1948
[Lester Beall]

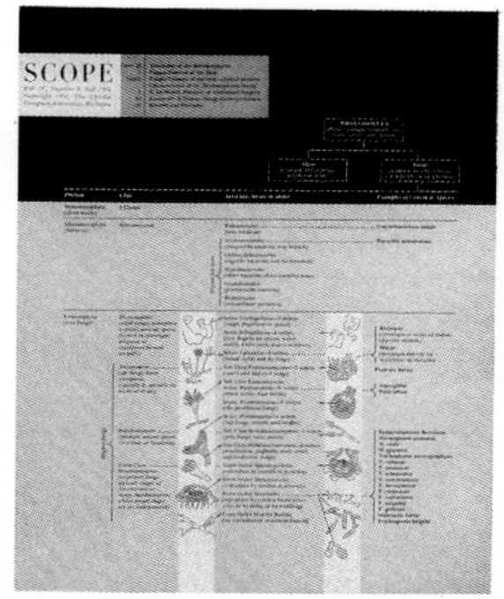

Scope
page de sommaire 1954
[Will Burtin]

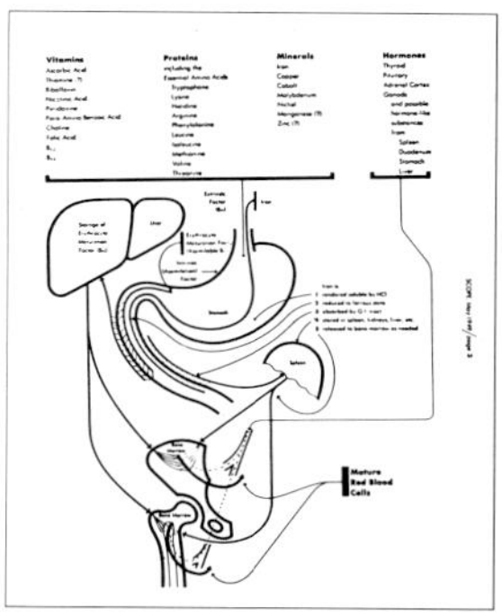

diagramme sur les globules du sang
Scope page de magazine 1949
[Lester Beall]

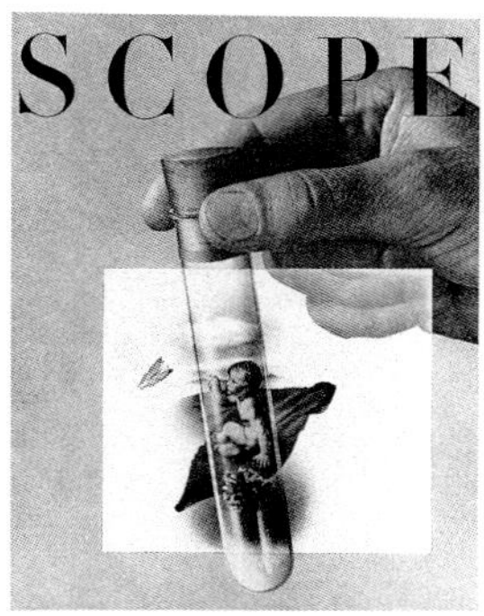

Scope
couverture de magazine 1948
[Will Burtin]

main tenant un tube à essai comme « un symbole immédiat, presque télégraphique de la science. Un fond argenté donnait à la main un aspect impersonnel. Puis, pour évoquer la chaleur de la vie et les objectifs déployés par la science pharmaceutique pour la préserver, divers symboles de la vie furent placés dans ou derrière le tube à essai : une feuille de plante médicinale, une fleur et un tout jeune enfant peint par Léonard de Vinci. »

Ce n'était là qu'un prélude à l'entreprise graphique spectaculaire que Burtin entreprit pour Upjohn. En 1958, il fabriqua la maquette d'un globule sanguin : en plastique transparent, mesurant plus de 7 mètres de diamètre, elle permettait au public de pénétrer en son sein.

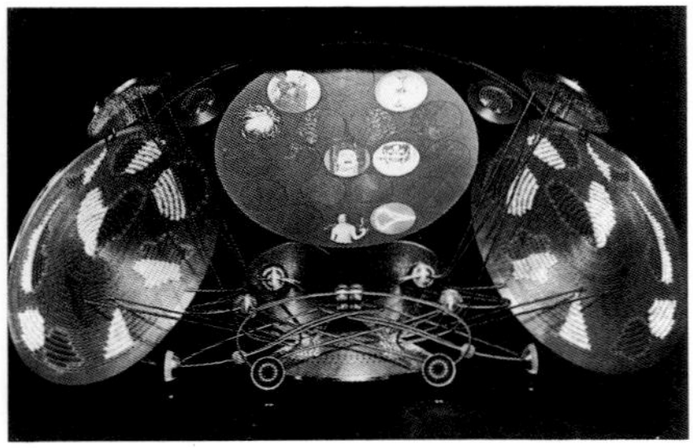

Il reprit la même idée en 1964, avec la structure géante d'un cerveau humain, qui nécessita plus de 60 mètres de fil électrique pour alimenter les 40 000 ampoules reproduisant le chemin suivi par les messages dont les images s'affichaient sur une multitude d'écrans. Avec ces réalisations monumentales, Burtin fit évoluer le graphisme vers la tridimensionnalité. Par comparaison, les gravures de rouages de machines qu'utilisait Beall pour représenter métaphoriquement le fonctionnement du corps humain dans les pages de *Scope*, étaient déjà surannées.

Dans *Westvaco Inspirations*, Bradbury Thompson utilisa également des gravures. En tant que directeur artistique d'une grande imprimerie, il disposait d'un champ d'action assez large. Ses messages n'étaient jamais dépourvus d'esprit ni d'humour. Sur la double page ci-dessous, en haut de la page de gauche, un homme dans une barque navigue littéralement sur les lignes du texte. Sur la page de droite, un autre personnage tient une canne à pêche à laquelle une ligne de texte est suspendue – « utilisez la couleur comme appât ». Cette ligne se termine par un hameçon à la hauteur de la bouche ouverte d'un poisson détouré. Celui-ci est imprimé en bleu, à partir de la même forme imprimante que les deux autres poissons de la page de gauche. Cette dernière est imprimée en noir uniquement, sur du papier fort, couleur ivoire. La page de droite est quant à elle imprimée en quadrichromie sur papier spécial.

ci-dessus, à gauche
exposition Upjohn
sur les cellules 1959
[Will Burtin]

ci-dessus
exposition Upjohn
sur le cerveau
et détail *ci-dessous*
1960
[Will Burtin]

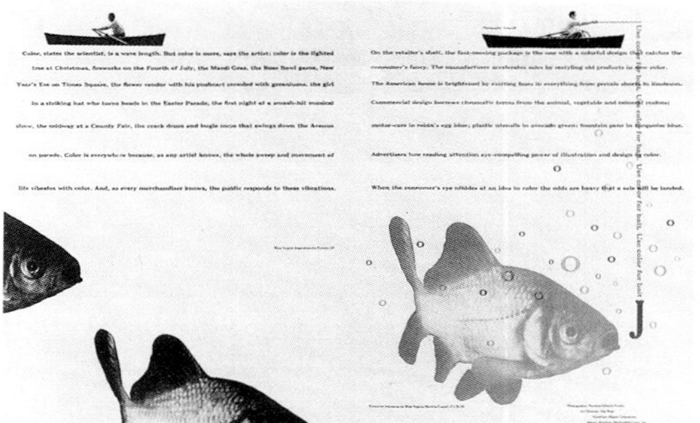

Westvaco Inspirations
double page de magazine 1949
[Bradbury Thompson]

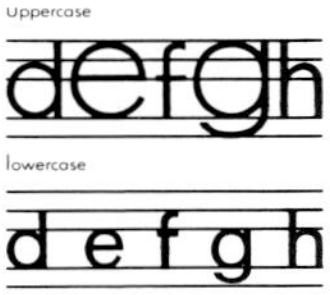

Monalphabet
dans *Westvaco Inspirations* 1945
[Bradbury Thompson]

Alphabet 26
dans *Westvaco Inspirations* 1950
[Bradbury Thompson]

A côté de telles improvisations, Thompson utilisait aussi *Inspirations* pour promouvoir ses idées sur l'alphabet. Il faisait écho au Bauhaus qui prônait un ensemble unique de signes au lieu de dessins différents pour les capitales et les bas de casse. En 1945, il publia son « Monalphabet », avec des lettres en bas de casse Futura agrandies pour remplacer les capitales. En 1950, un numéro entier fut composé avec cet « alphabet 26 », mélange de petites capitales et des bas de casse « a », « e », « m » et « n ».

Alors que le graphisme des 160 numéros d'*Inspirations* était un défi à son petit budget, *Portfolio*, une revue tout aussi influente auprès des graphistes, fut ruinée par ses extravagances. Seuls trois numéros parurent entre 1950 et 1951. Brodovitch avait défini un grand format, semblable à celui des magazines de reportage comme *Life* et *Look*, et l'impression se faisait sur différents papiers, avec des encarts et des dépliants. Brodovitch travaillait par tâtonnements, à partir de photostats et d'images qu'il commandait depuis son bureau du *Harper's Bazaar*, et qu'il assemblait pour construire sa maquette. Les photographies représentaient l'essentiel de *Portfolio* ou de *Harper's* et il s'agissait pour Brodovitch des les présenter de la manière la plus esthétique et la plus percutante possible. En 1945, Brodovitch publia son œuvre-clef, un livre intitulé *Ballet*, dans lequel sont reproduites, dans un format horizontal rappelant les proportions d'un négatif en 35 mm, ses propres photographies. La notion de mouvement se traduisait par l'emploi du flou sur certaines parties du corps des danseurs, effet rehaussé par les larges lignes de texte qui reflétaient l'élément dominant de la photographie placée en vis-à-vis.

Ballet
photographies et mise en pages 1945
[Alexey Brodovitch]

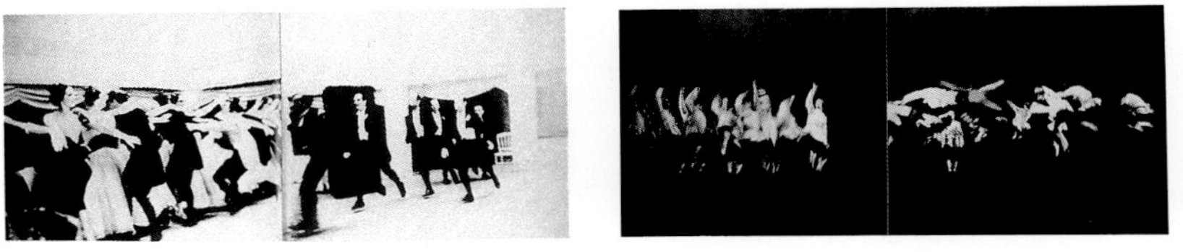

En 1949, le maniérisme du travail de Brodovitch atteignit un véritable apogée dans *Observations*, un recueil de photographies de gens célèbres réalisé par son protégé, Richard Avedon. L'assemblage de telles images, représentant des individus différents, sans lien chronologique ni historique, dépendait d'un directeur artistique capable de leur donner une cohérence tout en les reliant au texte. Brodovitch réussit ce tour de force grâce à une technique qu'il avait souvent utilisée dans ses magazines : une grande capitale (ou lettrine) en Bodoni au début de la première ligne de texte alignée sur l'élément essentiel de l'image de la page opposée.

Pour la couverture du numéro d'été de *Portfolio*, Brodovitch reproduisit le collage d'un cerf-volant réalisé par Charles et Ray Eames. Architecte, Charles Eames s'était installé en Californie en 1941, où il s'intéressa à l'utilisation du contreplaqué pour la

Portfolio
couverture de magazine
(cerf-volant d'Eames) 1951
[Alexey Brodovitch]

Arts & Architecture
titre 1938
[Alvin Lustig]
couverture de magazine 1942
[Ray Eames]

Arts & Architecture
couverture de magazine 1946
[Herbert Matter]

réalisation de meubles. Son épouse, Ray, était peintre et graphiste. De 1942 à 1944, elle réalisa la maquette de plus de la moitié des couvertures d'un nouveau mensuel intitulé *California Arts and Architecture*, dont le lettrage du titre avait été conçu par Alvin Lustig en linéales géométriques condensées. Le langage graphique de Ray Eames avait un certain nombre de similarités avec celui de Rand : l'influence de l'art abstrait et l'utilisation de photographies détourées et surimprimées, notamment.

Lorsque *Arts & Architecture* consacra presque tout un numéro au travail des Eames, c'est à Herbert Matter que revint la tâche de réaliser la couverture et la maquette de l'article. Matter avait fait partie du cabinet Eames de 1943 à 1946, avant d'être chargé de la publicité des meubles Knoll, à New York. Le mobilier créé par Eames était distribué par Herman Miller et on retrouvait dans ses publicités et catalogues la précision du graphisme informatif des modernes européens.

meubles de Charles Eames
couverture et dos de brochure 1948
[cabinet Eames]

Depuis 1941, Ladislav Sutnar était directeur artistique des catalogues de Sweet's, qui informaient les industriels sur de nouveaux produits. Dans les livres *Catalog Design* (1944) et *Catalog Design Progress* (1950), il plaidait « non seulement pour une information plus factuelle, mais aussi pour une meilleure présentation, dont la clarté et la précision visuelles sont rendues possibles par [...] des

Sweet's Catalog Service
symboles

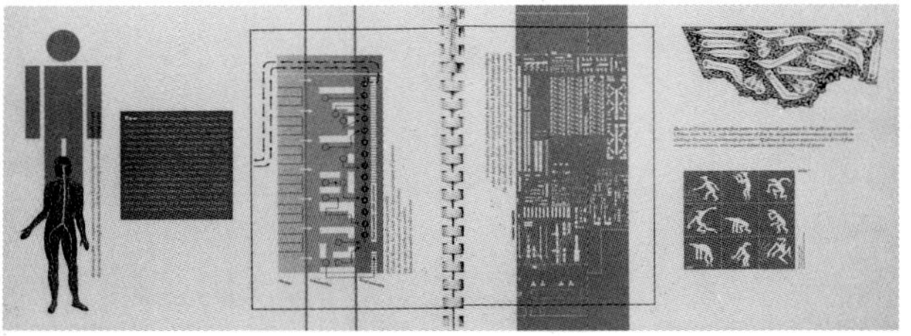

Catalog Design Progress
double page 1950
[Ladislav Sutnar]

machines Addo-x
logotype et symbole 1956
[Ladislav Sutnar]

IBM
variations sur le logotype de 1956
in *IBM House Style* 1969
[Paul Rand]

ABCDEFG
HIJKLMNO
PQRSTUV
WXYZ&
123456789

alphabet IBM 1956

ancien logo de Westinghouse
nouveau logo utilisé pour une publicité
1961
[Paul Rand]

schémas capables de transmettre un flux d'informations ». *Catalog Design Progress*, ouvrage d'une centaine de pages, est l'un des textes majeurs du graphisme informatif. Le point de vue de Sutnar y est présenté en courts chapitres comportant rarement plus d'un paragraphe par page. Des formes géométriques de couleurs – flèches, cercles et ellipses – organisent le flux des informations. Ce livre avait pour but de présenter toute une série de problèmes auxquels le graphiste pouvait se trouver confronté et leurs solutions. Toutes sortes d'illustrations étaient utilisées pour donner des exemples, dont une chaise dessinée par Eames et une publicité de Rand. Sutnar montrait également comment les graphiques et les diagrammes contribuaient à réduire la quantité de texte nécessaire.

« Le besoin graphique, écrivait Sutnar, peut s'analyser en termes de fonction et de forme, de contenu et de format, d'utilité et de beauté, de rationnel et d'irrationnel, etc. Le rôle du graphisme est donc d'apporter une solution au conflit engendré par de telles polarités, en créant une nouvelle entité. »

L'activité de Sutnar avec les catalogues l'amena à travailler sur des logotypes d'entreprise et sur la standardisation du graphisme au sein d'une société. Paul Rand se consacra également à ce type d'activité, notamment à partir de 1956, en tant que conseiller externe auprès d'IBM. Les différents départements de la société reçurent une liberté totale dans l'utilisation de « l'élément unificateur de base qui reliait tout le matériel imprimé d'IBM » : le logo d'IBM dessiné par Rand. Mais comme le département édition produisait à lui seul deux cents imprimés différents par mois, des indications simples étaient nécessaires, notamment pour « l'utilisation, à chaque fois que cela était possible, d'un caractère standard et d'un graphisme simple et fonctionnel ». A la fin des années 1960, ces règles fondamentales remplissaient un énorme classeur, le *IBM Design Guide*.

Le guide d'IBM fut l'un des premiers manuels du genre à être vraiment pris en compte par une entreprise. Son objectif était d'imposer une discipline visuelle à toutes les activités de l'entreprise grâce à un système de règles très précises et couvrant tous les cas de figure. Ces règles concernaient non seulement le graphisme du logo à proprement parler, mais aussi toutes les déclinaisons du logo. Elles régissaient notamment la taille et la couleur du logo selon les supports, qu'il s'agisse des différents papiers à lettres, des emballages, des véhicules ou de la signalétique à l'intérieur de l'entreprise. Tout repose sur la marque – le logo – et le caractère choisi. On retrouve ce principe dans les réalisations de Paul Rand qui avait même songé pour Westinghouse à animer les différents éléments du logo pour la télévision et le cinéma.

Les schémas d'identité visuelle servaient souvent à déguiser la réalité. En 1955, à une époque où les usagers se plaignaient de la mauvaise qualité de ses services, la Compagnie des chemins de fer de New York, New Haven et Hartford engagea Herbert Matter. Le président de la compagnie considérait que « le graphisme contemporain et la qualité technique des locomotives, des wagons et du système de signalisation, associés à une image cohérente de l'entreprise, seraient plus significatifs en termes de progrès que le vieux logotype et les tons tristes du rouge toscan et du vert olive ». Matter choisit les couleurs rouge, noir et blanc. Le programme de Matter, comme celui de Rand pour IBM, reposait sur le logo ; la règle de base était que lorsqu'il apparaissait en une seule couleur, le « N » devait être séparé du « H » par un très léger espace. Matter réalisa également une couverture de rapport annuel dont la géométrie rappelait de façon diffuse les affiches réalisées pour les chemins de fer par son vieux maître Cassandre.

Compagnie des chemins de fer
de New Haven 1954
[Herbert Matter]

En 1946, Matter prit la succession d'Alvin Lustig à la direction artistique de la publicité des meubles Knoll. Pour le logotype, il utilisa d'abord le mot Knoll en entier, puis se contenta du seul « K ». De 1958 à 1971, la même publicité parut une fois par an dans le *New Yorker*. Elle représentait un ramoneur couvert de suie assis sur une chaise rouge toute neuve. L'opposition entre les couleurs préférées de Matter, le rouge et le noir, entre le positif et le négatif sur le blanc neutre, entre la propreté et la saleté, évoque les saines qualités de la modernité et de l'hygiène, identifiées à la société par le « K » rouge. La tension est à l'intérieur de l'image elle-même et non plus entre le texte et l'image. Matter créa également une publicité en deux parties imprimée sur deux pages successives. La première montrait un mystérieux paquet en papier kraft ; la seconde révélait qu'il s'agissait d'une femme assise sur une chaise. En laissant à la seule image le

Knoll
quatrième de couverture
de catalogue v. 1949
[Herbert Matter]

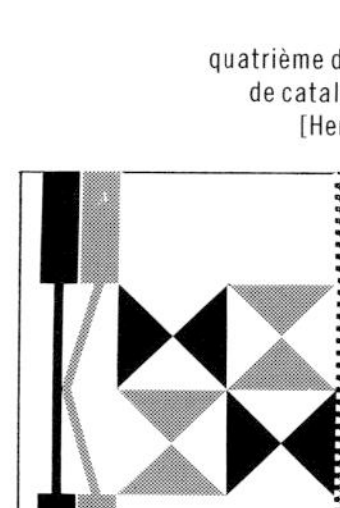

meubles Knoll
logotype années 1950
[Herbert Matter]

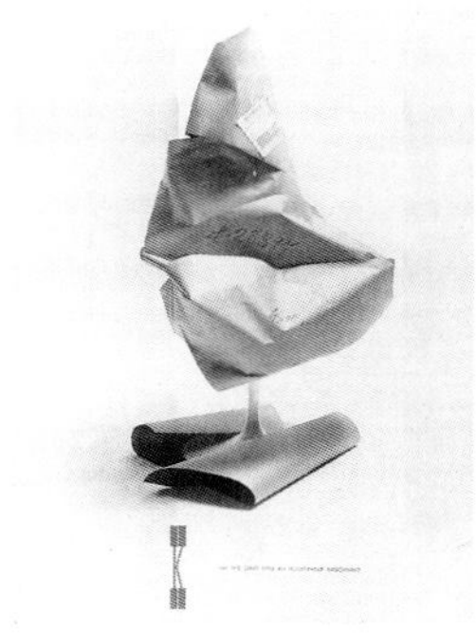

meubles Knoll
publicité (pages consécutives)
1959
[Herbert Matter]

soin de transmettre le message, Matter révolutionna la publicité.

Erik Nitsche, suisse comme Matter, s'installa à New York en 1934. Consultant auprès de General Dynamics, une entreprise d'armement et de technologie spatiale, il était chargé d'interpréter l'objectif de son président : « La transformation des éléments de la nature en un travail utile sous et sur la mer, sur terre, dans les airs et dans l'espace, au-delà de l'atmosphère terrestre. » L'imagerie vaguement scientifique utilisée par Nitsche pour des pochettes de disque convenait parfaitement à la série d'affiches *L'Atome pour la paix*, conçues en 1955. Par la suite, Nitsche réalisa les rapports annuels de General Dynamics, un outil de communication qui devait prendre une importance considérable dans le monde des affaires au cours des trente années qui suivirent. Nitsche fut l'un des pionniers de ce type de document très travaillé graphiquement et dans lequel textes, photographies et diagrammes s'associent pour un maximum de clarté.

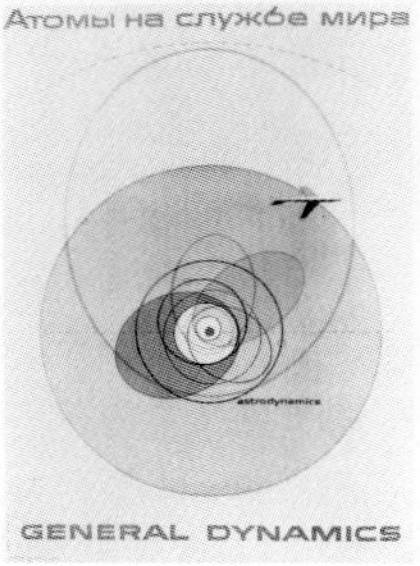

« L'Atome pour la paix »
General Dynamics
affiche 1955
[Erik Nitsche]

« – et qu'a dit Walter Winchell [critique de théâtre] ? – bravorchidées »
publicité de théâtre 1952
[Erik Nitsche]

Au début des années 1950, Nitsche travailla pour la 20th Century-Fox Film Corporation. Il avait conçu des campagnes publicitaires de films en utilisant un vocabulaire typiquement « graphique », à l'opposé de la publicité traditionnelle dans ce domaine, qui reposait sur des illustrations réalistes composites. Cette utilisation d'images symboliques simplifiées fut développée par Saul Bass. Pour les campagnes de publicité des films d'Otto Preminger, dont *L'Homme au bras d'or* (1955), *Anatomie d'un meurtre* (1959) et *Exodus* (1960), Bass se servit

L'Homme au bras d'or
affiche et générique 1955
[Saul Bass]

Anatomie d'un meurtre
1959
Exodus
1960
symboles
[Saul Bass]

de techniques très variées. Du simple découpage à la photographie la plus sophistiquée, il traduisait l'essence de chaque film grâce à un emblème saisissant. Alors qu'il travaillait sur les affiches de *L'Homme au bras d'or*, Preminger et lui s'interrogèrent : « Et si on le faisait bouger ? ». C'est ainsi que Bass se mit à réaliser des génériques en utilisant ces mêmes métaphores visuelles. Un nouveau médium d'essence hybride était né. Le mouvement transformait les images graphiques, et le son ajoutait une autre dimension. Le générique de *L'Homme au bras d'or* est l'animation pure et simple du graphisme qui avait été créé pour la publicité. Mais lorsque Bass réalisa celui de *Walk on the Wild Side*, en 1962, la métaphore était désormais entièrement conçue pour être filmée. Charles Eames évolua lui aussi vers le cinéma, mais il prit un autre chemin. En 1953, il déclina toute une gamme de graphismes différents pour un film de vingt minutes consacré aux théories de la communication.

A Communications Primer film 1953
[Charles Eames]

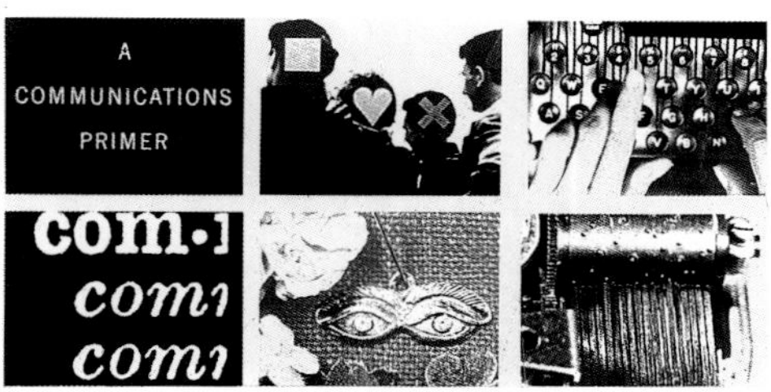

Ce court-métrage, *A Communications Primer*, développait les méthodes mises au point par Eames dans ses projections de diapositives sur plusieurs écrans et présentait diagrammes, animations, photographies et actions réelles accompagnés d'un commentaire énoncé par Eames lui-même. Il s'agissait là du premier d'une série de films et de présentations multimédia produits par Eames et réalisés le plus souvent pour accompagner une exposition. Après *A Communications Primer*, Eames réalisa *The Information Machine*, un film animé sponsorisé par IBM pour la foire internationale de Bruxelles, en 1958, où l'exposition du pavillon américain avait été conçue par une nouvelle

Expo 58
pavillon américain « La Rue »
Bruxelles 1958
[Brownjohn, Chermayeff & Geismar]

Amerika
« Carnaval de l'œil »
couverture de magazine 1963
[Herb Lubalin]

équipe, Brownjohn, Chermayeff & Geismar. Elle présentait des fragments de l'environnement des Américains, comme, par exemple, des morceaux d'une immense enseigne Pepsi-Cola ou des panneaux indicateurs pour piétons.

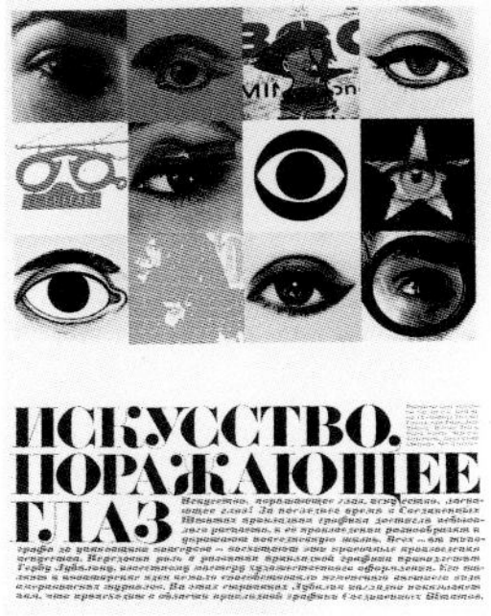

Pendant la Guerre Froide, en 1959, la revue en langue russe *Amerika*, distribuée en URSS par la United States Information Agency, consacra un numéro aux arts graphiques américains, car « une grande partie de l'énergie et de l'esprit de ce pays s'exprime dans le graphisme ». Auteur et concepteur du numéro baptisé « Carnaval de l'œil », le graphiste new-yorkais Herb Lubalin résumait ainsi la situation : « Au cœur du graphisme américain se trouve l'idée, le concept. Tout le reste (photographie, typographie, illustration, graphisme) n'est là que pour la servir. » La carrière de Lubalin est un exemple parfait d'un type particulier de graphisme à l'américaine et de son évolution.

Comme beaucoup d'autres ayant commencé leur activité avant la Seconde Guerre mondiale, Lubalin avait travaillé pour l'Exposition universelle de 1939. Il exerça ses talents auprès de différentes agences de publicité et, à partir de 1945, travailla pour Sudler and Hennessey, agence spécialisée dans les produits pharmaceutiques. C'est là qu'il commença à utiliser les mots comme images. Il élargit les possibilités de la composition à partir de caractères en plomb en découpant les épreuves, en remaniant les espaces et en portant une attention particulière aux détails, selon une méthode décrite dans un ouvrage simplement intitulé *Typography*, publié en 1961. L'auteur, Aaron Burns, était graphiste et directeur de The Composing Room, une entreprise de composition qui, en plus de son espace d'exposition, éditait un magazine datant d'avant la guerre, *PM*, puis son successeur *A-D*. En 1960, Burns publia quatre brochures : l'une, avec Lester Beall, sur les voitures, une autre, avec Brownjohn, Chermayeff & Geismar, sur New York, une troisième avec Gene Federico concernant les pommes, et la dernière avec Lubalin sur le jazz. Ces œuvres exprimaient la maturité du graphisme moderne aux Etats-Unis. Un véritable langage graphique plein d'esprit et d'assurance se mit en place, soutenu par une industrie graphique qui fournissait la photographie,

Sudler, Hennessey & Lubalin
logotype 1959
[Herb Lubalin]

publicité médicale 1958
[Herb Lubalin]

« L'amour des pommes »
de la série *Au sujet des USA*
The Composing Room Inc
brochure 1960
[Gene Federico]

la typographie et un travail d'imprimerie de qualité.

Lubalin participa également à différents magazines. En 1961, il fut chargé de remanier la maquette du *Saturday Evening Post*. Il remplaça les fines romaines des titres par d'épaisses capitales et illustra désormais les pages de fiction par des photographies au lieu des reproductions de peintures réalistes. Evidemment, ces innovations consternèrent le lecteur moyen des petites villes américaines. Pour *Fact*, Lubalin définit un style plus mesuré, avec un titre imposant en Times Bold sur la couverture et, à l'intérieur, une présentation très simple, sur deux colonnes, en Times, avec des titres centrés.

Saturday Evening Post
couverture de magazine 1961
[illustrateur Norman Rockwell]
[Herb Lubalin]

Fact
couverture de magazine 1964
[Herb Lubalin]

L'importance donnée par Lubalin au « concept » comme élément fondamental du graphisme américain était particulièrement visible sur les couvertures d'*Esquire*, magazine qui employa successivement deux des principaux graphistes de l'époque : Henry Wolf et George Lois. A l'arrivée de Wolf, en 1952, *Esquire* avait déjà un logo et un symbole (une tête ronde aux yeux écarquillés, avec une moustache blanche). Wolf les conserva, mais en les utilisant et en les intégrant dans ses montages et photographies de couverture. Le visage moustachu apparut tour à tour sous la forme d'un dossier de chaise en fer forgé, sur une montgolfière, un œuf, un timbre-poste... La maquette des pages intérieures était adaptée au contenu et c'est ainsi que les textes de fiction couraient sur deux colonnes et étaient illustrés très sobrement tandis que les pages des grands articles aux titres en style télégraphique étaient illustrées de photographies en fond perdu et d'histogrammes rappelant ceux de *Fortune*. Des titres en caractères d'affiche caractérisaient le style de Wolf. Comme le disait le rédac-

Esquire
couverture de magazine 1965
[Henry Wolf]

Harper's Bazaar
couverture de magazine 1959
[photographe Richard Avedon]
[Henry Wolf]

Show
« Trop de Kennedys »
couverture de magazine 1963
[Henry Wolf]

teur en chef d'*Esquire* en 1965, « pour faire passer un message d'une personne à une autre (on appelle ça la communication), les magazines sont uniques. Ils sont le résultat d'un combat, pas forcément mortel, mais en tout cas contre la montre. Deux sortes de personnes construisent un magazine et leurs points de vue sont généralement opposés. Il y a ceux qui s'occupent des mots (les rédacteurs) et qui sont responsables de la bonne lecture du magazine et ceux qui s'occupent des images et qui sont responsables de son aspect [...]. Dans aucun autre domaine de la communication, on assiste à ce type de tension continue. » Pourtant, rien ne trahit cette tension dans les pages conçues par Wolf.

Mais lorsque ces mots furent prononcés, Wolf avait déjà rejoint *Harper's Bazaar*, où il réalisa des couvertures d'une grande originalité. Ses photographies, très précises, réalisées en studio, créèrent un véritable choc surréaliste – genre qu'il reprit plus tard pour le magazine *Show*, lancé en 1962. Les couvertures de Wolf étaient des concepts photographiques et ne dépendaient pas des mots. En revanche, les couvertures de Lois pour *Esquire* reposaient sur l'association du mot et de l'image, et aussi sur la capacité du lecteur à en déduire le sens. « Un travail graphique, disait-il, n'a rien à faire sur la couverture d'un magazine. Un graphisme est une harmonie d'éléments. Une couverture est une *affirmation*. »

Esquire
« La masculinisation de
la femme américaine »
couverture de magazine 1965
[photographe Carl Fischer]
[George Lois]

Grâce à la volonté de son président et au travail des directeurs artistiques successifs, CBS Television fut la première société à réussir l'intégration de son identité d'entreprise à sa publicité. Son premier directeur était William Golden. Après avoir travaillé avec Agha à Condé Nast, Golden rejoignit Columbia Broadcasting System en 1937, bien avant les débuts de la télévision. Il réintégra la société après la guerre en tant que directeur artistique et créa la marque, ou le sigle, de « l'œil ». Il avait l'habitude de dire que « si vous aimez les programmes que [CBS] diffuse, alors vous considérerez probablement que ce symbole est bon ». Sa manière d'analyser ce sigle était tout aussi terre à terre : pour lui, il s'agissait d'un « symbole en mouvement, fait de plusieurs yeux concentriques. La caméra s'avançait de la pupille qui, tel un volet de diaphragme, s'ouvrait pour révéler l'identité de la chaîne, puis se refermait ». En fait, c'est la version statique qui fut la

Columbia Broadcasting System
symbole 1951
[William Golden]

plus utilisée. L'année d'après, Golden proposa d'essayer autre chose, mais on lui rappela une vieille vérité de la publicité : « C'est justement quand vous commencez à vous ennuyer de votre création que votre public commence à la remarquer. »

Pour composer les lettres CBS, Golden choisit un didot datant de 1800. Il demanda aux graphistes (parmi lesquels se trouvait Lois) de redessiner l'alphabet. Cela dit, Golden n'utilisa pas systématiquement ces caractères dans la longue série de publicités qu'il réalisa, lesquelles sont d'ailleurs remarquables pour leur intelligence graphique.

A la mort de Golden, en 1959, c'est Lou Dorfsman, déjà chez CBS, qui lui succéda. Il fut à l'origine des projets les plus ambitieux, toujours attentif à la rigueur professionnelle indispensable à leur exécution. « Le graphiste, affirmait-il, doit être capable de montrer que le projet répond à un besoin, comment il fonctionnera, ce qu'il coûtera, à qui et comment il sera diffusé. » L'une des publicités les plus marquantes parut dans *Variety*, au milieu de colonnes particulièrement denses d'annonces immobilières. Elle annonçait simplement que les émissions de CBS touchaient « 750 000 foyers de plus » que la deuxième chaîne nationale. Aucun lecteur ne pouvait la rater car c'était la seule chose imprimée en rouge sur la page.

Golden disait que par « image d'entreprise » (ou *corporate image*) il fallait entendre « l'impression générale que fait une compagnie sur le public, à travers ses produits, ses politiques, ses actions et son effort publicitaire ». Dorfsman a réussi à construire ces images d'entreprise dans d'innombrables campagnes publicitaires fondées sur les principes de la Nouvelle publicité, en faisant fusionner une image et des caractères pour produire une seule idée.

L'image d'entreprise représentée par un graphisme de qualité se déclinait dans les mise en pages de Dorfsman de livres promotionnels et de rapports annuels, lesquelles étaient capables de concurrencer *Esquire* par leur utilisation de la photographie et d'une typographie élégante. Les éléments graphiques de l'image d'entreprise de CBS étaient utilisés absolument partout au sein de l'entreprise, et même les chiffres des horloges furent modifiés pour s'aligner sur la charte graphique.

Au milieu des années 1960, le graphisme fut enfin reconnu comme une profession à part entière et les mensuels spécialisés comme *Print*, *Communication Arts* et *Art Direction* témoignaient de son excellente santé. La profession regroupait néanmoins des tendances très diverses. L'une d'entre elles était représentée par des nostalgiques comme

CBS logotype 1951
[William Golden]

CBS

CBS radio publicité 1950
[graphiste Irving Miller]
[directeur artistique William Golden]

CBS titre de programme v. 1957
[Georg Olden]

CBS couverture de brochure 1956
[Lou Dorfsman]

CBS publicité 1962
[Lou Dorfsman]

Thelonius Monk
pochette de disque 1965
[photographe W. Eugene Smith]
[Jerry Smokler]

Joseph Low et les Push Pin Studios (créés en 1954), qui refusaient toute impression en quadrichromie. Les œuvres du Push Pin parurent dans *Monthly Graphic*, ainsi que sur des jaquettes de livre et des pochettes de disque. Mais, éditeurs et maisons de disques employaient aussi des graphistes plus modernes comme Lustig et Roy Kuhlman, dont l'œuvre typiquement américaine était marquée par l'utilisation de très grosses capitales condensées, semblables à des caractères d'affiche.

Haydn Society
couverture de brochure v. 1956
[Joseph Low]

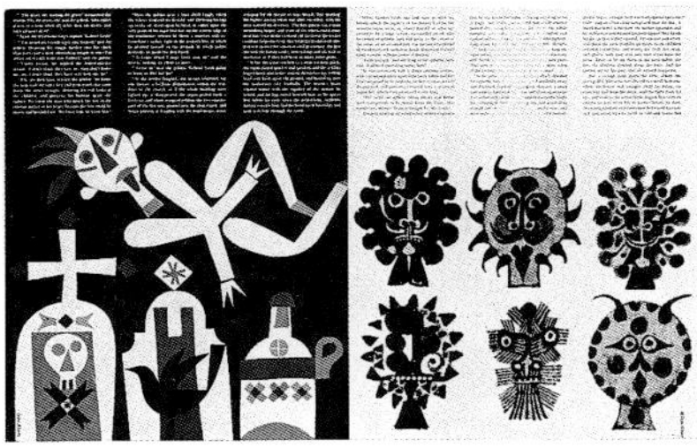

à droite
Monthly Graphic
double page 1958
[Push Pin Studios]

Son Nova
pochette de disque avec découpes 1967
[Milton Glaser]

Marquis de Sade
Grove Press couverture de livre 1951
[Roy Kuhlman]

Les idées des graphistes européens avaient été assimilées par des graphistes comme Bayer, Burtin, Sutnar et Walter Allner. Né à Dessau, Allner fut brièvement étudiant au Bauhaus. Lors d'une visite à l'atelier Isotype d'Otto Neurath, il rencontra Tschichold, qui lui trouva un poste d'assistant auprès de Piet Zwart. Après Zwart, il travailla avec Jean Carlu, à Paris, en 1933. En 1949, il quitta l'Europe pour les Etats-Unis où il rejoignit *Fortune* en 1951.

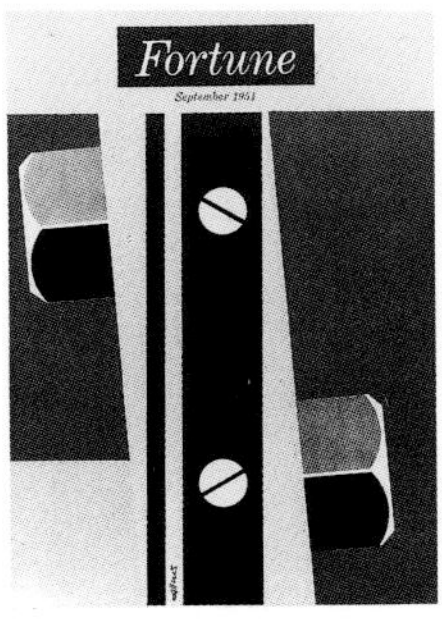

Fortune
couverture de magazine 1951
[Walter Allner]

Moholy-Nagy mourut en 1946, mais son livre *Vision in Motion* (1947) eut une influence profonde à la fois par sa théorie du regard – inspirée de l'art moderne, des sciences et technologies – et par sa mise en pages. A cette époque, la plupart des ouvrages illustrés présentaient leurs images sous la forme de « planches », imprimées sur papier glacé pour un meilleur rendu, rassemblées en cahier et insérées au milieu du livre. Pourtant, Moholy-Nagy insistait pour que « les illustrations [soient] placées près des passages qui les concernent, soit en petit format dans la marge, soit en grand, en vis-à-vis du texte principal ». La « typofoto », c'est-à-dire le fait d'utiliser le texte comme des « illustrations verbales », avait atteint sa maturité.

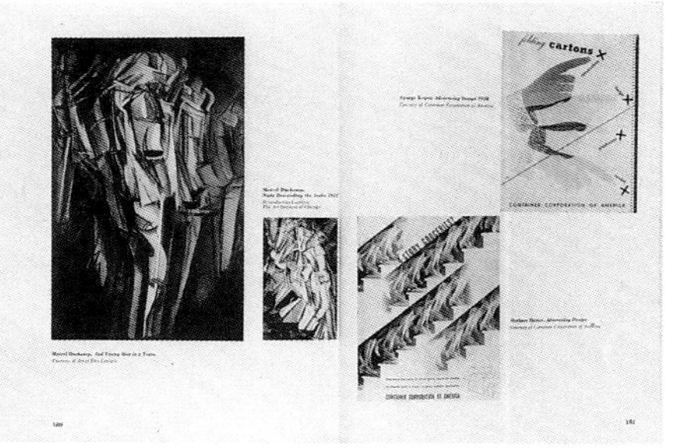

Vision in Motion
double page de livre 1947
[László Moholy-Nagy]

Pendant la guerre, Herbert Bayer fonda avec succès un cabinet à New York et, en 1945, il conçut la scénographie d'une exposition, « L'Art moderne dans la publicité », qui présentait les œuvres créées pour la CCA. L'année suivante, il fut nommé consultant en graphisme par cette même société. Entre 1949 et 1952, Bayer fut responsable du graphisme du *World Geo-Graphic Atlas*, parrainé par la CCA. Cet atlas marque un des grands moments de l'histoire du graphisme informatif. Il s'agit tant d'une démonstration de toutes les possibilités offertes par les techniques d'illustration pour indiquer et expliquer les distances, le temps, le mouvement et les quantités que d'un atlas des systèmes économiques et des ressources mondiales.

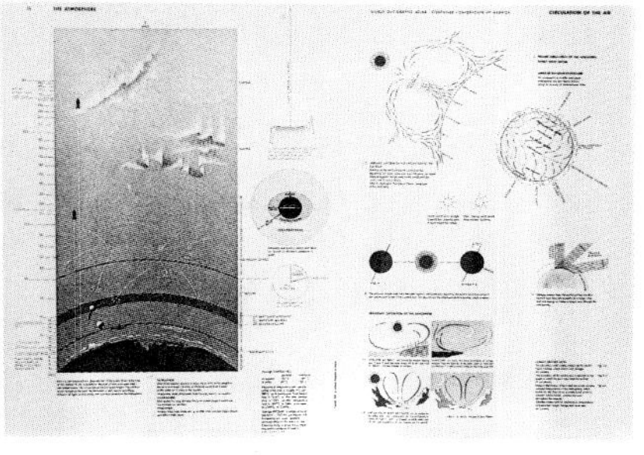

World Geo-Graphic Atlas
double page de livre 1953
[Herbert Bayer]

Comme presque tous les grands graphistes de renom enseignaient, l'approche « programmatique » d'un Sutnar ou d'un Burtin fut rapidement conjuguée avec l'écclectisme pragmatique de Beall et Rand et avec l'esthétisme perfectionniste de Brodovitch. Les sociétés étrangères, comme les laboratoires pharmaceutiques suisses Geigy et CIBA, ouvrirent leurs propres départements graphiques aux Etats-Unis, à l'instar d'IBM en Europe et au Japon. Grâce à ces initiatives, et par le biais des magazines européens *Gebrauchsgraphik* et *Graphis*, le graphisme américain ne fut pas seulement reconnu sur le plan international, il y prit une place prééminente.

La tension qui avait toujours existé entre le « bon graphisme » (tel qu'il est approuvé par MoMA de New York) et le graphisme imposé par la concurrence commerciale commençait à trouver son expression. Henry Wolf, qui avait réussi à faire augmenter de façon spectaculaire les ventes

Butazolidin
médicament pour rhumatismes
publicité de Geigy 1964
[Fred Troller]

International Harvester
logotype 1960
[Raymond Loewy]

Chase Manhattan Bank
symbole 1963
[Chermayeff & Geismar]

Green Lighting Company
symbole v. 1955
[Louis Danziger]

d'*Esquire*, s'inquiétait du flou régnant autour du statut de la profession. Il pensait que « les problèmes que l'on nous soumet et qui devraient être formulés clairement afin que nous puissions trouver une solution simple et novatrice, nous arrivent accompagnés d'exigences et de résultats d'enquêtes innombrables qui trop souvent nous forcent vers un sacro-saint moyen terme ». Les réalisations des grands cabinets de graphisme commercial, comme celui de Raymond Loewy, s'élaboraient à partir d'études de marché, pour « donner au consommateur ce qu'il veut, et en abondance ! », disait-il. Ces cabinets produisaient des œuvres qui n'étaient en rien inférieures à celles de nouveaux collectifs comme Chermayeff & Geismar. Loewy, par exemple, dessina pour le fabricant de matériel agricole International Harvester, un logo particulièrement efficace, associant l'avant d'un tracteur aux initiales de l'entreprise.

Des techniques pour mieux connaître les consommateurs et leurs besoins furent mises au point. En 1940, la CCA avait créé son « laboratoire graphique », équipé d'une caméra qui enregistrait les mouvements de l'œil sur un dessin. Landor Associates travaillait conjointement avec son institut d'analyse graphique, observant et interrogeant les clients dans un supermarché factice. Au milieu des années 1960, tout ce qui différenciait les produits tenait à la façon dont ils étaient perçus par les clients. On ne pouvait distinguer un produit d'un autre que par l'image qu'il renvoyait (où qu'on lui projetait). Comme disait Walter Landor, « la bataille pour gagner le cœur du consommateur ne fait que commencer ».

Better Vision Institute
(portrait-montage de Walter Gropius)
couverture de brochure 1950

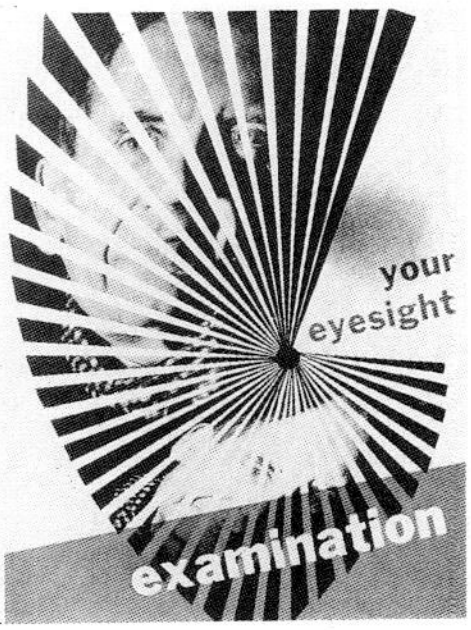

« Les Grandes Idées de l'homme occidental... »
« Les choses qui détruiront l'Amérique sont [...] l'amour d'une vie douce et une philosophie de vie prônant l'enrichissement rapide »
extrait de *The Letters of Theodore Roosevelt*
publicité de la CCA
1960
[Herbert Bayer]

D'autres graphistes d'origine européenne étaient moins catégoriques et partageaient davantage l'opinion de Moholy-Nagy selon laquelle « l'objectif c'est l'homme et non le produit ».

Schavinsky fit quant à lui un commentaire désabusé en utilisant un portrait fragmenté du directeur du Bauhaus de Weimar pour la couverture d'une brochure publiée par le Better Vision Institute. Les publicités d'Herbert Bayer illustrent « l'amour [des Américains] pour une vie douce » à travers un montage d'une multitude de produits de consommation.

14
La Suisse et la Neue Graphik

En Suisse, après la Seconde Guerre mondiale, le modernisme se transforma en véritable croisade. Les étudiants de la Kunstgewerbeschule de Bâle réimprimaient les œuvres majeures des années 1920, dont le célèbre en-tête du Bauhaus. En effet, Emil Ruder, leur professeur, était inquiet de voir ces œuvres considérées comme obsolètes. Tschichold, en revanche, affirmait que le Bauhaus commettait deux erreurs : le rejet de toute mise en page centrée et l'utilisation exclusive de linéales. Il dit, à propos de ces caractères sans empattements (ou sans sérif) qu'ils conviennent « aux enfants, mais sont plus difficiles à lire pour les adultes que certains caractères dont les empattements ont une fonction et ne servent pas uniquement à décorer. D'autre part, l'asymétrie n'est pas forcément préférable à la symétrie – ce sont deux choses différentes ».

Max Bill, en 1946, lui répondit que « heureusement, il y a des jeunes tournés vers l'avenir qui n'acceptent pas aveuglément de telles théories ». Une des jeunes personnes à laquelle il pensait était un graphiste bâlois, Karl Gerstner. En 1955, un magazine d'architecture et de graphisme, *Werk*, consacra un numéro au graphisme et fit appel à Gerstner pour le diriger et le mettre en pages. Il ne recula devant aucun effort pour faire comprendre que les arts graphiques n'avaient rien à voir avec l'art, mais qu'ils pouvaient certainement bénéficier des disciplines rigoureuses du *Konkrete Kunst* (l'art concret), que lui-même, avec d'autres, s'efforçait d'ouvrir au graphisme. Tandis que Tschichold s'intéressait à la géométrie et aux proportions des pages de livre, Gerstner et ses collaborateurs mirent au point un nouveau système de grille, ou gabarit. Cette méthode avait vu le jour, sous une forme élémentaire, dans les premiers ouvrages écrits par les scribes, où la position des colonnes et des lignes était transférée à la page suivante en « piquant » à travers la feuille. Une version moderne de cette technique aurait été reprise par Bayer, au Bauhaus, pour servir « de régulateur proportionnel, expliquait Gerstner, pour la mise en pages, les tableaux, les images, etc. » et il citait même Einstein : « L'échelle de proportions rend difficile ce qui est mauvais et facile ce qui est bien. » Contrairement à la manière dont Tschichold divisait la page, les grilles de Gerstner trouvaient leur source non dans les proportions d'une page donnée, mais dans l'unité de base de mesure typographique. Ces grilles étaient souvent d'une complexité cabalistique mais apparemment efficaces pour gérer les idées.

Pour le roman *Schiff nach Europa* (Bateau pour l'Europe), que Gerstner mit en pages pour Markus Kutter, en 1957, la surface était divisée en six carrés, eux-mêmes subdivisés en carrés (7×7) ; ces car-

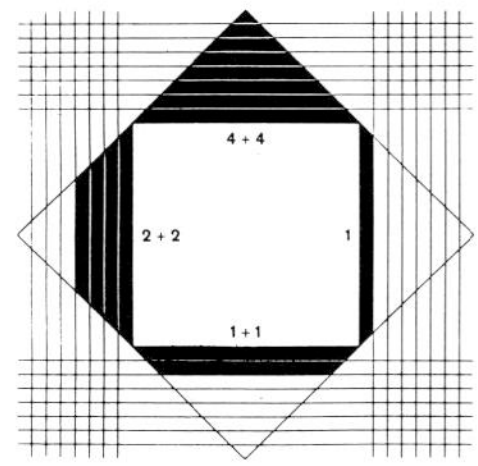

analyse schématique d'un tableau de Max Bill dans *Kalte Kunst ? (Art froid ?)* 1957 [Karl Gerstner]

« canon secret » des proportions d'un livre du Haut Moyen Age diagramme 1953 [Jan Tschichold]

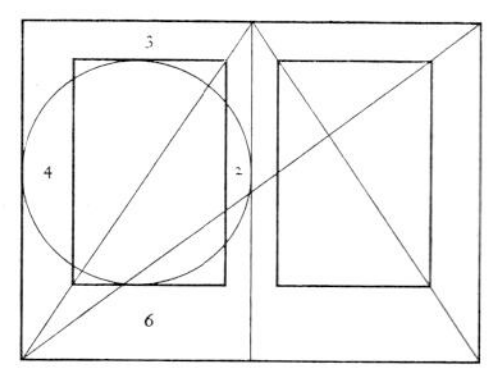

grille pour *Schiff nach Europa* 1957 [Karl Gerstner]

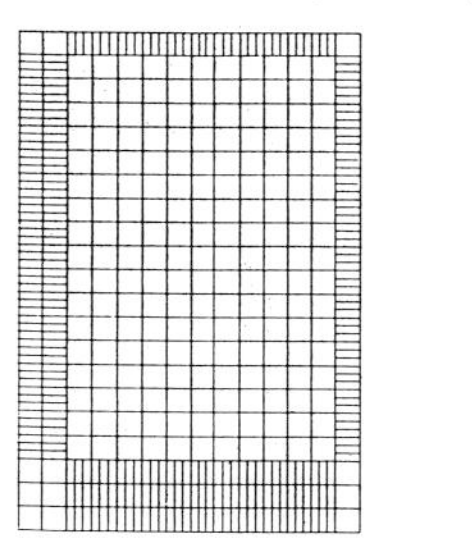

rés étaient à leur tour subdivisés en fonction du corps le plus petit (plus l'interlignage) en carrés encore plus petits (3×3). Gerstner obtenait ainsi une grille très souple « capable d'accueillir l'image typographique et de donner cours à une liberté d'expression quasi illimitée ». Cette technique lui permit de mettre en valeur les différents passages du livre qui prenaient la forme d'articles de journaux, de publicités, de scénarios de film ou de récits plus classiques…

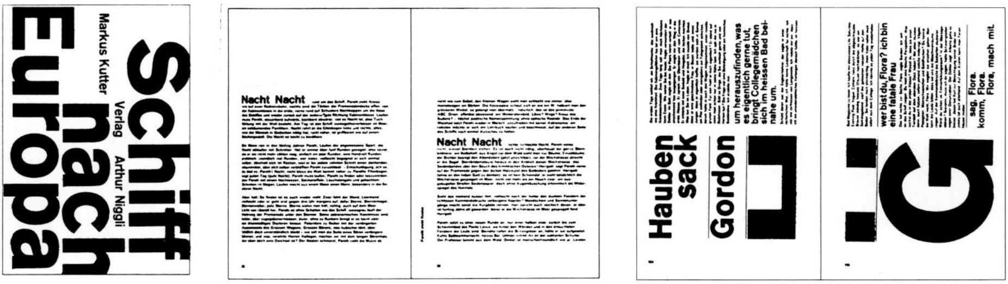

Schiff nach Europa
couverture et doubles pages 1957
[Karl Gerstner]

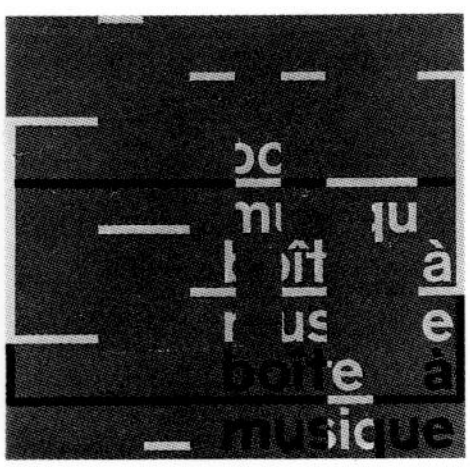

« boîte à musique »
pochette de disque
dela boutique 1957
[Karl Gerstner]

Nationale Zeitung 1960
[Karl Gerstner]

A partir de 1959, Gerstner et Kutter dirigèrent ensemble une agence de publicité à Bâle. Gerstner travaillait à partir des unités de base de la typographie. Pour Bech Electronic Centre, il effectua des permutations avec les lettres B, E et C et joua avec les éléments typographiques du magasin « Boîte à musique ». L'idéogramme qu'il créa à partir du « N » et du « Z » de la *Nationale Zeitung* témoignait d'une même ingéniosité. Avec Kutter, Gerstner publia la première étude exhaustive du mouvement moderne dans les arts graphiques, *Die neue Grafik* (1959), suivie par le très théorique *Programme entwerfen* (1963) et par le *Compendium für Alphabeten* (1971). Ces livres partageaient un même concept, celui du système, dans lequel l'effet esthétique résulte de la sélection d'un nombre limité de moyens graphiques.

Pour écrire sur la publicité dans son numéro de *Werk*, Gerstner avait choisi Siegfried Odermat, un graphiste qui s'inspirait librement des idées de Stankowski et de Cyliax, les pionniers zurichois de la Nouvelle publicité dans les années 1930. Les travaux d'Odermat mettaient en évidence le fossé qui séparait New York et Zurich dans le domaine de la création publicitaire. La différence la plus évidente était que les publicités suisses ressemblaient davantage au travail d'un graphiste qu'à celui d'un directeur artistique. Elles se satisfaisaient rarement d'un seul titre ; les caractères les plus grands étaient réservés au nom du produit, et l'image s'inspirait directement du produit au lieu d'illustrer un quelconque concept de marketing.

Pour Odermatt, dans *Werk*, la publicité répondait à quatre principes. « Elle doit : attirer l'attention – transmettre objectivement un message – éveiller la réaction affective de l'acheteur – rester dans la mémoire. »

Odermatt établit une distinction entre les publicités produites à l'unité et celles créées en série. Ce concept est parfaitement illustré par la série de publicités réalisée pour les roulettes Bassick, en 1957. Odermatt présenta le produit en faisant appel au dessin industriel sur lequel il ajouta de fines lignes en réserve. La précision industrielle du dessin suggérait la perfection dans la fabrication. Le noir servait à indiquer la couleur de la roue, et le blanc celle du métal – clin d'œil à Beardsley et à son maniement des lignes de contour et des couleurs. L'année suivante, Odermatt réalisa une série de publicités en petit format pour une société d'assurances, en allemand et en français. Il dramatisait le risque que pouvaient représenter un vol ou un accident en incorporant le mot de manière photographique dans l'image unique.

Avec son associée Rosmarie Tissi, il mit au point une manière subtile d'utiliser l'espace et de le contrôler grâce à une grille, à l'intérieur de laquelle les différentes parties du message étaient reliées au sein d'une structure définie. Il appliqua cette technique dans les mises en pages qu'il élabora pour les magasins Globus à l'occasion de leur concours « Form 60 ». Des trous, ou espaces vides, dans la grille avaient pour fonction de lier, séparer et hiérarchiser les différents éléments. Pendant plus de trente ans, cette discipline alliée à une production des plus impressionnantes permirent à Tissi et Odermatt de jouir d'une réputation internationale.

roulettes Bassick
publicité 1957
[Siegfried Odermatt]

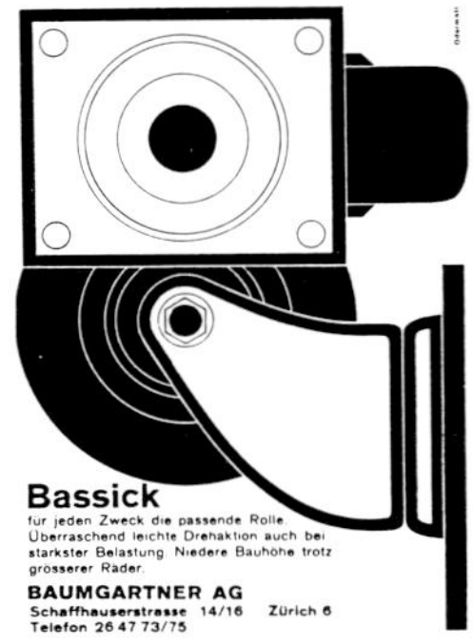

The Yellow Book
dessin de couverture 1894
[Aubrey Beardsley]

Neuenburger/La Neuchâteloise
publicité 1960
[Siegfried Odermatt]

Form 60
annonce publicitaire des gagnants d'un concours de création industrielle 1960
[Siegfried Odermatt]

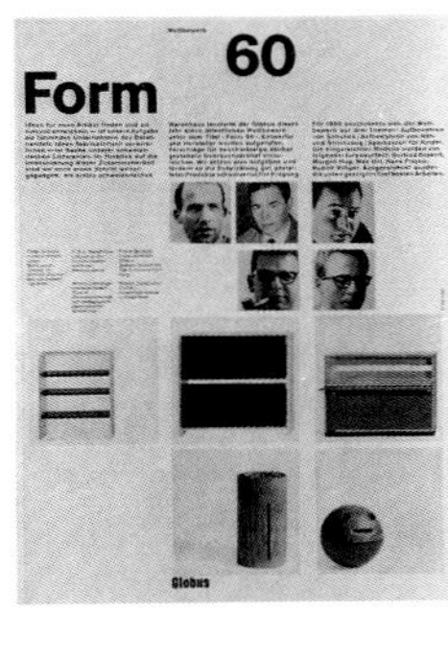

Le rayonnement de la Suisse au-delà de ses frontières passait par la revue *Graphis*, publiée à Zurich depuis les derniers jours de la guerre en Europe. Ce mensuel présentait des reproductions et des analyses sur l'art commercial à l'étranger, passait également en revue des gravures et des ouvrages à tirage limité et s'intéressait à divers sujets d'histoire. Le magazine *Neue Grafik* avait, lui, été lancé en 1958 par quatre « anciens » : Richard P. Lohse, peintre concret, les deux graphistes Josef Müller-Brockmann et Hans Neuburg (ancien collaborateur de Stankowski) et Carlo Vivarelli qui avait travaillé pour Boggeri, à Milan (voir chap. 15). Vivarelli était à la fois artiste et architecte. En 1949, il réalisa l'une des œuvres-clef du nouveau graphisme suisse, l'affiche *Für das Alter* (Pour les personnes âgées).

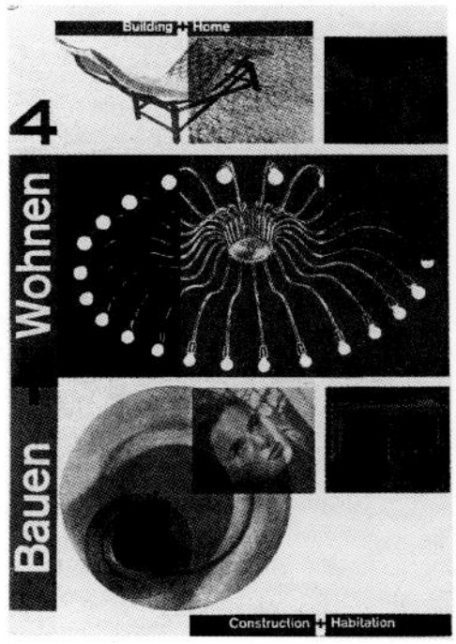

« Für das Alte »
affiche 1949
[Carlo Vivarelli]

Construction + Habitation
couverture de magazine 1948
[Richard Paul Lohse]

« Le comité international
de la Croix-Rouge est là pour aider –
mais il a besoin de l'aide de tous »
affiche 1944
[Hans Neuburg]

Ensemble, les rédacteurs décidèrent d'instaurer « une *plateforme internationale* sur le graphisme moderne et les arts appliqués. Contrairement aux autres publications, *Neue Grafik* est rigoureuse dans son choix, sa cohérence et s'interdit toute forme de compromis ». Le magazine publiait très peu d'œuvres contemporaines étrangères, mais cela ne l'empêcha pas de devenir le média principal des pionniers des années 1920 et 1930, qui y racontaient eux-mêmes leur parcours, tel Max Bill, qui collabora à la plupart des premiers numéros.

Müller-Brockmann était, de tous les rédacteurs, le plus actif dans le domaine publicitaire. La série d'affiches qu'il dessina à partir du début des années 1950 pour la Tonhalle (salle de concert) de Zurich annonçait l'émergence de ce que le groupe appela le « *Konstruktive Grafik* ». Müller-Brockmann avait commencé en créant des illustrations maniérées, mais il rejeta ce style pour adopter une attitude plus constructiviste en plaçant des caractères dans une image géométrique plane et concrète (c'est-à-dire mathématique), puis, en 1958, en intégrant texte et image grâce à la technique de la grille.

Outre les dessins techniques, le Nouveau graphisme utilisait aussi la photographie. Müller-Brockmann l'expérimenta dans une série d'affiches sur les dangers de la circulation. Il transformait radicalement les proportions avec un cadrage serré et incliné de photogra-

Neue Grafik
couverture de magazine 1958
[Carlo Vivarelli]

« musica viva »
affiche de concert 1958
et diagramme explicatif
[Joseph Müller-Brockmann]

« Moins de bruit »
affiche 1960
[Joseph Müller-Brockmann]

« Attention à l'enfant ! »
affiche 1953
[Joseph Müller-Brockmann]

phies en noir et blanc, et accompagnait ces images de slogans (« Moins de bruit ! » ou « Attention à l'enfant ! ») en lettres de couleur.

Müller-Brockmann et ses collègues utilisaient presque exclusivement l'Akzidenz. Il peut sembler étonnant que l'utilisation d'autres caractères, plus géométriques, comme le Futura, n'ait pas été envisagée pour compléter leurs graphismes souvent rigides. Dans le deuxième numéro de *Neue Grafik*, Emil Ruder introduisit l'Univers, un nouveau caractère créé par Adrian Frutiger (lui-même formé à Zurich) pour le compte du fondeur parisien Deberny & Peignot (voir p. 153). Le dessin de ce caractère avait quelque chose de calligraphique. En 1957, parut un autre caractère sans sérif, le Neue Haas Grotesk, très vite rebaptisé Helvetica. Ce caractère composé en gras et dans de gros corps devint un incontournable pour les graphistes « constructivistes » des années 1950 et 1960.

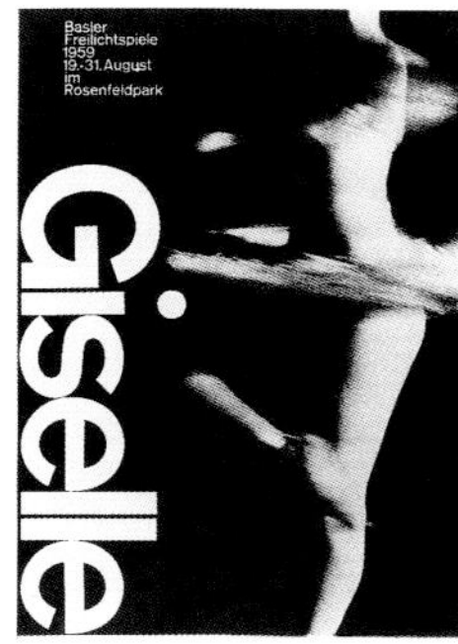

« Giselle »
affiche de ballet 1959
[Armin Hofmann]

caractère Neue Haas Grotesk
[Max Miedinger 1957

En plaçant un mot à la verticale, le graphiste insistait sur ses qualités abstraites, purement graphiques. Dans l'affiche de 1959 pour *Giselle*, le titre est composé en une version redessinée d'Akzidenz gras. Les courbes plus plates de l'Helvetica auraient offert un parallèle moins dynamique au mouvement de la silhouette, accentué par le flou de la photographie et par son cadrage serré. Le mot « Giselle » devient une image puissante et le point sur le « i » un cercle au lieu d'un rectangle. Les courbes du « s » et du « e », associées aux barres des « l » et du « i », rappellent visuellement le mouvement de la danseuse.

L'auteur de cette affiche, Armin Hofmann, enseigna à la Gewerbeschule de Bâle à partir de 1947, puis à Philadelphie et à Yale dans les années 1950. Grâce à l'enseignement et à l'exemple de ce typographe (avec ceux d'Ernst Keller et d'Alfred Willimann, à Zurich) la Suisse se vit dotée d'une multitude de marques et de logotypes aux dessins exemplaires.

Steiner
logotype 1953
[Alfred Willimann]

Therma
matériel électrique
ancien logotype et nouvelle conception
1958 [Carlo Vivarelli]

Electrolux
symbole 1962
[Carlo Vivarelli]

Exposition nationale suisse
symbole 1964
[Armin Hofmann]

La marque conçue en 1958 par Carlo Vivarelli pour Therma formait avec ses lettres jointes un véritable logotype, un sigle métallique facile à apposer sur l'électro-ménager fabriqué par l'entreprise. Tous les départements de Therma suivaient, comme chez Olivetti, les règles dictées par une charte graphique (voir chap. 15).

Comme le logotype de Therma, celui d'Electrolux (Vivarelli, 1962) ou d'Hofmann pour l'Exposition nationale suisse de 1964, étaient le résultat d'un concours. D'autres concours existaient aussi pour les timbres-poste et les billets de banque. Et des compétitions – pour les meilleures affiches suisses ou la plus belle mise en pages de livre – ainsi que la série d'expositions consacrées au graphisme des Musées des arts et techniques de Bâle et Zurich, stimulaient l'intérêt du public et de clients comme Therma. Ces différents événements témoignaient de la parfaite intégration du graphisme dans la vie économique et culturelle du pays.

Comme aux Etats-Unis, l'industrie pharmaceutique avait l'habiture d'employer des graphistes. Tschichold mit sa symétrie réformiste au service de Roche ; l'équipe de Geigy qui, au début des années 1950, comptait Gerstner et Gérard Ifert (sous la direction artistique de Max Schmid et de Gottfried Honneger) consolida le tout jeune « style suisse ». Cependant, alors que ce style gagnait les Etats-Unis, où Schmid reprit le cabinet de graphisme de Geigy en 1955, d'autres personnalités influentes (comme Tschichold) conservaient leurs méthodes traditionnelles, appliquées soit à l'édition, soit à la conception d'affiches illustrées.

ci-dessous, à droite
« Micorene » Geigy
publicité 1956
[Enzo Rösli]

ci-dessous, extrême droite
« Mogadon » Roche
page de titre de brochure 1965
[Jan Tschichold]

« Insidon »
Geigy
emballage et publicité 1963
[Harry Boller]

En 1964, à Zurich, le Conseil international des associations de graphistes (ICOGRADA) se réunit afin de débattre de la question : « graphisme professionnel ou art commercial ? » Neuburg présenta les camps adverses en les décrivant ainsi : d'un côté « le graphiste classique, féru de dessin et de peinture », de l'autre, « son opposant constructiviste, intellectuel, à l'esprit fonctionnel » qui représente le Nouveau graphisme. Mais ce débat n'était pas nouveau. En effet, en 1959 déjà,

Masaru Katsumie, rédacteur en chef du magazine japonais *Graphic Design* avait déclaré préférer les « constructivistes » : « A Raymond Savignac, j'ai préféré Max Bill. Au lieu d'Herbert Leupin, j'ai choisi Josef Müller-Brockmann et à la place d'Hans Erni, Karl Gerstner. »

En insistant sur les arts graphiques, qu'il considérait comme « étroitement liés à l'imprimerie », plutôt que sur l'art commercial, Katsumie établissait une distinction en rapport avec la reproduction. Les images du graphisme provenaient de la photographie, découlaient d'un processus industriel et pouvaient être reproduites à partir du négatif original. L'art commercial, par contre, utilisait l'illustration dessinée.

Cette distinction entre ces deux catégories de graphistes n'était pas toujours si stricte. Certains graphistes suisses faisaient appel à plusieurs techniques. En 1945, Kurt Wirth créait des affiches à partir de ses propres gravures sur linoléum, imprimées sous presse. Et, il fit en même temps des œuvres appartenant au graphisme « constructif ». En 1954, Hans Erni peignit, lui, une image marquante, qui fait penser à une autre affiche pour le désarmement nucléaire (1961), représentant un crâne surmonté d'un champignon atomique (voir p. 7). Que l'image soit réalisée à partir d'une peinture ou d'un photomontage n'influe donc que très peu sur l'essentiel : l'idée graphique.

« Guerre atomique : non »
affiche 1954
[Hans Erni]

L'affichiste Leupin s'était fait connaître dans les années 1940 par sa représentation hyperréaliste des produits. Il adopta ensuite un style plus informel, proche de celui des affichistes français, parfaitement reflété par la paire d'affiches pour les chaussures Bata (1954).

chaussures Bata
affiche double 1954
[Herbert Leupin]

En 1955, Leupin créa l'un des assemblages image-mot les plus synthétiques qui soient en associant « le matin » et « le journal » dans cette cafetière blanche, animée par son couvercle incliné.

Tribune de Lausanne
affiche 1955
[Herbert Leupin]

« Les stylos bille Bic écrivent proprement et en douceur »
publicité 1962
[Ruedi Kuelling]

Ruedi Kuelling, qui avait travaillé à Milan avec Grignani (voir chap. 15), griffonna pour Bic les trois lettres de la marque à l'aide justement d'un stylo à bille Bic, exposant ainsi le moyen même de son élaboration. De telles œuvres, réalisées par des graphistes helvètes, en Suisse même, appartiennent à une tradition plus vaste que le « Style suisse ».

Le Nouveau graphisme réalisa, en matière de communication visuelle, le désir d'objectivité des pionniers d'avant-guerre. Il donna à la nouvelle profession les moyens d'une internationalisation et, au graphisme informatif, un langage et une discipline typographiques avant que n'arrivent la photocomposition et l'infographisme.

Schwaben Bräu
sous-verres
et camionnette de livraison
logotype de brasserie 1961
[Nelly Rudin]

15

L'Italie et le style milanais

Le futurisme avait fourni l'élan principal de l'avant-garde en Italie dans les années 1930 (associée au magazine *Campo Grafico* – voir p. 43). Mais c'est un seul homme – Antonio Boggeri – qui fut principalement responsable des développements futurs de cette avant-garde. En 1924, il rejoignit la direction d'Alfieri & Lacroix, une société milanaise de composition et de photogravure. Inspiré par des numéros de *L'URSS en construction* et du magazine anglais *Commercial Art* dans lesquels figuraient des articles de Tschichold expliquant la Nouvelle typographie et la technique du photomontage, Boggeri monta, dès 1933, son propre atelier à Milan. L'année suivante, la couverture de *Campo Grafico* affichait une photographie du Studio Boggeri. Parallèlement, Boggeri adopta les positions modernistes de la revue. Il voulait convaincre suffisamment de clients du fait qu' « un goût esthétique inhabituel et la séduction visuelle des moyens de communication pouvaient démontrer l'excellence du produit ». Et, dans ces années d'après-guerre, les goûts esthétiques du Studio Boggeri finirent par s'imposer sous le nom de style milanais.

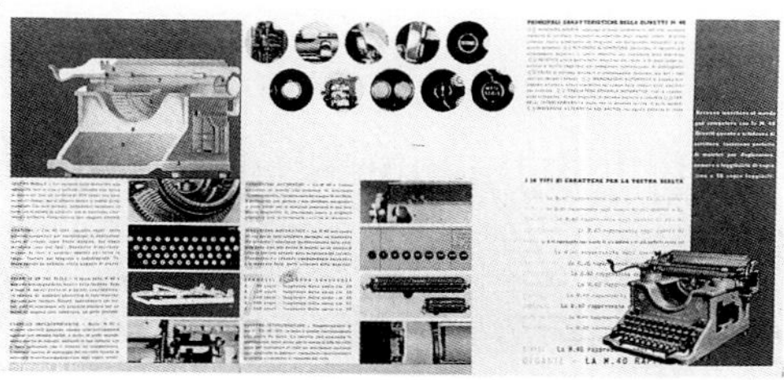

machine à écrire Olivetti M40
brochure 1934
[Xanti Schavinsky]

Studio Boggeri
symbole 1933
[Deberny & Peignot]

Le Studio Boggeri témoignait d'une approche plus européenne que spécifiquement italienne. Son logo fut conçu à Paris par Deberny & Peignot et Boggeri rencontra les grandes figures de l'avant-garde, comme Bayer et Moholy-Nagy, par l'intermédiaire de Xanti Schavinsky. Ce dernier ouvrit une agence à Milan, en 1934, où il introduisit certaines techniques du Bauhaus tardif (le dessin réaliste à l'aérographe, le montage et la mise en page rigoureuse à partir d'une grille simple et claire), qui furent toutes reprises dans les années 1930 par les collaborateurs de Boggeri.

Par l'entremise de Boggeri, Schavinsky travailla pour Olivetti. La charte graphique de l'entreprise concernait même les logements, les écoles et les hôpitaux créés pour les employés. Schavinsky choisissait et assemblait les différents éléments iconographiques et textuels dans le but que l'on associe la marque Olivetti au XXe siècle et au progrès technologique.

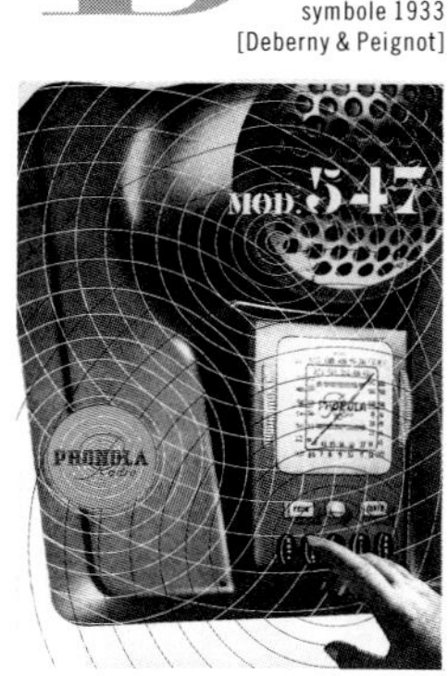

Phonola
couverture de brochure 1940
[Luigi Veronesi]

« Première machine à écrire italienne »
affiche 1912
[Teodoro Wolf Ferrari]

machine à écrire portable Olivetti
affiche 1934
[Xanti Schavinsky]

Son photomontage pour une affiche de 1934 reprend la symétrie de Wolf Ferrari (1912) qui se référait à l'histoire et à l'autorité. Sur fond de paysage, Dante montrait du doigt la marque de la machine à écrire ; le slogan avait le style classique d'une inscription lapidaire. Vingt ans plus tard, Schavinsky place résolument la machine à écrire dans le monde moderne. Dans un espace bidimensionnel dépourvu de perspective, et au moyen de photographies, il associe la machine à l'idée du charme sophistiqué d'un mannequin, rappelant les stars de cinéma, qui caresse de ses mains la machine du même rouge que ses lèvres.

machine à écrire portable Olivetti
brochure 1936
[Xanti Schavinsky]

Schavinsky fit appel à des techniques très variées pour réaliser sa brochure publicitaire vantant la même machine à écrire : photographies coloriées et détourées, aérographe, gravure d'une opération chirurgicale du XVIe siècle associée à une prise de vue d'un film médical et à des radios de mains sur un clavier de machine à écrire. Le texte était composé en drapeau à droite et les pages reflétaient l'idée du « rythme étourdissant du progrès », exigeant du lecteur qu'il « abandonne le stylo et adopte la portable Olivetti ». Schavinsky conçut un nouveau logotype pour l'entreprise (l'un des premiers – et des rares – entièrement réalisés en bas de casse), qui reprenait les lettres telles qu'elles sont imprimées par la machine.

Ce sont d'anciens collaborateurs de Boggeri qui réalisèrent, en 1956 et 1970, les nouveaux logos d'Olivetti. Erberto Carboni était un grand scénographe d'exposition. Dans les années 1930, il avait adopté tour à tour divers styles post-cubistes mais, en 1936, il s'essaya au modernisme dans une affiche pour les chapeaux Bantam :

La Pubblicità – L'Ufficio moderno
couverture de magazine 1935
[Xanti Schavinsky]

chapeaux Bantam
affiche 1936
[Erberto Carboni]

pâtes Barilla
« enlevez-vous cette idée de la tête »
publicité 1956
[Erberto Carboni]

collage de dentelle sur le photomontage du visage de l'enfant et d'un chapeau sur un fond à carreaux. La bidimensionnalité du support (le papier) et la profondeur spatiale due aux tonalités de la photographie créent un contraste intéressant. Carboni resta fidèle au modernisme rigoureux même quand il s'adressa à un public plus large, comme avec la promotion et les emballages des pâtes Barilla, dans les années 1950, ou les symboles pour la radio et la télévision italiennes.

Une telle débauche de moyens graphiques et de manipulation de l'espace, constamment renouvelées par l'utilisation des techniques nouvelles était spécifique à Milan. Le graphisme faisait partie de la vie économique et culturelle de la ville et les expositions triennales participaient à sa promotion. Des revues spécialisées dans l'imprimerie telles que *Linea Grafica* et *Pagina,* et d'autres, consacrées au design et à l'architecture, comme *Stile Industria* et *Domus*, soutenaient sa croissance. Ces dernières publiaient les œuvres de graphistes étrangers – notamment américains – et aussi des articles de théorie de la communication et des études concernant par exemple la signalétique.

Max Huber, le plus célèbre des associés de Boggeri, fut l'un des premiers d'une série de graphistes suisses à s'installer à Milan où, ensemble, ils orientèrent de façon déterminante le langage graphique du Studio. Les Suisses avaient déjà affirmé leur suprématie avec leur pavillon à la Triennale de Milan de 1936, conçu par Max Bill, avec qui Huber travailla pendant la guerre. Huber arriva en 1940, muni de connaissances et d'une expérience précieuses. Il passa dix-huit mois à Milan – avant que la Seconde Guerre mondiale ne le contraigne à regagner la Suisse – pendant lesquels, en plus de divers brochures et catalogues, il conçut l'en-tête du papier à lettres du Studio Boggeri et un panneau publicitaire qui donnait la liste, entièrement composée en bas de casse, de tous les travaux que le Studio pouvait entreprendre : affiches, catalogues, vitrines, papiers à lettres, publicités, logotypes et symboles. Ce type de collectif de graphistes mit presque vingt ans à émerger dans les autres pays.

Radio italienne
logotype 1949
[Erberto Carboni]

Télévision italienne
logotype 1953
[Erberto Carboni]

Linea Grafica
couverture 1954
[Bruno Munari]

« Italstrade »
société de travaux routiers
publicité 1941
[Max Huber]

Studio Boggeri
couverture de brochure 1945
[Max Huber]

« Sirenella »
affiche 1946
[Max Huber / Ezio Bonini]

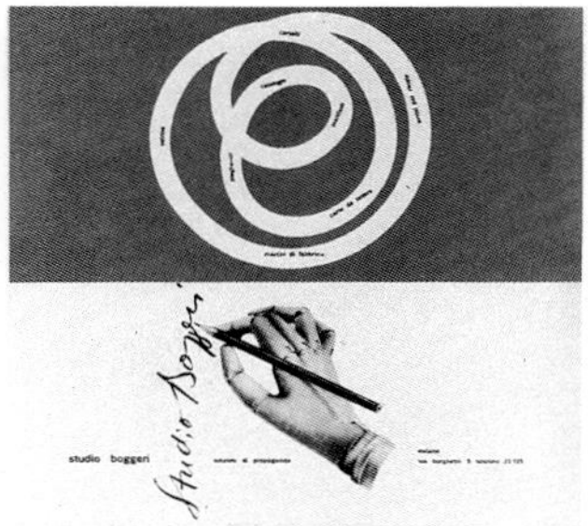

Huber associait une image en perspective à des aplats de couleur, engendrant une tension entre la planéité de la feuille et l'espace tridimensionnel suggéré par la photographie. Ces nouvelles conventions stylistiques posèrent les fondements du graphisme italien de l'après-guerre. Huber, de retour en Italie dès 1945, se servait d'une typographie post-constructiviste – soit un caractère sans sérif soit un Bodoni – souvent imprimée sur des photos. Sa passion pour le jazz et ses préoccupations sociales le poussèrent à créer une série d'affiches et de couvertures de magazines dans les années 1940 et 1950 dans lesquelles il appliqua une technique visuelle d'une grande expressivité.

« Grand prix de Monza »
affiche 1957
[Max Huber]

« Grand prix de Suisse »
couverture de programme 1938
[Max Huber]

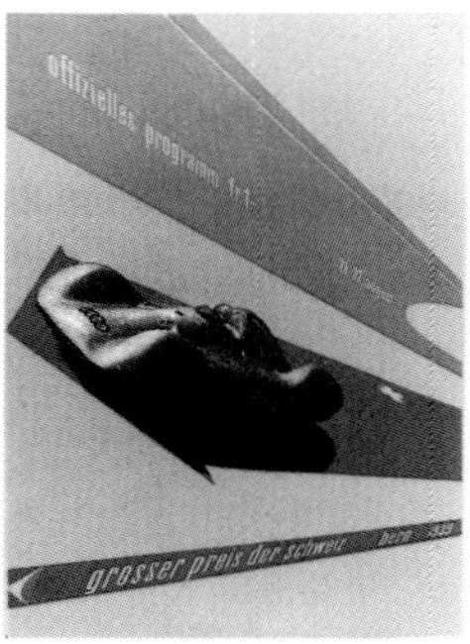

Ses affiches pour les courses automobiles du circuit de Monza illustrent très bien l'évolution de ses méthodes. En 1938, sa couverture du programme montrait une voiture de course sur une piste, réalisée à partir d'une flèche rouge, en réalité le drapeau suisse étiré, bordée de deux longues bandes, l'une bleue, l'autre verte. En 1957, il réutilisa des éléments semblables pour les cinq cent milles de Monza. Entre temps, en 1948, il avait réalisé une image audacieuse à l'exécution parfaite : comme dans une peinture abstraite, d'énormes flèches en aplats de couleur (rouge, bleue et verte) s'enroulent et se chevauchent dans un espace créé par la perspective des lettres dessinées à la main. Photographies détourées et aplats de couleur devinrent des éléments incontournables du graphisme italien.

En 1950, Huber aida le grand magasin La Rinascente à homogénéiser sa communication visuelle. Il créa une ligne graphique pour les étiquettes, les emballages et le matériel promotionnel utilisés dans le magasin, ainsi que pour les vitrines, les affiches et la publicité destinée à la presse. Pour le logo, Huber combina un « R » majuscule en Futura gras et un « l » minuscule en Bodoni italique : un mariage qui symbolisait la position géographique de Milan, point de rencontre entre les cultures du nord et l'influence méditerranéenne. L'apposition d'éléments opposés était une technique utilisée depuis longtemps dans la publicité.

La Rinascente
papier d'emballage 1950
[Max Huber]

IL POLITECNICO 19
In questo numero: la "Comune" di Vienna
VIENNA 1934
SCUOLA PUBBLICA E SCUOLA PRIVATA

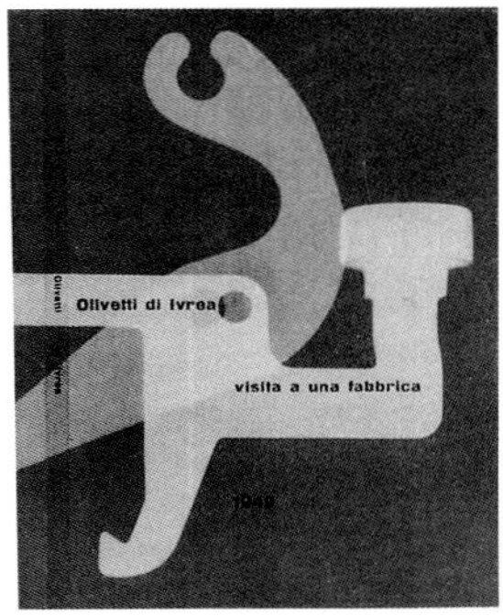

Il Politecnico
hebdomadaire 1945
[Albe Steiner]

« visite d'une usine » Olivetti
couverture de brochure 1949
[Albe Steiner]

arflex
logotype 1956
[Albe Steiner]

L'une de ces juxtapositions les plus réussies, « guerre » et « paix », fut réalisée en faisant basculer à 90° la photographie de canons fumants, les transformant ainsi en cheminées d'usine. Cette image parut en 1945 dans un prospectus publicitaire pour l'hebdomadaire de gauche milanais *Il Politecnico*. L'auteur, Albe Steiner, avait été l'un des premiers collaborateurs de Boggeri. De 1950 à 1954, il fut le directeur artistique de La Rinascente qui sponsorisait un prix annuel de graphisme.

Voici un compas qui trace une ligne dans les proportions du nombre d'or tel qu'il fut dessiné par Steiner ; il transforma ce compas en un signe graphique pour toute la promotion de ce prix annuel. Il employait des techniques d'avant-garde et fut l'un des très rares, avec Lissitzky, à réaliser un photogramme pour une publicité (des pièces de machine à écrire pour Olivetti).

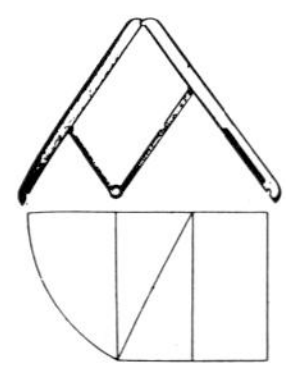

La Rinascente *Le Compas d'or*
prix de design 1954
[Albe Steiner]

La publicité d'Olivetti est surtout associée au nom de Giovanni Pintori, qui rejoignit l'entreprise en tant que graphiste en 1936 et en fut le directeur artistique de 1950 à 1968. Il créait, à l'aide de techniques diverses, une atmosphère souvent poétique et ambiguë, où seul le nom rappelait le produit. Pour la presse, il faisait ressortir un seul élément d'une machine qui devenait alors le principal élément graphique. Olivetti fut, avec les laboratoires pharmaceutiques et IBM – son principal concurrent –, l'une des premières multinationales à établir un style maison cohérent.

Pirelli ne cherchait pas à homogénéiser son graphisme mais à

« Olivetti studio 44 »
affiche pour machine à écrire v. 1936
[Constantino Nivola]

« Olivetti Lettera 22 »
affiche 1950
[Giovanni Pintori]

Olivetti
logotype 1947

olivetti

Olivetti
symbole 1954
[Marcello Nizzoli]

olivetti

« Cinturato »
publicité Pirelli 1967
[Pino Tovaglia]

Pirelli
affiche v. 1960
[André François]

extrême droite
Pirelli
publicité 1963
[Gerhard Forster]

obtenir ce qui se faisait de mieux dans le domaine. Pour les affiches, à l'instar d'Olivetti, la société employa Savignac, André François et Armando Testa, qui avait sa propre agence à Turin. Pour les expositions, elle employait Carboni et, pour les mille éléments de matériel imprimé fabriqués chaque année, elle bénéficiait d'extraordinaires talents milanais : Ezio Bonini, Aldo Calabresi, Bob Noorda, l'équipe de Confalonieri et Negri et Pino Tovaglia notamment. Ces graphistes avaient de la chance : le logotype de Pirelli était si simple et facilement reconnaissable qu'il pouvait devenir un élément central du graphisme. Mais cela ne les empêcha pas d'inventer un vocabulaire d'une incroyable richesse pour représenter un pneu et ses qualités.

De nombreuses œuvres parmi les plus originales du style milanais étaient liées à la publicité pharmaceutique : dans les années 1940, les graphistes du Studio Boggeri, Huber, Bonini, Walter Ballmer, Remo Muratore et Vivarelli utilisèrent des formes abstraites pour la publicité des laboratoires Glaxo ; dans les années 1950 et 1960, Bonini, Calabresi et d'autres introduisirent la photographie pour « démédicaliser » les produits Roche. La promotion de médicaments fut également un des domaines de prédilection du plus original et du plus influent des graphistes milanais, Franco Grignani, qui mit en œuvre

« Tonique Roche »
couverture de brochure v. 1949
[Ezio Bonini]

toutes les possibilités qu'offrait le modernisme. Après des études d'architecture, il fut peintre futuriste dans les années 1920 puis graphiste dans les années 1930. Il faisait un usage progressiste de la photographie et du dessin industriel, grâce auxquels il étendit le domaine de l'expression graphique. Il fut également l'un des premiers adeptes du photogramme avec lequel il obtenait des images abstraites évoquant des réactions chimiques ou des phénomènes physiques. Grignani parvint à donner aux objets médicaux les plus banals (seringues, fioles...) une élégance inattendue. Directeur artistique de *Belleza d'Italia*, le magazine d'entreprise de Dompé, il démontra que la sophistication pouvait se passer de la délicatesse trop évidente du Bodoni : il donna au journal pour symbole un robuste Bd'I, tout à fait de son époque (voir p. 198).

Grignani conçut également un logotype pour Alfieri & Lacroix, ainsi qu'une série de publicités. Adressé à ses collègues graphistes, le message était le même chaque mois : « Regardez-moi. Voyez ce que je sais faire. » Il faisait la promotion des arts graphiques en même temps qu'il faisait celle d'Alfieri & Lacroix en utilisant des phrases telles que :

> la vitesse change le graphisme
> la vitesse change la couleur
> la vitesse change la vv ii ss ii oo nn

ou

> où vit un signe ?
> Pas dans l'arc d'espace dont il dispose
> ni dans sa propre architecture
> coupé du monde par les conventions graphiques.
> Il vit grâce à sa capacité à vivifier le jeu dialectique [...] qui n'est autre que le dialogue [...].

Après avoir épuisé les techniques conventionnelles des simili détourés, des aplats de couleur et des caractères en réserve, Grignani se lança dans l'improvisation. Il utilisa tout d'abord les caractères de manière abstraite, en les considérant comme de simples formes et non comme des signes. Il les déformait en les plaçant derrière une surface d'eau ou de verre irrégulier, une idée déjà utilisée en 1945 par Huber pour une

Bellezza d'Italia
couverture de magazine 1950
[Franco Grignani]

Alfieri & Lacroix
logotype v. 1956
[Franco Grignani]

« Le graphisme crée l'émotion »
publicité pour l'imprimerie Alfieri & Lacroix 1957
[Franco Grignani]

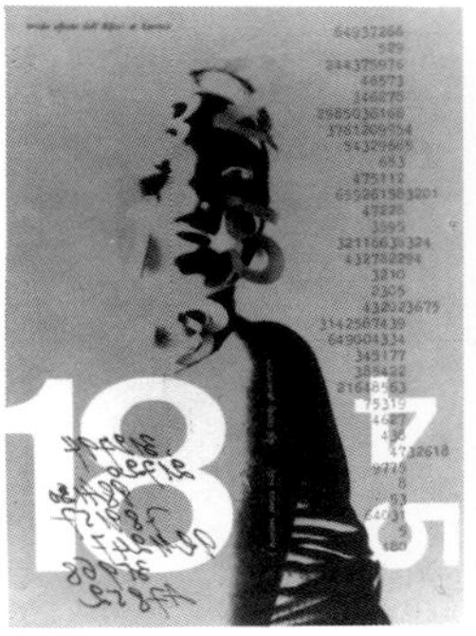

ci-dessus
publicité pour l'imprimerie Alfieri & Lacroix
années 1950
[Franco Grignani]

ci-dessus, au centre
« nombres au hasard d'une chanson géométrique »
[Franco Grignani]

ci-dessus, à droite
Alfieri & Lacroix
« symbole d'impression rotative... »
[Franco Grignani]

couverture de livre. L'œuvre de Grignani annonce l'Art optique des années 1960, mais il existe un autre précédent dans la publicité, dû à Antonio Pellizzari, vice-président d'une entreprise familiale d'ingénierie. Grignani aplatissait les images photographiques en supprimant toutes les demi-teintes pour ne laisser que des zones claires ou foncées, les ombres ne servant plus qu'à décorer. Cette technique fut largement galvaudée durant toute la décennie suivante. En photographiant des surfaces rayées ou à carreaux, Grignani obtenait de véritables illusions d'optique. Par la suite, il joua avec des lettres et des images projetées sur des objets en trois dimensions et soumis à des distorsions, dans des perspectives géométriques complexes.

Pour Grignani, le créateur italien était, contrairement à l'américain, « souvent son propre directeur artistique, ainsi que graphiste, photographe, dessinateur industriel et retoucheur ». Il pensait que le travail en équipe pouvait inhiber la créativité. Les graphistes en Italie étaient souvent polyvalents et certains ont joué un rôle déterminant dans différentes spécialités. Marcello Nizzoli, par exemple, fut directeur artistique chez Olivetti à partir de 1938 et, après la guerre, les machines à écrire dont il concevait le design eurent un succès international. Extrêmement polyvalents également, Bruno Munari (voir p.43) et Enzo Mari s'intéressaient tous deux au graphisme en trois dimensions. L'affiche réalisée en 1960 par Munari assemblait une trentaine de versions différentes du mot Campari imprimé sur fond rouge. L'emploi du collage dans le cadre d'une publicité grand public la rend unique en son genre. Dans les années 1960, Munari et

Pellizzari
publicité pour du matériel d'irrigation
1949
[Antonio Pellizari]

Campari
affiche 1960
[Bruno Munari]

Huber travaillèrent ensemble sur la maquette des livres des éditions Einaudi. Le travail des Italiens, notamment celui de Grignani, avait conquis l'étranger, tout comme la perfection typographique des publicités pour les fusils de chasse Luigi Franchi, conçues par Calabresi du Studio Boggeri. Ces derniers travaux réconciliaient une typographie disciplinée avec une image forte et objective. On retrouvait dans le trait de Calabresi la sobriété de son pays d'origine (la Suisse), imprégnée de l'enjouement italien.

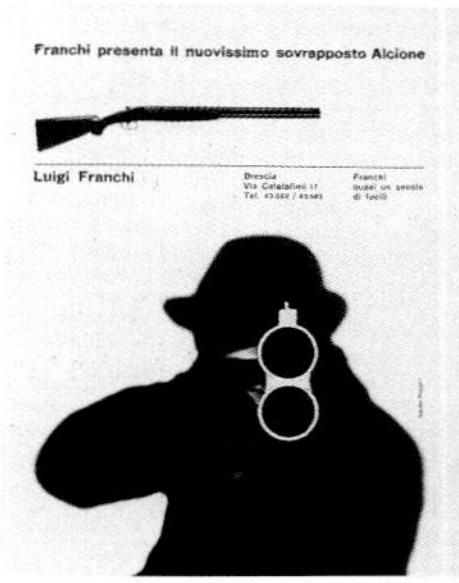

Luigi Franchi
publicité pour fusil de chasse 1960
[Aldo Calabresi]

Piccolo Teatro di Milano
affiche 1965
[Massimo Vignelli]

Au milieu des années 1960, le style suisse (l'utilisation efficace de filets et de linéales ou du Bodoni) se formalisa dans les affiches typographiques de Massimo Vignelli pour le Piccolo Teatro de Milan. Peu de temps après, Vignelli et Noorda implantèrent ce même style aux Etats-Unis, chez Unimark International. Quelques années s'écoulèrent avant que les graphistes ne fassent la même découverte que Boggeri et ne comprennent que trop de purisme risquait de nuire au graphisme suisse et de le banaliser. Les Italiens, eux, surent éviter cet écueil, grâce à un individualisme qui les protégeait du plagiat désinvolte à l'étranger.

ci-dessus, à gauche
Secrétariat international de la laine
symbole 1964
[Francesco Saroglia]

16
La France

Gauloises
paquet de cigarettes 1936
[Marcel Jacno]

En France, le graphisme de l'après-guerre conservait beaucoup de l'esprit des années 1930 dont l'une des images les plus marquantes est le fameux paquet de Gauloises bleu que Marcel Jacno remania pour la première fois en 1936. Après la guerre, en 1947, il le perfectionna avec un casque moins stylisé et choisit un caractère gras avec empattements au lieu des petites linéales. Dans les années 1960, soixante-dix millions de paquets étaient imprimés chaque semaine, faisant de ce graphisme l'un des plus connus de France. Le bleu clair du fond faisait ressortir chaque signe, comme sur une affiche de Cappiello.

En 1951, Jacno entreprit de travailler pour le Théâtre National Populaire ; il eut l'idée de ramener les vingt-quatre lettres du titre aux trois initiales, « TNP », qu'il harmonisa avec le style populaire des spectacles. Désirant donner un aspect « Révolution française » aux affiches et aux couvertures des programmes, il conçut des lettres aux bords irréguliers rappelant le dessin des imprimés de 1790 et utilisa le rouge, le bleu et le noir sur fond blanc.

Le dessin des lettres TNP – réalisées au pochoir ou stencil – fut adopté par Deberny & Peignot en 1956 et baptisé Chaillot. Ceux-ci avaient fabriqué, avant la guerre, deux autres caractères dessinés par Jacno, le Film et le Scribe, ainsi qu'un troisième en 1948, le Jacno. Leur étrangeté flamboyante, typique de nombreux caractères français, comme ceux de l'affichiste Roger Excoffon (le Mistral, le Choc et le Calypso), en limitait l'emploi, mais ils trouvaient une place sur les enseignes de magasins, transformant les rues en espaces d'expression typographique.

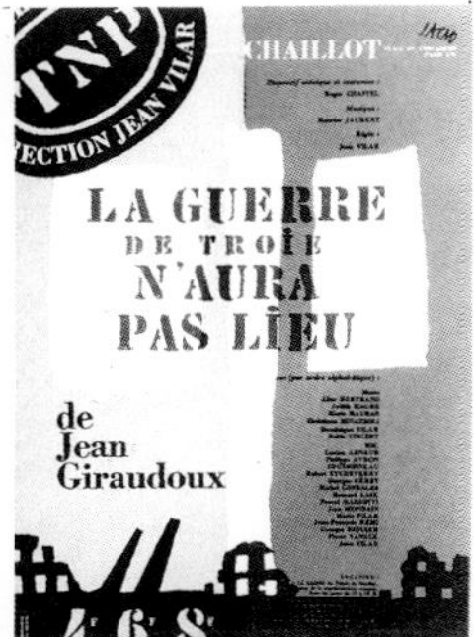

Théâtre National Populaire
affiche années 1950
[Marcel Jacno]

Film
caractère 1934
[Marcel Jacno]

Jacno
caractère 1950
[Marcel Jacno]

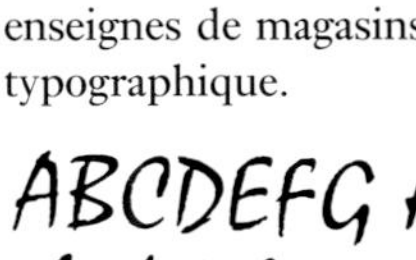

Mistral caractère 1953
[Roger Excoffon]

Choc caractère 1955
[Roger Excoffon]

Calypso caractère 1958
[Roger Excoffon]

Monsavon
« savon au lait »
affiche 1949
[Raymond Savignac]

Les affiches peintes restaient en vogue. Des artistes d'avant-guerre comme Carlu et Jean Colin étaient toujours actifs, même si Cassandre s'était, lui, tourné vers les décors de théâtre et la peinture. Une jeune génération allait faire revivre l'affiche peinte. Les dessins de Bernard Villemot, Raymond Savignac et André François étaient moins picturaux que ceux de leurs prédécesseurs et rappelaient le dessin humoristique. Savignac s'indignait de l'accumulation des idées sur un même support. « Une seule image pour une seule idée », tel était le but qu'il s'était fixé et qu'il pensait pouvoir atteindre grâce à « un viol visuel », une association inhabituelle dont l'humour transmettrait une idée sans que des mots soient nécessaires. Il avouait qu'il avait atteint la « maturité » à 41 ans, avec son affiche pour Monsavon : l'idée simple – le savon contient du lait – est exprimée simplement.

Charles Loupot était le plus intéressant des graphistes actifs de l'avant-guerre. Il réussit à styliser le symbole traditionnel des vins Nicolas (le livreur portant plusieurs bouteilles dans chaque main, déjà modernisé en 1935 par Cassandre) et, en 1945, il retoucha le logotype qu'il avait conçu pour St Raphaël pour le rendre encore plus anguleux. Il divisa le nom en plusieurs parties et utilisa les unités abstraites constituées par les syllabes St-Ra-pha-ël sur les murs, les camionnettes et dans les publicités.

vins Nicolas (dessin de Nectar, le livreur, par Dransy)
affiche années 1920

marque Nicolas
v. 1950
[Charles Loupot]

St Raphaël panneau d'affichage
années 1950
[atelier Charles Loupot]

Cette extravagance trouva sa meilleure expression dans les couvertures et les maquettes d'ouvrages proposés par les clubs de livres. Ces clubs vendaient directement aux membres, qui s'engageaient à acheter au moins quatre ouvrages par an. Le plus éminent graphiste de cette tendance fut Pierre Faucheux, qui travailla pour le Club Français du Livre dès ses débuts, en 1946. Ce club rééditait de grands classiques, des œuvres antérieures moins connues ou des traductions de textes étrangers. A la différence des livres à tirage limité contenant des gravures, ces ouvrages étaient illustrés avec les éléments graphiques datant de l'époque de leur première publication, ce qui contribuait à leur donner un caractère authentique. Faucheux réalisa ainsi près de sept cents livres pour ce Club. Entre ses mains, le livre, sa couverture et sa mise en pages devenaient un véritable espace à aménager graphiquement. Il avait étudié les incunables et appris à construire la mise en pages avec une précision mathématique. Mais cela ne l'empêcha aucunement « d'innover ».

Tom Sawyer
Club Français du Livre
maquette 1950
[Pierre Faucheux]

L'originalité de Faucheux résidait dans la juxtaposition de caractères aux styles et aux corps très différents et dans l'utilisation de lettres et de vignettes d'imprimeur pour la présentation des personnages (par exemple *Les Epiphanies* d'Henri Pichette). Ayant été compositeur, il utilisait librement toutes sortes de caractères qu'il trouvait dans les casses d'imprimeur. Dans *Les Chants de Maldoror*, de Lautréamont, les pages d'ouverture du livre sont remplies chacune par une énorme lettre formant le mot MALDOROR (dans le même caractère que le logo CBS, voir p. 126). Une telle utilisation des pages préliminaires – apparentées à un générique de film – était courante et permettait de donner un aperçu de l'ambiance du livre. Faucheux conçut le graphisme de nombreux ouvrages, aussi bien pour des clubs que pour des éditeurs traditionnels. Cette description de son travail sur une couverture témoigne des méthodes graphiques du moment :

Les Epiphanies
page de livre (distribution) 1948
[Pierre Faucheux]

> texte sur film transparent, fond coloré amovible, image photographique sur film ou sur papier (iconographie), le tout disposé à l'intérieur d'une fenêtre au format réel de la couverture étudiée et pratiquée dans une chemise blanche ou noire. Par ce moyen – la fenêtre – je créais une marge d'isolement entre la maquette en cours d'étude et tout ce qui l'entourait, transformant ladite fenêtre en théâtre animé. Les éléments en dimensions réelles disposés dans le cadre arrêté, sont mobiles, variables à l'infini, superposables, manipulables. A partir du moment où la scène est créée, il nous reste, pour chaque couverture, à préparer, imaginer, manipuler, les éléments symboliques ou descriptifs qui, associés, transformeront un rassemblement d'éléments en signe des signes : la couverture réussie.

L'une des premières mises en pages de Faucheux fut celle d'*Exercices de style*, de Raymond Queneau, une anecdote déclinée dans plus de cent styles narratifs différents, qu'il réussit à traduire typographiquement. En 1962, Robert Massin, qui avait été influencé par Faucheux, retravailla l'ouvrage dans un format plus grand.

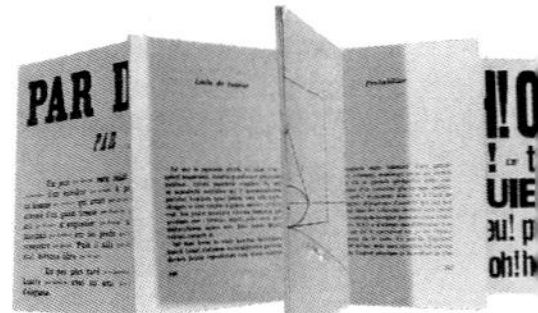

Exercices de style de
Raymond Queneau
Club des libraires
de France
maquette 1956
[Pierre Faucheux]

Exercices de style
maquette 1962
[Massin]

L'arrivée de la photocomposition, dans les années 1960, et la manipulation photographique croissante du texte et de l'image donnèrent aux graphistes une nouvelle liberté d'expression. Massin fut l'un des premiers à en exploiter les possibilités. Pour *La Cantatrice chauve* d'Eugène Ionesco, il travailla avec le photographe Henry Cohen pour présenter les personnages de la manière la plus contrastée possible ; les dialogues sont composés dans un caractère différent pour chacun des personnages et ceux des femmes sont en italiques ; il n'y a pas de ponctuation, à l'exception des points d'exclamation et d'interrogation. Les mots et les phrases changent sans cesse de taille, apparaissent en biais ou se chevauchent afin d'imiter graphiquement le ton de la voix. Lorsque le rideau se lève pour révéler un plateau dans l'obscurité, la page est noire ; ailleurs, le papier non imprimé sert à représenter le silence. Massin maintint, autant que possible, le sens de la lecture des dialogues de gauche à droite, à l'aide de bulles de bande dessinée, et en isolant les personnages dans des gros plans, une adaptation raffinée des techniques du roman-photo.

Roman-photo années 1960

La Cantarice chauve
Eugène Ionesco
maquette 1964
[Massin]

Etant donné le succès des clubs de livres, c'est tout naturellement que le Club Français du Disque vit le jour au début des années 1950. Les pochettes de disque réalisées par le Club et imprimées en noir plus une ou deux couleurs, suivaient un format et une maquette standardisés. Elles inspirèrent notamment le graphisme des collections de livres de poche. Pour faciliter leur classement, un carré de couleur apparaissait en haut à gauche avec l'initiale du compositeur. Sur la droite figuraient le nom du compositeur et le titre de l'œuvre. Une image du compositeur ou, dans le cas du jazz ou des musiques populaires, des interprètes, servait pour l'illustration. En fait, les trois-quarts de la pochette étaient consacrés à l'image qui, à l'inverse des pochettes américaines, n'était jamais une illustration dessinée mais une photographie abstraite, imprimée en noir, sans demi-teintes, sur une seconde image en couleurs.

pochettes de disque v. 1958
[Jacques Darche / Pierre Comte]

Jacques Darche, qui travaillait aussi pour les clubs de livres et, comme Faucheux, insistait sur l'intérêt des illustrations documentaires, n'hésita pas à associer les poèmes de François Villon à des photographies d'agence. La photographie n'était plus seulement l'instantané d'un moment précis, elle possédait désormais une qualité symbolique. Les hebdomadaires *Paris Match*, *Life* et *Look* reconstituaient des événements à travers des séquences de photographies choisies par un iconographe. La maquette devint essentielle. Suivant l'exemple des magazines américains comme *Redbook, McCall's* et *Seventeen*, les hebdomadaires féminins furent modifiés radicalement sous l'influence d'un jeune graphiste suisse, Peter Knapp. Knapp avait travaillé chez l'imprimeur Tolmer avant de devenir, en 1959, directeur artistique de la publicité des Galeries Lafayette, à l'âge de 25 ans. A *Elle*, il disposait d'un personnel considérable : « 14 maquettistes, 2 retoucheurs, 1 dessinateur de lettres, 5 photographes de laboratoire chargés des contretypes et des agrandissements de titres, 5 compositeurs, 5 illustrateurs et 6 photographes de mode et leurs assistants. » L'équipe visuelle était divisée en deux groupes qui réalisaient en alternance les numéros du magazine et se concurrençaient.

Elle
doubles pages de magazine
ci-dessous 1960
[photographe E. Bronson]
à droite 1964
[Peter Knapp]

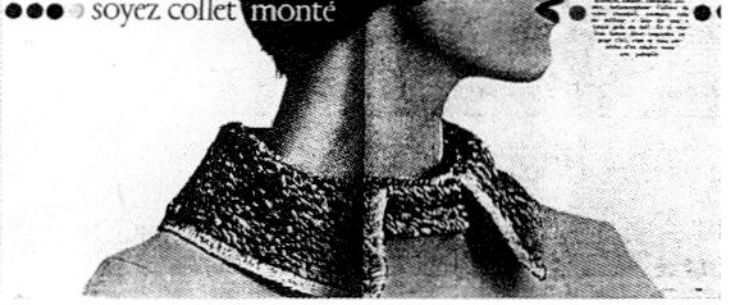

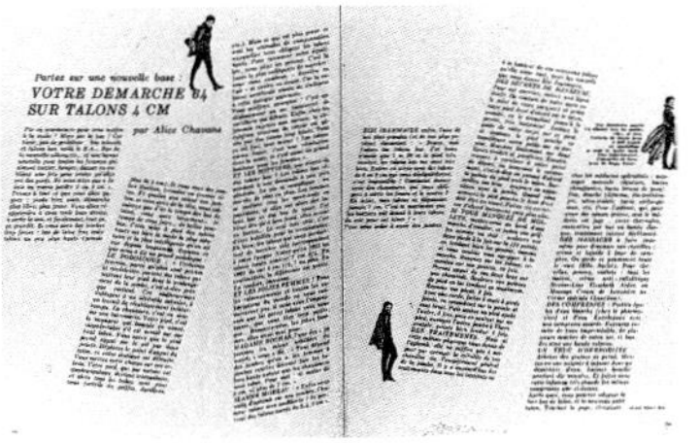

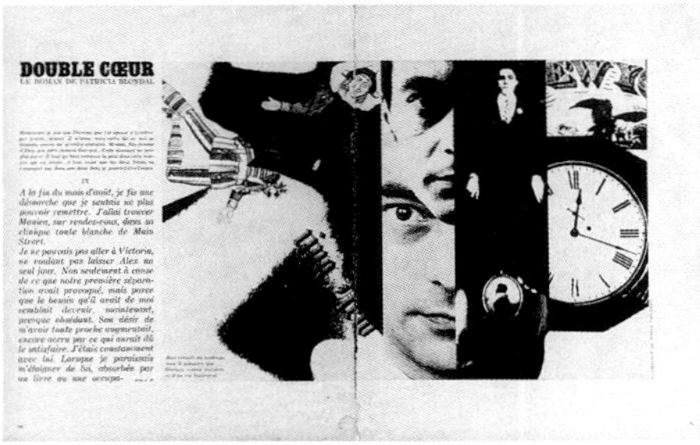

Elle
photomontage
double page 1964
[illustrateur Roman Cieslewicz]
[directeur artistique Peter Knapp]

En tant que photographe, Knapp savait également faire poser les mannequins pour obtenir l'effet bidimensionnel souhaité. Les photos étaient prises devant un fond noir ou blanc, pour rehausser les contours (et faciliter les retouches), les motifs étaient choisis en fonction de leur opposition ou de leur complémentarité et une couleur en aplat (le ciel ou un simple mur) servait de fond pour les légendes. Le texte était obtenu selon la vieille méthode de la composition à chaud, et Knapp s'efforça de moderniser le résultat en justifiant en drapeau, souvent au fer à droite, pratique alors inhabituelle en France.

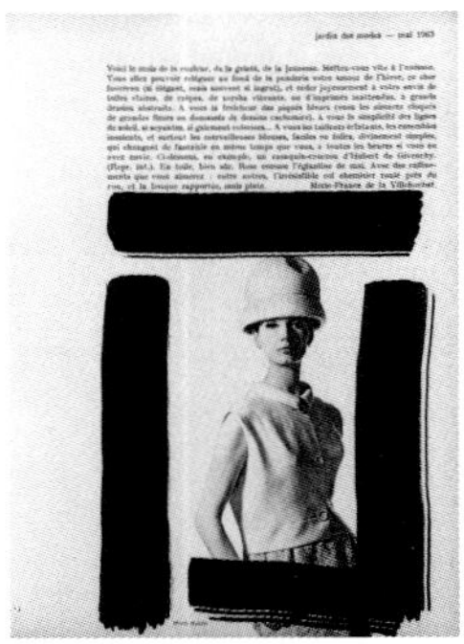

Galeries Lafayette
publicité 1960
avec les *Calligrammes* d'Apollinaire
(voir p. 37)
[Jean Widmer]

Jardin des Modes
page de magazine 1963
[Jean Widmer]

Les graphistes suisses tels que Knapp avaient reçu une formation très complète et étaient habitués à des exigences techniques inconnues en France. Pour *Elle*, les titres étaient préparés en photocomposition par Albert Hollenstein, un autre Suisse. Le successeur de Knapp aux Galeries Lafayette, Jean Widmer, suisse lui aussi, devint par la suite directeur artistique de *Jardin des Modes*. Sa carrière eut une influence déterminante sur les arts graphiques en France (voir pp. 197-199). Ce furent aussi de jeunes graphistes suisses qui, à l'atelier Loupot, exécutèrent les fameux fragments de publicité pour St Raphaël sur d'immenses panneaux.

La plus importante contribution suisse en France fut la création par Adrian Frutiger du caractère Univers, conçu spécifiquement pour la photocomposition et disponible dans une police complète de chasses et de graisses. Comme le Gill Sans avant lui, l'Univers

« livres américains »
United States Information Service
affiche d'exposition 1960
[Gérard Ifert]

Univers
caractère 1957
[Adrian Frutiger]

Air France
tableau horaire 1960
[Adrian Frutiger]

1		AF 1015 B707 F/Y	AF 707 B707 F/Y
Lyon	dp		1055
Paris	ar		1150
Orly	dp	1000	1300
Boston	ar		
	dp		
New York	ar	1200	1500
Kennedy Inter. Airp.	dp	1315	1630
Washington Dulles	ar	1430	

permit de rationaliser la typographie de publications techniques et de tableaux horaires. Pour Air France, Frutiger conçut toutes les informations imprimées, mais aussi la signalétique de l'aéroport Charles-de-Gaulle, pour laquelle il mit au point un nouveau caractère au dessin intermédiaire entre l'Univers et le Gill, le Frutiger. Le logotype d'Air France, dessiné par Roger Excoffon, donna le caractère Nord (1959), caractère sans empattements disponible en de nombreuses graisses.

En France, le style maison ou l'identité d'entreprise étaient des concepts bien moins répandus qu'aux Etats-Unis, même si le bureau parisien de Loewy existait depuis 1953. En 1963, le laboratoire pharmaceutique Roussel-Uclaf adopta un symbole dessiné par Loewy : trois parallélogrammes symétriques forment un triangle équilatéral au centre duquel apparaît un autre triangle. De multiples images géométriques de ce genre étaient reprises dans le *Handbook of Designs and Devices* de C. P. Hornung. Le symbole de Roussel-Uclaf était assez typique des choix du moment : « Incisive, équilibrée, ouverte, sa personnalité n'est pas pour autant représentative d'une spécialité et permet de ne pas limiter l'identité du groupe à la seule notion d'industrie pharmaceutique. »

Roussel-Uclaf
symbole 1963
[Raymond Loewy / CEI]

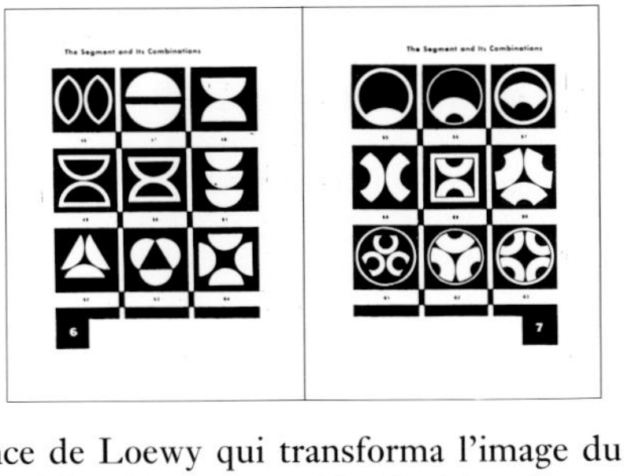

Handbook of Designs and Devices
de Clarence P. Hornung
double page

C'est l'agence de Loewy qui transforma l'image du fabricant de vêtements New Man. La typographie d'origine évoquait le farwest. Elle fut remplacée en 1969 par un logo de type électronique et « réversible ». De toute évidence, ce nouveau New Man appartenait à

NEW MAN

l'ère du graphiste plutôt qu'à celle de l'artiste publicitaire. Les symboles d'une autre époque, comme le bonhomme Michelin ou les serveurs de St Raphaël, restés quasiment inchangés pendant des décennies, font, eux, partie intégrante de la tradition française et de sa culture.

New Man
logotype 1967
modifié en 1969
[Raymond Loewy / CEI]

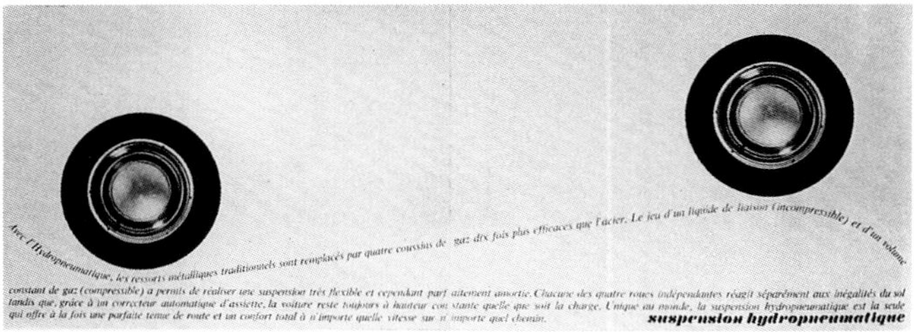

DS19 Citroën
brochure 1964
[photographe William Klein]
[Atelier Delpire]

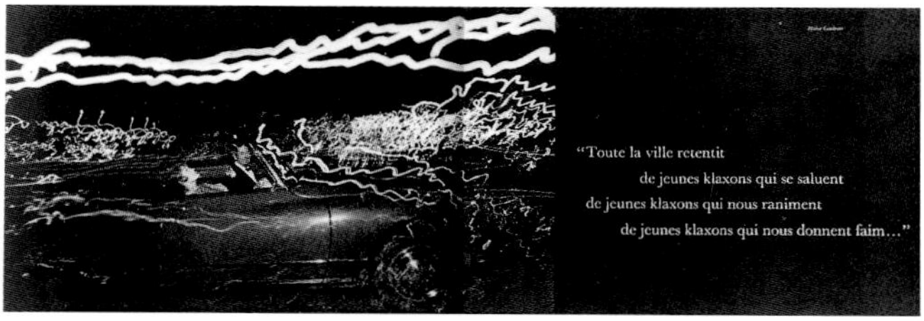

Le nom d'affichistes comme Cassandre, associé à un produit ou une entreprise, en garantissait le succès. C'est ainsi qu'en 1963, on lui demanda de dessiner les lettres et la marque d'Yves Saint Laurent (ce fut là l'une de ses dernières commandes). Quelques années plus tard, on fit appel au peintre Victor Vasarely pour modifier le symbole de Renault. Alors que Jacno décrivait le jeune public comme « si crédule qu'il se réjouit plus de ce que le produit promet que du produit lui-même », c'est cette même jeunesse qui, en 1968, allait faire revivre la tradition française de l'affiche avec les créations de l'Atelier populaire (voir p. 184), qui fleurirent sur les murs de Paris à l'époque, justement, où mourait Cassandre.

Renault
symbole 1972
[Victor Vasarely]

Yves Saint Laurent
logotype 1963
[A.M. Cassandre]

17
L'Europe du Nord

La Grande-Bretagne

La guerre avait bouleversé toute l'économie européenne, les matières premières manquaient et, pour limiter la demande des consommateurs, l'imprimerie et la publicité se voyaient imposer des restrictions gouvernementales. En Grande-Bretagne, la réédition d'un ouvrage d'avant-guerre, *Making a Poster*, exprimait l'espoir que désormais, en 1945, « l'affiche serait utilisée de plus en plus, non seulement dans un but commercial, mais aussi comme outil de propagande pédagogique par l'Etat, afin de façonner ce monde nouveau dont nous rêvons tous ». En effet, le gouvernement et les services publics étaient alors les principaux annonceurs. Les affichistes célèbres avant et pendant le conflit virent leurs œuvres fleurir dans le métro de Londres, dans les gares des chemins de fer récemment nationalisés, ainsi que sur les palissades encerclant les sites bombardés. Comme pendant la guerre, leurs images restaient simples et les mots directs, mais elles prônaient désormais une plus grande sécurité sur les lieux de travail et incitaient « la Grande-Bretagne à rester propre ».

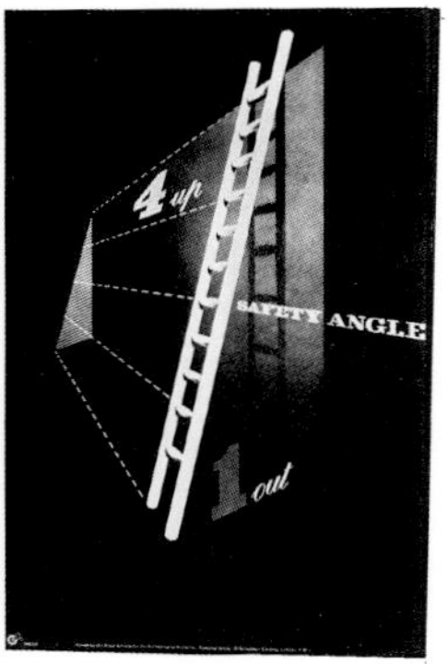

« L'angle de sécurité : 4 de haut et 1 en retrait »
affiche 1947
[Abram Games]

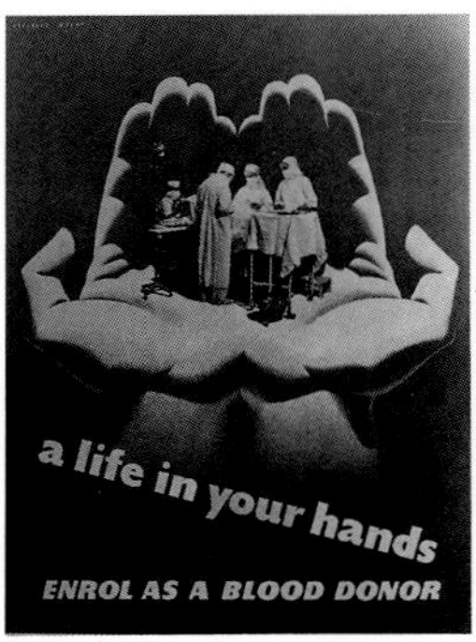

« une vie entre vos mains »
affiche pour le don du sang 1948
[Reginald Mount]

« bien posé sur l'établi, pas à moitié »
affiche pour la sécurité 1951
[Robin Day]

En Grande-Bretagne, les arts graphiques participaient au programme de reconstruction économique et sociale. Le Council of Industrial Design, créé en 1944, fit connaître ses objectifs à travers une exposition organisée en 1946, baptisée « La Grande-Bretagne peut y arriver ». Une partie de l'exposition avait été conçue par la Design Research Unit (ou DRU), une entreprise née au plus fort de la guerre et comptant, pendant sa première année d'existence, le poète et critique d'art Herbert Read comme unique adhérent. Read était l'un des rares qui parlaient en faveur de l'art moderne (surtout abstrait), ayant une démarche cohérente. Son livre, *Art and Industry*, mis en pages par Herbert Bayer, avait paru en 1934. Des graphistes et des architectes, dont Milner Gray et Misha Black, se regroupèrent ensuite autour de lui. Le travail de la DRU comprenait également le design industriel. Dans le domaine du graphisme, la plupart de ses réalisations étaient en trois dimensions : scénographie à tendance moderniste et création d'emballages, pour des boissons en particulier, pour lesquelles Gray put se laisser aller à un « victorianisme » bon ton, censé représenter la qualité anglaise traditionnelle.

Ce retour aux anciens caractères d'imprimerie, aux gravures et aux vignettes typographiques du XIXe siècle, de même que l'intérêt pour « l'art populaire », les vieilles enseignes et leurs lettres, trahissaient la méfiance des Britanniques envers le modernisme, perçu comme « étranger ». Le souci de constituer un héritage graphique national affleurait dans les pages de l'*Architectural Review* hésitant, depuis les années 1930, entre traditionalisme et modernisme.

Dans le domaine du graphisme, des positions antagonistes concernant le modernisme allaient de l'attitude traditionaliste d'*Alphabet and Image* à la plus progressiste *Typographica*, lancée par le graphiste Herbert Spencer en 1949. Cette revue trimestrielle présentait des œuvres contemporaines, essentiellement étrangères (Grignani, Huber) et publia une série d'introductions au travail des pionniers du mouvement moderne tels que Lissitzky et Zwart.

Spencer lui-même avait adopté l'asymétrie et en faisait presque un principe. Il enseignait à la Central School of Arts and Crafts à Londres, où exerçaient également d'autres graphistes et, notamment, au début des années 1950, Anthony Froshaug. Durant plusieurs années, Froshaug dirigea son propre atelier d'imprimerie, où il composait lui-même les textes. Il introduisit une touche ludique dans les travaux qu'on lui commandait, associant les leçons de la Nouvelle typographie à un style Arts & Crafts plus romantique.

Le Tombeau tourmenté
jaquette de livre 1956
[John Piper]

extrême gauche
St George's Gallery Books
carte de changement d'adresse (A6) 1954
[Anthony Froshaug]

L'homme, la machine et le mouvement
(caractère dactylographié / offset)
catalogue d'exposition 1955
[Anthony Froshaug]

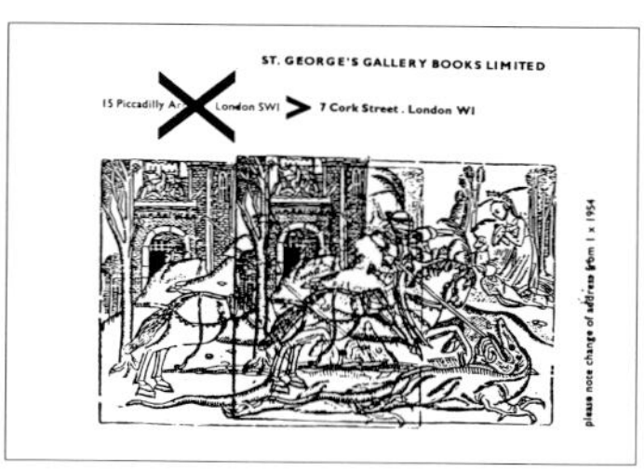

Simpson / Daks
publicité pour pantalons 1946
[Ashley Havinden / Crawfords]

Ashley Havinden, de chez Crawfords, dominait la publicité britannique. Selon lui, le graphiste « est celui qui est capable de résoudre les problèmes de communication, quel que soit le médium imposé ». Ce point de vue ne se généralisera que bien des années plus tard. Les graphistes sont libres, disait-il,

> « de s'inspirer du classicisme de l'Antiquité, du fonctionnalisme du Bauhaus, de la symétrie du XVIIIe siècle, du réalisme de la Renaissance, de l'expérimentalisme cubiste, des bizarreries victoriennes, des images oniriques surréalistes, des photographies d'amateurs, des dessins industriels, des divisions de l'espace dans l'art abstrait et l'architecture moderne, de la typographie du XVe siècle, de la radiographie, de la gravure sur bois, de la nouvelle typographie de Tschichold, etc., etc. »

Maconochie's
étiquettes v. 1947
[P. Booker-Cook]

Cette liste englobe tout le vocabulaire du graphisme international, elle résume parfaitement l'éclectisme fondamental du graphiste.

Ashley Havinden se tourna vers un modernisme épuré, représenté par exemple par les étiquettes des soupes Maconochie's (1946). La même naïveté commerciale, libre de toute étude de marché, apparaissait sur le paquet de cigarettes Guards, conçu à la DRU, en 1958. Sa rectangularité nette et blanche, les touches de rouge, de noir et d'or, et la silhouette en relief, relevaient plus des ateliers d'une école de graphisme que du présentoir d'un buraliste.

Les publicités les plus originales furent conçues par Arpad Elfer, pour le grand magasin D.H. Evans. Son slogan, « *Fashion wise* »

Guards
paquet de cigarettes 1958
[Design Research Unit / Alan Ball]

« D.H. Evans - Fashion Wise »
affiche 1948
[Arpad Elfer]

(c'est-à-dire, connaisseur de mode), et son logotype en Bodoni – combinaison de dessins et de lettres au pinceau associée à des photographies imprimées en rouge, noir et vert – étaient à la base d'un style immédiatement reconnaissable.

Les caractères dessinés au pinceau, comme le Ashley Script, ont longtemps contribué à l'image de marque des poissonneries de la chaîne MacFisheries. Créé par Hans Schleger, le symbole représentait quatre poissons dans une croix de Saint-André. Schleger transforma petit à petit ce symbole en utilisant une calligraphie évoquant les tableaux d'affichage des promotions du jour.

« Quel gibier »
affiche pour les MacFisheries 1955
[Hans Schleger]

MacFisheries
symbole et logotype v. 1953
[Hans Schleger]

Dans le même esprit, il élabora le symbole de Finmar, des importateurs de meubles scandinaves. Il le dessina dans trois graisses différentes et exploita avec astuce sa ressemblance avec un pin. Le travail de Schleger avait souvent un côté peu orthodoxe. Il conçut même un stylo plume Waterman encastré dans un bloc de plastique transparent comme objet publicitaire pour les comptoirs de boutiques ; il conçut également une bouteille triangulaire pour le whisky Grant et le livre *The Practice of Design* (1960), relié avec une spirale en plastique et une couverture toilée et illustré de gravures anciennes imprimées sur du bleu ou du beige à chaque ouverture de chapitre. En définitive, sa maquette asymétrique pour cet ouvrage était digne de Tschichold.

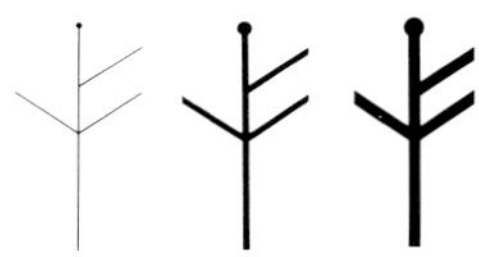

Finmar
importateurs de meubles scandinaves
symbole

Le magazine *Design*, publié par le Council of Industrial Design, parut pour la première fois en 1949 avec une maquette simplement centrée. Il fallut plusieurs années à Ken Garland, directeur artistique de 1956 à 1962, pour en faire autre chose qu'un simple catalogue de produits manufacturés et y introduire des articles critiques, une mise en pages et une typographie plus sophistiquées. Ce magazine reproduisait des œuvres graphiques et le Council soutenait des expositions comme celle de 1952, organisée pour coïncider avec la parution du manuel de Spencer, *Design in Business Printing*. Dans son exposition « Typography in Britain Today » (1963), il admettait que « dans une société prospère, de jeunes directeurs et rédacteurs ambitieux se sont révélés, déterminés à asseoir leur réputation grâce

« Ernestine Anderson chante »
pochette de disque 1957
[Ian Bradbery]

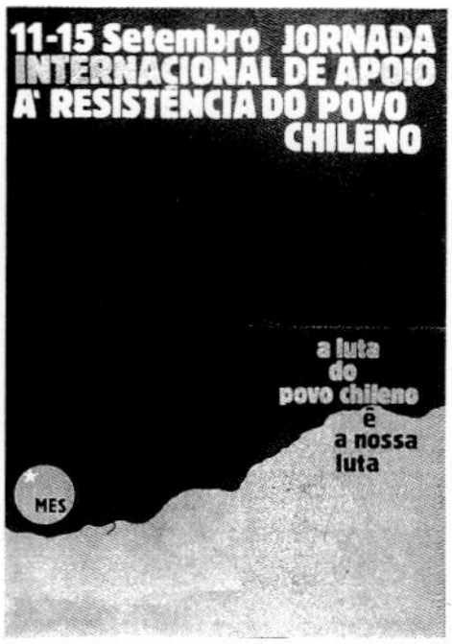

« Journée internationale d'aide à la résistance du peuple chilien »
affiche en encart de journal 1974
[Robin Fior]

à l'impact qu'ils peuvent produire et non aux économies qu'ils peuvent engendrer ». Pendant les années 1950, des graphistes se forgèrent une identité professionnelle en adhérant à la Society of Industrial Artists. Elle leur offrait une charte professionnelle semblable à celle des architectes.

Parmi les graphistes qui participaient à l'exposition de Spencer, Ian Bradbery représentait plutôt les années 1950, et Robin Fior les années 1960. Tous deux enseignaient à mi-temps, tout en se mettant au service d'intérêts privés. Bradbery concevait des pochettes de disque et la maquette du magazine *Jazz Music*. Il travaillait également pour de gros clients comme les laboratoires et pharmaciens Boots ou pour le Central Office of Information.

Autodidacte, Fior dessinait des couvertures de brochure et des affiches. En 1960, il modifia la maquette de l'hebdomadaire *Peace News*, en s'inspirant du *Politecnico* d'Huber. Cette mise en pages annonçait la nouvelle présentation du *Guardian*, élaborée dans les années 1980 par un des étudiants de Fior, David Hillman. Fior concevait également des publicités pour des entreprises chimiques ou des sociétés financières. Tous deux finirent par quitter la Grande-Bretagne pour travailler à l'étranger, Bradbery en Australie et Fior au Portugal.

Pirelli
bloc de dégivrage 1962
[Derek Birdsall]

Mais les graphistes travaillant seuls étaient de plus en plus rares. Au fur et à mesure que la profession de graphiste s'affirmait, ceux qui partageaient un espace de travail, avec un(e) assistant(e) et un(e) secrétaire, étaient plus nombreux. Chaque graphiste conservait son identité et ses propres clients, ce qui n'était pas le cas à la DRU ou chez Brownjohn, Chermayeff & Geismar à New York.

Association des graphistes et des directeurs artistiques
logotype 1963
[Alan Fletcher]

La Designers and Art Directors Association vit le jour en 1963. Ses premières expositions annuelles révélèrent l'influence des idées helvétiques et, de manière plus évidente encore, américaines. Certains exposants, d'origine new-yorkaise, travaillaient à Londres : Paul Peter Piech, par exemple, rejoignit Crawfords, alors dirigé par Ashley Havinden, au milieu des années 1940. Il créa les rares publicités qui, à l'époque, associaient le mot et l'image. Pour le caout-

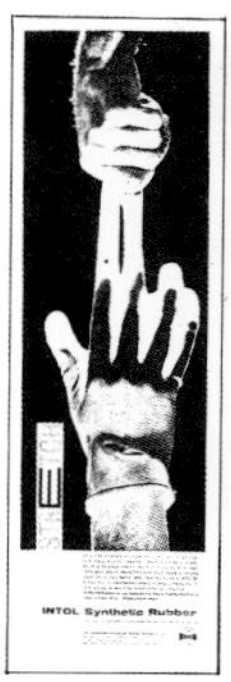

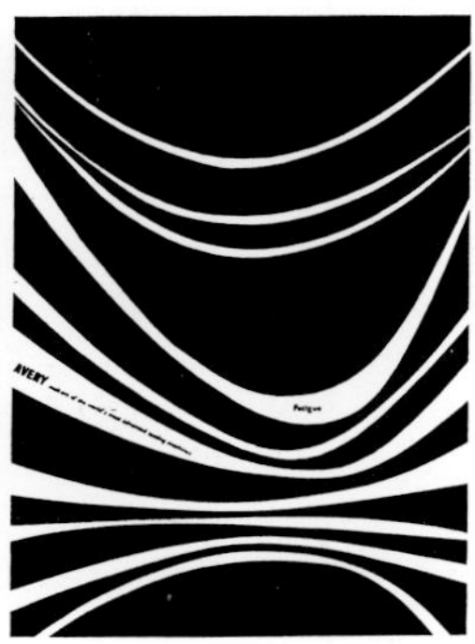

« StrEtch - caoutchouc synthétique Intol »
publicité 1956
[Paul Peter Piech]

« Compression »
appareils de contrôle Avery
publicité 1955
[Paul Peter Piech]

chouc synthétique Intol, il écrasa un des « E » majuscules du mot « squeeze » (presser) pour l'allonger ensuite dans le mot « stretch » (étirer), tout en illustrant l'idée par des photographies à l'éclairage recherché. Pour le fabricant d'appareils de contrôle Avery, il n'utilisa que la ligne de contour et la silhouette pour illustrer les différentes sortes de tests.

Des graphistes new-yorkais, comme Robert Brownjohn, par exemple, connu notamment pour son générique du film *Goldfinger* (1964), et Bob Gill, vinrent exercer leurs talents en Angleterre, et des agences américaines ouvrirent des bureaux à Londres : Doyle, Dane, Bernbach (connus pour leurs « concepts » publicitaires), Papert, Koenig et Lois, et leur directeur artistique, Tony Palladino. Ce dernier était l'auteur d'une campagne particulièrement originale pour les cigarettes Perfectos Finos. Le texte faisait directement référence aux techniques publicitaires traditionnelles et des coupons ainsi que de faux questionnaires étaient utilisés. On y lit par exemple : « Notre dernière publicité vous demandait si nous devions montrer notre paquet de Perfectos. 25 % de nos lecteurs ont répondu "oui". En voici donc 25 %. » Au lieu de montrer le paquet comme produit, seuls figuraient une cigarette, une allumette et le slogan : « Une allumette, une Perfectos, tout est dit. »

publicité 1962
[Tony Palladino / Papert, Koenig, Lois]

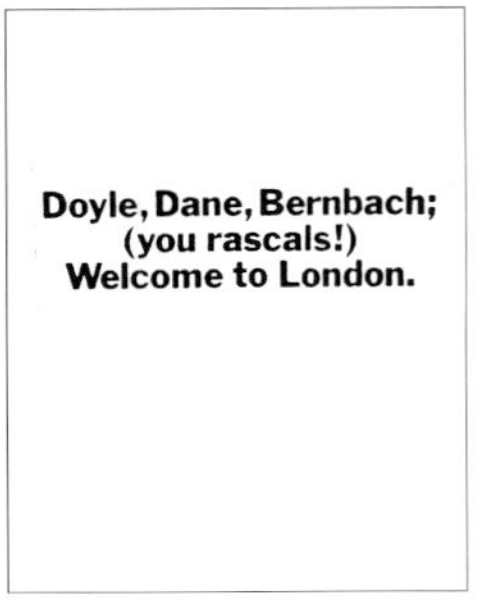

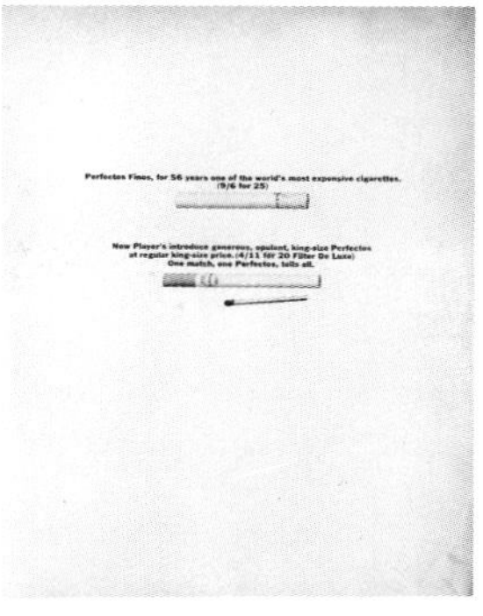

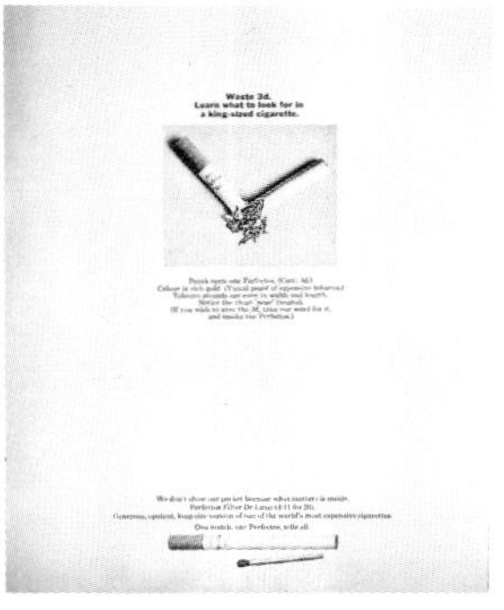

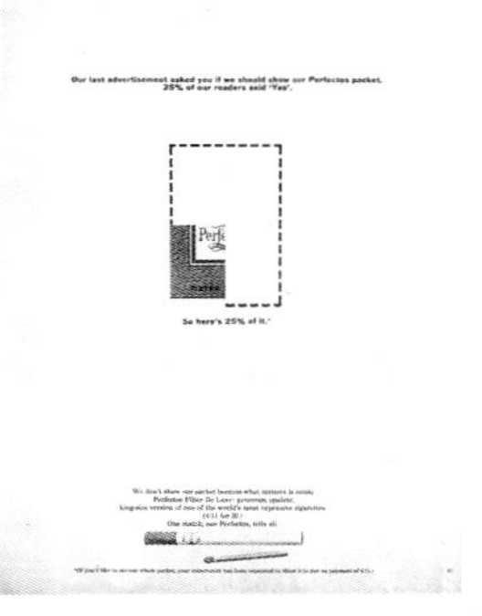

Perfectos
publicité 1967
[Tony Palladino / Papert, Koenig et Lois]

Bob Gill, graphiste confirmé et illustrateur indépendant aux Etats-Unis, s'associa en 1962 avec les Anglais Alan Fletcher et Colin Forbes. Tous deux avaient été les assistants de Spencer, et Fletcher, après une année d'études en troisième cycle à Yale, avait travaillé pour la Container Coorporation et pour *Fortune*.

Parmi les exemples de graphisme que Fletcher, Forbes & Gill proposaient dans leur recueil *Graphic Design : visual comparisons* (1963), plus de la moitié venaient des Etats-Unis et, leurs propres œuvres mises à part, six seulement étaient britanniques. Cela représentait bien « le climat années 1960 » qu'ils souhaitaient illustrer. « Nous pensons que tout problème visuel a un nombre infini de solutions, que beaucoup d'entre elles sont valables et qu'elles devraient toutes venir du sujet en question ; quant au graphiste, il

« Troubadour »
pochette de disque 1967
[Bob Gill]

Pirelli
affiche pour pneus Cintura 1963
[Fletcher, Forbes & Gill]

Pirelli
affiche pour les chaussons 1963
[Fletcher, Forbes & Gill]

REUTERS

Reuters
nouveau logotype 1961
[Fletcher, Forbes & Gill]

ne doit avoir aucun style préconçu. »

Le premier groupe graphique important de cette époque, Fletcher, Forbes & Gill, élabora les identités institutionnelles de sociétés telles que BP, Rank Xerox et Reuters, et conçut des publicités, entre autres, pour Pirelli dont, notamment, une affiche qui représente les passagers de l'étage d'un bus londonien portant tous des chaussons Pirelli. Dans le domaine de la signalisation, Fletcher, Forbes et Gill redessinèrent plusieurs caractères (publiés par la suite dans leur livre *A Sign System Manual*, 1970). Pour BP, leurs lettres s'inspiraient du Futura ; pour Rank Xerox, il s'agissait de grotesques condensées ; pour la signalétique d'aéroport, elles se rapprochaient de l'Helvetica. C'est ce caractère qui servit de base à Jock Kinneir pour le caractère – baptisé Transport – des panneaux des routes britanniques.

La lisibilité relative des panneaux (qu'ils soient exclusivement en capitales ou alternativement en bas et hauts de casse) fut très discutée. Mais l'importance de ces panneaux ne tenait pas tant à la forme des lettres qu'au système modulaire de Kinneir qui permettait de contrôler la chasse en fonction de la largeur des lignes qui indiquaient les directions. Ainsi, le contenu dictait la taille du panneau et non l'inverse.

WOLVERHAMPTON
KEIGHLEY

Wolverhampton
Keighley

proposition pour lettrage
de panneau 1961
[David Kindersley]

ABCDEFGHIJKLMN
OPQRSTUVWXYZ
abcdefghijklmn
opqrstuvwxyz
1234567890¼½¾

panneau indicateur britannique
1964
[Jock Kinneir]

A partir de 1952, la DRU fut chargée de forger un nouveau style maison pour les chemins de fer britanniques. L'abréviation de « Railway » en « Rail » se fit par hasard ; en effet, Milner Gray avait demandé à son équipe de dessiner quelques caractères : « Je leur avais dit qu'il était inutile d'écrire le nom en entier. Quand j'ai vu le nom abrégé, j'ai trouvé que ça ferait un titre bien meilleur et qui permettrait de gagner de l'espace. » Ce nouveau symbole était aussi efficace que celui de London Transport. L'alphabet, adapté de l'Helvetica par Margaret Calvert, correspondait parfaitement au symbole du fait de sa graisse et de sa forme.

Ces nouveaux comportements graphiques se retrouvèrent également sur les couvertures des livres de poche. Tschichold s'était installé en Grande-Bretagne en 1947 et travaillait pour les éditions Penguin. De 1947 à 1949, il établit une nouvelle charte typographique et affina le symbole et les couvertures standardisées. En effet, depuis les années 1930, elles étaient toutes imprimées en Gill Bold, avec des bandes verticales de couleur permettant d'identifier les livres selon leur genre.

Pour concurrencer les autres éditeurs de livres de poche, Penguin introduisit les couvertures en quadrichromie et nomma Abram Games directeur artistique en 1956. La quadrichromie fut abandonnée deux ans plus tard et, après la nomination d'un nouveau directeur artistique, Germano Facetti, en 1960, une grille de couverture fut déterminée pour mieux contrôler le graphisme. Parallèlement, une deuxième couleur pour l'impression en noir et un caractère sans empattements (le Continental) furent adoptés. Un nouveau style maison était né, et deux collections aux couvertures remarquables s'ajoutèrent aux précédentes. La première, Penguin Education, avec Derek Birdsall à la direction artistique, utilisait un fond blanc et un caractère sans sérif condensé, pour faire ressortir le titre imprimé sur le dos de chaque ouvrage. Le graphisme des couvertures, réalisé par un petit groupe de graphistes, était souvent pertinent. Les couvertures de la deuxième collection, Penguin Classics, conçues par Facetti, avaient un fond noir et un titre imprimé en capitales blanches et centrées. L'illustration de couver-

British Rail
symbole 1952
page de manuel graphique
1965 [lettrage Margaret Calvert]
[Design Research Unit]

l'ancien et le nouveau symbole Penguin
1947 [Jan Tschichold]

Penguin Books
collections policiers et essais
grille de couverture 1962
[Romek Marber]

La Société nue
collection Pelican essais-document
couverture de livre 1963
[Derek Birdsall]

La Ville
collection Penguin Education
couverture de livre 1972
[Philip Thompson]

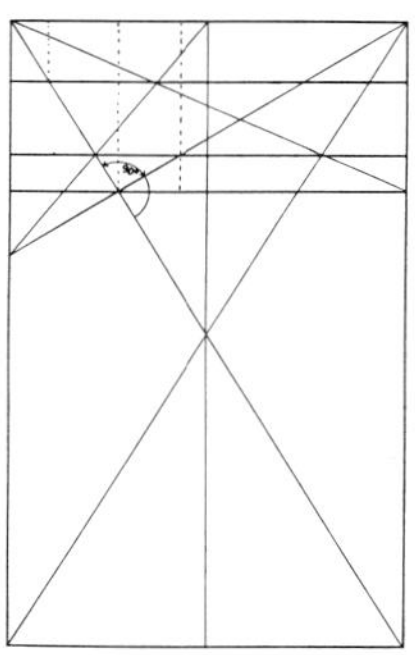

Marc Aurèle *Méditations*
collection Penguin Classics
couverture de livre 1967
[Germano Facetti]

Hadfields
symbole et logotype pour une
entreprise de peinture 1967
[Wolff Olins]

Ocean Oil Company
symbole 1966
[Minale, Tattersfield]

ture, le plus souvent un tableau ou une sculpture, évoquait de manière originale l'époque et l'esprit de l'œuvre.

Les éditeurs étaient les principaux clients des jeunes graphistes indépendants mais, comme aux Etats-Unis, seuls les groupes d'associés pouvaient répondre aux demandes de l'industrie et des affaires qu'engendrait la nouvelle prospérité économique.

Parmi les groupes créés à Londres dans les années 1960, Minale Tattersfield (1964) et Wolff Olins (1965) étaient de ceux dont les clients et les associés allaient et venaient, mais qui, malgré cette mobilité, conservaient leur caractère distinctif. Wolff Olins joua un rôle majeur en réintroduisant le symbole pictural, au détriment de l'envahissant logotype (notamment un renard pour un fabricant de peinture en 1967 et un colibri pour une entreprise en bâtiment en 1971).

Le *Picture Post*, qui disparut en 1957, était très exigent pour ses photographies d'actualité en noir et blanc, mais il isolait chaque élément graphique (titre, photographie, légende et texte) sans presque jamais parvenir à organiser ses doubles pages en un ensemble efficace et cohérent. En revanche, *Contact*, un luxueux magazine culturel et littéraire, mis en pages par Henrion puis par John Denison-Hunt, utilisait des photographies détourées et des cadrages spectaculaires dans des doubles pages d'une grande efficacité. Imprimé en partie sur du papier de couleur, il était influencé notamment par l'*Architectural Review* et par des magazines américains comme *Esquire*.

Les années 1960 virent le lancement (ou la « relance ») de plusieurs magazines ainsi que l'apparition de nombreux maquettistes et directeurs artistiques qui passaient d'un magazine à l'autre. Les titres, le texte, les images et les légendes se mariaient à l'intérieur de doubles pages, donnant à chaque revue sa personnalité propre. Les photographies étaient moins utilisées pour leur valeur documentaire que pour leur qualité graphique. Les contrastes et le grain épais des photos de reportage réalisées dans des conditions de luminosité médiocres devinrent un effet recherché pour la photo de mode.

Les magazines mensuels *Queen* et *Town* témoignaient de la minu-

Queen
double page de magazine 1963
[Tom Wolsey]

tie du travail de leurs directeurs artistiques, notamment Tom Wolsey, concernant la direction de la photographie et l'organisation des illustrations sur la page, l'attention réservée au détail typographique et l'originalité des titres.

La prospérité, l'émergence de la télévision comme support publicitaire et le développement des presses cylindriques en offset (sur des bobines de papier) stimulèrent une demande exigeant plus de couleurs dans la publicité imprimée. En 1962, le *Sunday Times* fut le premier des journaux du dimanche à lancer un supplément couleur. Les graphistes de ces nouveaux magazines purent ainsi familiariser un large public au photo-reportage. Au départ, les maquettes n'étaient qu'une fidèle imitation des magazines américains et les pages de mode s'inspiraient clairement de *Elle*. Puis les photographies prises en studio et les illustrations, commandées par le directeur artistique, commencèrent à détrôner le texte. Cartes, tableaux et diagrammes, auxquels les lecteurs de journaux populaires, comme le *Daily Express*, étaient déjà familiers, y firent également leur apparition, mais en gagnant en lisibilité grâce à la couleur.

Des publications extrêmement documentées, telles que *History of the 20th Century*, paraissaient en « feuilletons » hebdomadaires, et présentaient une iconographie et des techniques d'illustration d'une excellente qualité.

Daily Express
chapeau de colonne 1961
[Raymond Hawkey]

Sunday Times
« Dictionnaire de la révolution (de 1917) »
doubles pages de magazine 1967
[directeur artistique Michael Rand]
[graphiste David King]

Les suppléments du dimanche étant gratuits pour les lecteurs du journal, ils assuraient ainsi aux annonceurs une large diffusion, et, grâce à la technique d'impression, ils offraient des reproductions en couleurs d'excellente qualité. Le nombre des pages en couleurs dépendait du nombre de pages de publicité vendues. Le déroulement d'un article sur plusieurs pages était lié aux besoins de l'annonceur. Dans les années qui suivirent, sous la direction artistique de Michael Rand, le *Sunday Times Magazine* décida de publier le plus de pages possible sans publicité et de faire paraître celles-ci uniquement sur les pages vers la fin du magazine, là où les articles se poursuivaient. Vers le milieu des années 1960, le *Sunday Times Magazine* publiait de plus en plus d'articles d'investigation et utilisait des techniques spécifiques : il gardait, par exemple, la légende originale, reçue par télex, pour accompagner une photo volontairement non retouchée.

A partir du milieu des années 1960, il devint souvent difficile de distinguer les pages rédactionnelles des pages de publicité. A l'opposé, le directeur artistique du magazine allemand *Twen* n'envoyait ses journalistes à l'étranger qu'après leur avoir montré la maquette détaillée de leur reportage.

Le graphisme de *Twen* eut une influence déterminante – notamment sur le mensuel féminin *Nova*, qui fut lancé en 1965. Ses titres étaient composés dans un caractère victorien extra-gras en capitales entassées et pouvaient ainsi rivaliser avec les couvertures d'*Esquire* de Lois.

« This Is Tomorrow »
pages de catalogue 1956
[Edward Wright]

Les images publiées dans les magazines (le matériau brut des collages des dadaïstes) attiraient de plus en plus l'attention des artistes. Cet intérêt s'exprima lors de l'exposition « This Is Tomorrow » qui eut lieu à la Whitechapel Gallery, à Londres, en 1956. Edward Wright, ancien adepte d'Elfer chez Crawfords, en conçut le catalogue. La couverture présentait des caractères très étroits, imprimés en sérigraphie. Les pages, reliées en spirale, furent parmi les premières à être imprimées en lithographie offset à partir de caractères reprenant ceux produits par une machine à écrire. Wright travaillait là dans l'esprit d'improvisation des magazines alternatifs des années 1960 et son catalogue annonçait les débuts du pop art et les célèbres collages de Richard Hamilton. Egalement graphiste, Hamilton avait créé, en 1956, un symbole très efficace pour une nouvelle société de télévision, Granada (en totale opposition avec celui élaboré par Games pour la BBC).

Granada Television
symbole 1956
[Richard Hamilton]

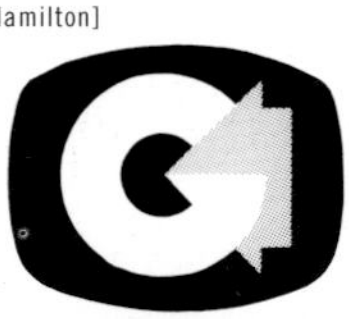

BBC Television
symbole années 1950
[Abram Games]

Les génériques, les crédits et les bandes annonces d'émissions prenaient de plus en plus de place sur les écrans. L'utilisation des graphiques pour les prévisions météorologiques, les émissions éducatives, la présentation et la comparaison de statistiques, surtout en période électorale, entraîna la multiplication d'ateliers graphiques au sein même des chaînes de télévision. Des illustrations et lettrages les plus simples placés devant la caméra dans les années 1950 aux séquences animées, sophistiquées et rivalisant d'originalité, des années 1960 – comme le générique de la série diffusée sur la BBC, « Doctor Who » (1963) –, les techniques utilisées dans ces départements connurent une évolution extraordinaire. Dans la période qui précéda l'arrivée de la couleur, la petite taille des écrans de télévision exigeait des images réduites à l'essentiel ; les délais très courts dictés par la production et le caractère rudimentaire du matériel favorisaient une création quelque peu improvisée d'images en mouvement. Leur effet reposait également beaucoup sur la présence du son.

La télévision et les « industries de la communication » avaient sorti le graphiste de son atelier pour l'installer dans des bureaux où « les solutions graphiques » devaient être discutées en équipe. Le problème de la reconnaissance de la profession était toujours à l'ordre du jour. En 1963, à Londres, un groupe signa un manifeste déplorant l'adulation de ceux qui avaient « vendu leur talent et leur imagination pour vanter des produits de consommation. Nous pensons qu'il existe d'autres champs d'activité pour l'exercice de nos talents et de notre expérience ». C'était un appel à reconsidérer des domaines d'information autres, définis dans la colonne de gauche du tableau de Schwitters (page 56).

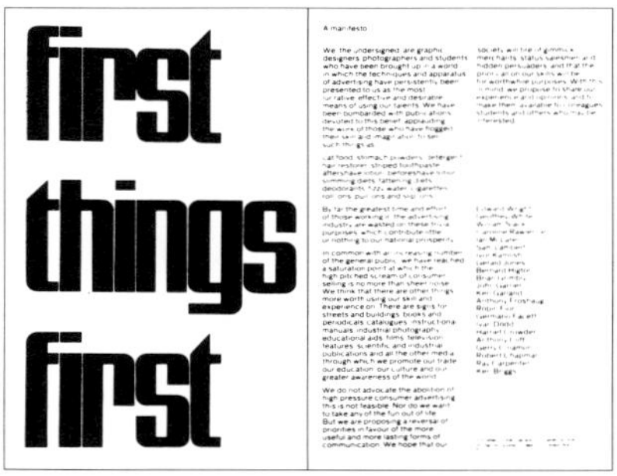

« Les premières choses en premier » manifeste 1964 [Ken Garland]

Depuis 1933, en Grande-Bretagne, la Society of Industrial Artists, avait pour objectif de servir les intérêts des professions du design en général. Le groupe le plus représenté était celui des artistes publicitaires. La Grande-Bretagne avait pris une initiative majeure en créant en 1963, l'ICOGRADA, le Conseil international des associations d'arts graphiques. Au cours des années suivantes, grâce à des conférences, des rencontres, des concours réservés aux étudiants et des séminaires, l'ICOGRADA aida les graphistes à prendre conscience de leur rôle dans une communauté élargie.

campagne pour le désarmement nucléaire affiche 1965 [Ken Garland]

Doctor Who générique de série télévisée 1967 [BBC / Bernard Lodge]

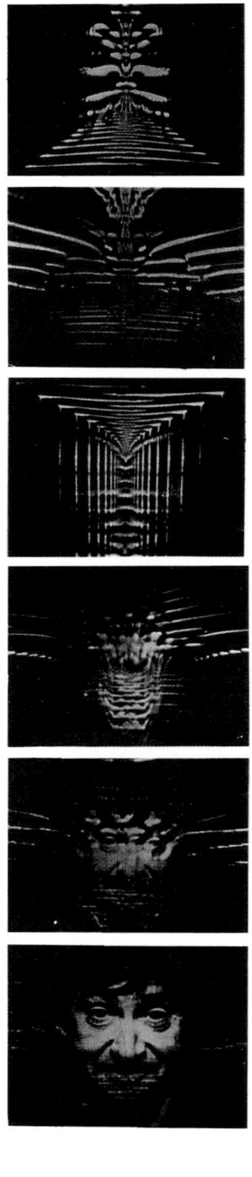

L'Allemagne

Dans un pays ravagé par la guerre et séparé entre l'Est et l'Ouest, une dizaine d'années furent nécessaires pour que les arts graphiques refassent surface. Une section arts graphiques existait toujours à l'Ecole des arts libres et appliqués de Berlin, fondée en 1919 par le pionnier du packaging, Otto Hadank. Lui-même y enseigna jusqu'en 1949, et il fut cofondateur du Bund Deutscher Gebrauchsgraphiker (BDG), grâce auquel l'Allemagne devint membre de l'ICOGRADA. D'autres graphistes majeurs ayant survécu au conflit enseignaient dans différentes régions d'Allemagne : F. H. Ehmcke à Munich, Hans Leistikov à Kassel et Max Burchartz à Essen. Anton Stankowski, le plus entreprenant de tous, resta très influent jusque dans les années 1980. Etudiant de Burchartz à la fin des années 1920, il avait été, dans les années 1930, l'un des défenseurs les plus opiniâtres de la « publicité objective ». Après la guerre, il devint directeur de la photo de l'hebdomadaire *Stuttgarter Illustrierte*, où il fut rapidement nommé rédacteur en chef.

ci-dessous, à droite
Stuttgarter Illustrierte
affiches 1951
[Anton Stankowski]

Lorenz
publicité v. 1952
[Anton Stankowski]

Lorenz
symbole pour calendriers
et publicités 1955
[Anton Stankowski]

Lorenz / SEL
symbole
1954
[Anton Stankowski]

Il conçut de petites affiches qui étaient livrées aux marchands de journaux lors de chaque parution. Mises en pages dans la nuit et lithographiées le lendemain en deux couleurs, elles résumaient le sujet essentiel du numéro en un dessin, accompagné de quelques lignes de texte et de la manchette de la revue. Il réalisa également des dizaines de symboles et de logotypes.

Présentée dans plusieurs livres, son approche prônait une participation active à la recherche. Ainsi, les graphistes devaient suivre l'évolution permanente des idées scientifiques et des inventions techniques, pour être capables de les représenter. Dans les années 1950, Stankowski démontra la qualité de son travail dans une série de publicités pour la société électronique Lorenz. L'abstraction de leur dessin résultait des recherches visuelles entreprises par Stankowski devant son chevalet de peintre.

L'utilisation du dessin géométrique fut reprise par de nombreux graphistes, notamment Harald Gutschow pour les aciers Mannesmann et Herbert Kapitzki pour Porsche. Kapitzki, ancien étudiant d'un autre typographe-peintre, Willi Baumeister, enseignait à l'école de design d'Ulm, la Hochschule für Gestaltung, dont les bâtiments inaugurés en 1951, avaient été conçus par Max Bill, son premier directeur. Elle fut importante moins pour ses réalisations graphiques que pour sa réflexion sur le métier. L'école s'intéressait à des méthodes qui reprenaient la logique mathématique pour résoudre des problèmes conceptuels. Elle développait un système critique et un langage pour analyser la communication visuelle. Quelques emprunts furent faits à la linguistique, pour élaborer la notion de rhétorique visuelle, et à la sémiotique (la science des signes) pour l'analyse des publicités.

« Approche scientifique du mysticisme »
affiche pour une conférence v. 1956
[Otl Aicher]

Parmi son personnel figurait Vordemberge-Gildewart et, du moins au début, le Britannique Anthony Froshaug, dont la créativité typographique se trouvait entravée par la rigidité d'un alignement au fer à gauche implacable. En 1962, le président de la section de communication visuelle, Otl Aicher, se servit de cette approche systématique pour une affiche de la Lufthansa, dont le résultat fut une maquette de style parfaitement suisse, ou « Style international », avec des caractères en Helvetica. Mais Aicher se démarquait lorsqu'il insistait sur le fait que la publicité d'une entreprise était le prolongement de son identité. La ligne graphique de la Lufthansa resta immuable pendant plusieurs décennies. « Le pouvoir de persuasion d'une image se trouve dans le détail », disait Aicher. Il exprima de nouveau cette conception dans les pictogrammes réalisés pour les Jeux Olympiques de Munich, en 1972 (voir p. 201), où même les athlètes utilisés pour symboliser chaque sport étaient dessinés à partir d'un système de grille octogonale.

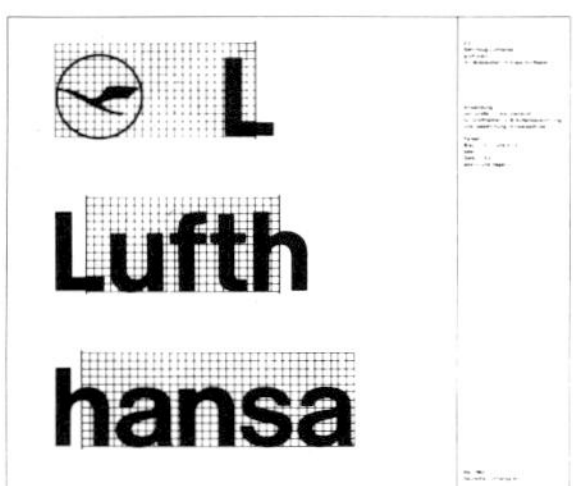

Lufthansa
symbole et logotype
extraits d'un manuel typographique 1963
[Otl Aicher / Entwicklung 5 / HfG Ulm]

Publiée pour la première fois en 1959, le mensuel *Twen* constitua l'apport stylistique majeur de l'Allemagne de l'Ouest au niveau international. *Twen* s'adressait à la jeunesse dorée du renouveau économique allemand. Elle mêlait des photographies de nus, de pop stars et de vedettes de cinéma à des reportages sur l'actualité sociale et culturelle. Son directeur artistique, Willi Fleckhaus, utilisait une grille de colonnes très étroites pour plus de souplesse : les lignes de texte pouvaient aller d'un bord à l'autre de la page ou ne constituer qu'une étroite colonne d'un douzième de la largeur totale. Une petite trompette gravée ponctuait chaque page. La maquette de Fleckhaus consistait à opposer les contraires : symétrie et asymétrie, titres en linéales noires chapeautant un texte en Times, grandes photographies sur fond blanc alternées avec d'autres plus petites, sur fond noir, et doubles pages en couleurs. Une telle manipulation du texte et de l'image, teintée d'un hédonisme en vogue, marqua l'époque où les exigences de la consommation de masse et les objectifs du graphiste s'accordaient avec harmonie.

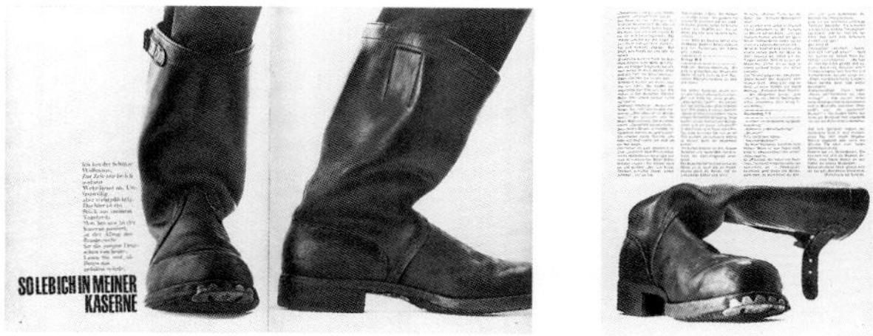

Twen
pages de magazine et sommaire
1964
[Willy Fleckhaus]

ci-dessous
Poste allemande
publicité 1959
[Michel & Keiser]

à droite
colle Uhu
publicité 1958
[Michael Engelmann]

extrême droite
Salvatore Giuliano
film publicitaire 1963
[Hans Hillmann]

Fleckhaus employait aussi bien des photographes que de jeunes illustrateurs allemands, dont Hans Hillmann – qui se servait d'extraits de film pour ses publicités –, Gunther Michel et Hans Kieser. En dehors de leurs affiches de film ou de festival de jazz, ils conçurent, pour une série de publicités destinées à la Poste, des dessins en ombres chinoises au tracé original, associés, par collage, à des gravures anciennes. Michael Engelmann fit appel au même procédé de la silhouette, encore plus simplifié, pour la colle Uhu.

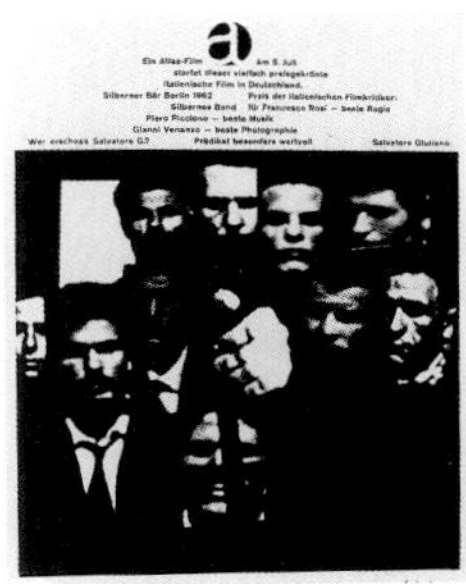

C'est Engelmann qui, à son retour des Etats-Unis en 1949 et après avoir travaillé à Amsterdam et à Milan, reprit le style du magazine *Twen* – photographies détourées et caractères sans empattements de style suisse – pour une série d'affiches et de publicités pour les liqueurs Bols et les cigarettes Roth-Händle. Très formelles, ces affiches supprimaient toute perspective et excluaient tout ce qui ne concernait pas directement l'idée.

liqueur Bols
publicité 1962
[Michael Engelmann]

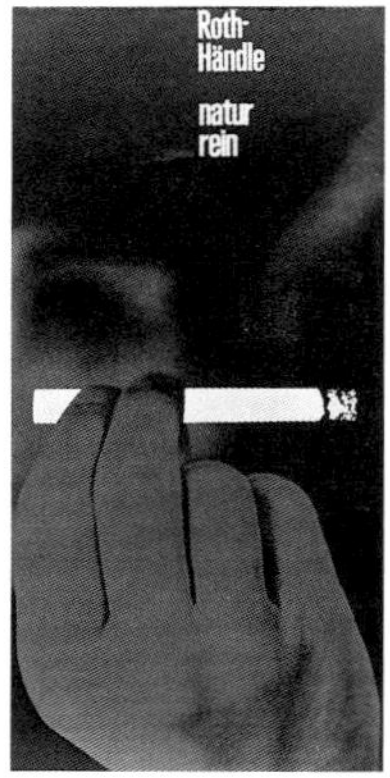

cigarettes Roth-Händle
affiche 1962
[Michael Engelmann]

Les publicités pour Bols montraient le bas d'un visage de profil. Le nez, juste au-dessus d'un verre, hume l'arôme du breuvage, placé au niveau des lèvres. L'absence des yeux concentre l'attention sur l'odorat et le goût, sens qui permettent d'affirmer que le produit est bien *unverkennbar* (reconnaissable entre cent).

Randolectil
publicité Bayer
1964
[Graphicteam]

« 300 gélules de Natabec »
publicité pour Parke Davis 1967
[Pierre Mendell & Klaus Oberer]

Par la suite, la publicité pour Bols associa le texte au produit par le simple alignement des mots sur le bord gauche de la bouteille. Les images utilisées étaient diverses photographies très soignées, représentant la bouteille et des verres avec, en silhouette, différentes sortes de chaises (tour à tour une chaise de style, un fauteuil de bureau et une chaise longue de jardin) évoquant les diverses situations dans lesquelles l'on pouvait apprécier un verre de Bols. Elles étaient réalisées par Pierre Mendell et Klaus Oberer, associés dans un tout nouveau cabinet d'art graphique. Leur emballage pour un remède contre la toux (Chat dans la gorge) en 1964 et les publicités pour les produits pharmaceutiques Parke Davis en 1967 furent considérés comme les nouveaux classiques du Style international.

Chat dans la gorge
emballage de remède contre la toux 1964
[Pierre Mendel & Klaus Oberer]

Comme dans d'autres pays, l'industrie chimique était l'un des principaux clients des graphistes. En Allemagne, elle participa au développement d'un autre groupe créé dans les années 1960, Graphicteam, constitué de cinq graphistes employés, à l'origine, par la société Bayer. Ce sont eux qui élaborèrent la ligne visuelle de la télévision ouest-allemande (Westdeutsches Fernsehen), dont la géométrie reprenait la ten-

télévision ouest-allemande
symbole et logotype 1965
[Graphicteam]

dance à l'abstraction linéaire de Stankowski à Stuttgart. La qualité typographique du livre en Allemagne reposait sur les règles de composition établies par des graphistes tels que Renner et Tschichold dans les écoles d'imprimerie d'avant-guerre, et grâce auxquelles les mots et les lignes de caractères étaient correctement espacés, un aspect souvent négligé dans d'autres pays (particulièrement en France). L'Allemagne bénéficiait aussi de fondeurs dynamiques comme Bauer, Berthold, Stempel et Weber, ainsi que de créateurs de caractères comme Georg Trump ou Hermann Zapf, dont le célèbre Optima parut en 1958 (il fut d'ailleurs accueilli avec mépris par les graphistes qui le surnommèrent « Pessima »). Zapf élabora, lui aussi, une série de règles typographiques dans son *Manuale Typographicum*, publié en 1968.

L'Allemagne de l'Est dépendait, elle, des méthodes traditionnelles des imprimeries de Leipzig. En Tchécoslovaquie et en Hongrie, pays où avaient œuvré d'importantes avant-gardes entre les deux guerres, la tradition de l'affiche née au début du siècle était toujours vivante mais, en l'absence de concurrence commerciale, les affiches servaient essentiellement à annoncer les événements culturels.

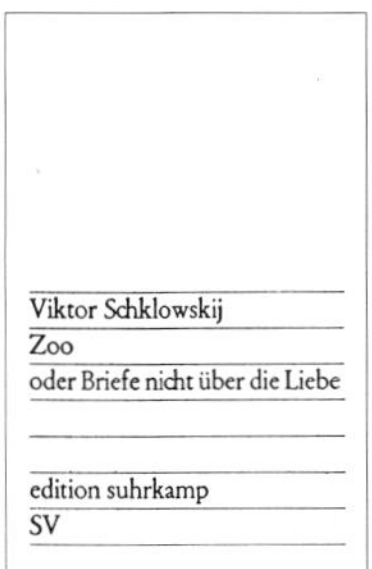

éditions Suhrkamp
couverture des livres de poche 1964
[Willy Fleckhaus]

Recherches en communication
éditions Fischer collection
« Le monde en mouvement »
couverture 1962
[Wolf D. Zimmermann]

La Révolution chinoise
éditions DuMont collection
livres de poche / documents 1962
[Ernst Brücher]

La Daphnis du berger
éditions DTV
couverture 1961
[Celestino Piatti]

L'Allemagne innova dans le domaine du graphisme de livres de poche. La standardisation d'ouvrages au sein d'une collection apparut dans les années 1950 avec les Bücher des Wissens (Livres de la connaissance) de Fischer. Pour identifier sa collection, Fischer plaçait sa marque d'éditeur en évidence sur les couvertures, tandis que d'autres préféraient l'utilisation d'une même mise en pages et d'un caractère unique pour homogénéiser leur collection. Dans les années 1960, le Suisse Celestino Piatti conçut les couvertures de DTV (Deutscher Taschenbuch Verlag) en se servant d'illustrations en couleurs et de lettres noires sur un fond blanc. Les couvertures des romans policiers de Signum étaient toujours en noir et rouge, celles de Rowohlt en noir et blanc, et celles de Suhrkamp, conçues par Fleckhaus, étaient dans une gamme de couleurs unies vives avec les titres en Garamond, alignés au fer à gauche. Les jaquettes des livres reliés, quant à elles, allaient de la géométrie de l'Ecole d'Ulm à la liberté graphique caractéristique des créateurs polonais.

La Pologne

Réputée pour ses affiches de film, la Pologne avait réussi à imposer un style graphique national au cours des deux décennies qui suivirent la Seconde Guerre mondiale. Teinté de culture populaire, ce style devait beaucoup à Cassandre et prenait corps dans l'œuvre de Tadeusz Gronowski. Son affiche pour la lessive Radion – un chat noir sautant dans un baquet dont il ressortait tout blanc – avait remporté le Grand Prix de l'exposition des Arts décoratifs de Paris, en 1925.

lessive Radion
publicité 1925
[Tadeusz Gronowski]

extrême gauche
Chapaev
affiche de film 1947
[Mieczyslaw Berman]

Les Héros septembristes
affiche de film 1948
[Roman Cieslewicz]

Les affiches étaient modernes mais ne comportaient aucune trace de l'avant-garde polonaise des années 1930 : une avant-garde à l'esprit constructiviste, marquée par la typographie d'Henryk Berlewi, par les revues *Blok* et *Praesens*, mises en pages par Wladislaw Strzeminski et Henryk Stazewski, et par les photomontages de Mieczyslaw Szczuka (mort en 1927) et de Mieczyslaw Berman. Berman survécut à la guerre et devint l'un des premiers leaders de la nouvelle affiche polonaise.

Les différentes réalisations graphiques étaient généralement faites d'illustrations peintes et de lettres dessinées. Parfois d'un réalisme simple et direct, ces graphismes pouvaient être tour à tour décoratifs, expressionnistes, voire même surréalistes, oniriques ou souvent cauchemardesques. Les plus importants chefs de file de l'après-guerre, Berman mis à part, s'appelaient Tadeusz Trepkowski, Henryk Tomaszewski, Jan Lenica, Waldemar Swierzy, Julian Palka, Eryk (Henryk) Lipinski, Wojciech Fangor, Roman Cieslewicz, Wojciech

Le Salaire de la peur
affiche de film 1954
[Jan Lenica]

Deux sous d'espoir
affiche de film 1957
[Waldemar Swierzy]

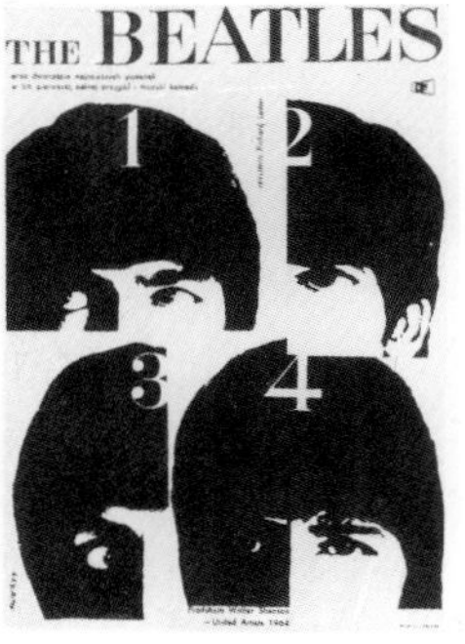

Les Beatles *(A Hard Day's Night)*
affiche de film 1964
[Waldemar Swierzy]

Nafta
affiche de film 1962
[Roman Cieslewicz]

Zamecznik et Stanislaw Zamecznik. Ils produisirent plus de deux cents affiches de film par an, sous le patronage de l'agence d'Etat Wydawnictwo Artystyczno-Graficzne (WAG). Leurs travaux, réalisés dans le cadre d'une culture subventionnée et rendus publics par le magazine *Projekt*, devinrent un support d'éducation artistique populaire. Le directeur artistique de WAG, Josef Mroszczak, avait enseigné avec Tomaszewski à l'Académie des beaux-arts de Varsovie. Eux et leurs collègues bénéficiaient d'une liberté encouragée dans d'autres pays d'Europe de l'Est, en particulier en Tchécoslovaquie et en Hongrie, lesquelles avaient hérité, comme la Pologne, d'une véritable tradition de l'affiche et avaient vu se développer, avant l'avènement du totalitarisme, des avant-gardes créatives.

La reproduction lithographique permit à leur graphisme d'être plus convaincant. Des annotations faites à la main laissaient deviner la présence du graphiste, ce manipulateur de plus en plus répandu se cachant derrière les caractères typographiques, les photographies anonymes et les constructions géométriques. Cette tradition survivait également en France avec des affichistes comme Savignac. A partir de 1963, Lenica travailla en France et Cieslewicz s'installa définitivement à Paris. Et c'est dans cette ville, dans les années 1970, que fut absorbée et transformée cette tradition par le groupe Grapus, pour pouvoir transmettre plus d'informations et une argumentation plus solide.

L'Eté avec Monica
affiche de film 1960
[Wojciech Zamecznik]

Les Pays-Bas

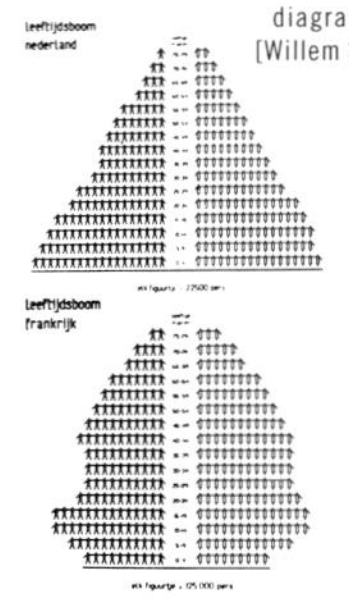

diagramme 1932
[Willem Sandberg]

Willem Sandberg fut le graphiste hollandais le plus éminent sur le plan international durant les deux décennies qui suivirent la guerre. Autodidacte, il avait travaillé en Suisse et avait ensuite fréquenté le Bauhaus de Weimar avant d'étudier à Vienne le système Isotype d'Otto Neurath. Cet itinéraire l'amena naturellement aux arts graphiques et, dans les années 1930, il travailla pour les PTT de La Haye et les musées municipaux d'Amsterdam.

Sous l'occupation allemande, de nombreux imprimeurs et graphistes se lancèrent dans l'imprimerie clandestine et la fabrication de faux documents. Alors qu'il vivait caché, Sandberg conçut la première de ses 19 *experimenta typographica,* faites de collages illustrant graphiquement de courtes citations. L'accent était mis sur certaines parties du texte grâce à des caractères contrastés et grâce au positionnement et à l'espacement des lignes. Sandberg s'intéressait également aux possibilités ornementales de chaque lettre et tout particulièrement à la valeur des blancs.

Le premier de ces fascicules fut composé et imprimé secrètement en 1944. Les *experimenta* établissaient un style que Sandberg utilisa pendant de nombreuses années pour les affiches et les catalogues qu'il réalisa pour le Stedelijk Museum d'Amsterdam, dont il fut conservateur de 1937 à 1941, puis directeur de 1945 à 1962. Il réalisait les couvertures des catalogues avec du carton et du papier d'emballage et utilisait des caractères gigantesques. Le raffinement du texte composé en drapeau contrebalançait ces incongruités de texture et de dimension. Un texte de 1969 intitulé « impression chaude » résume bien cette approche :

je n'aime pas
le luxe en typographie
l'utilisation de l'or
ou du papier glacé
je préfère l'âpreté
le contour et la surface
de formes déchirées

nu Kwadraat-Bladen
couverture et double page 1959
[Willem Sandberg]

carte de Nouvel An
Stedelijk Museum 1963
[Willem Sandberg]

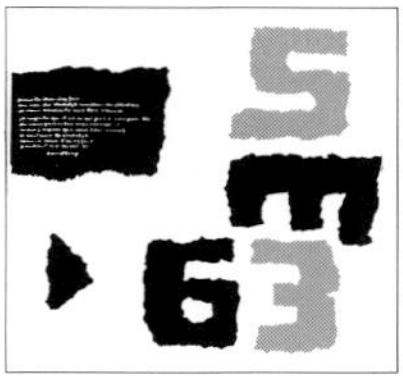

Sandberg se servait du sens des mots et de la syntaxe des phrases pour établir leur position sur la page, terminant une ligne de texte là où le sens le permettait. Il créait lui-même ses illustrations, et parfois ses caractères typographiques, à partir de formes découpées utilisées comme pochoirs. Ces techniques étaient souvent empruntées à Werkman (voir p. 73), avec lequel Sandberg partageait le refus des méthodes commerciales au profit d'une approche directe et même provocatrice. En 1966, dans son numéro de Noël, la revue spécialisée *Drukkersweekblad* publia un compte rendu illustré de l'histoire de la signalisation et de la communication qui démontrait très clairement la valeur exceptionnelle de la typographie de Sandberg. Ces pages, composées en Gill, associaient des images faites de papiers déchirés, des détails de tableaux et les signatures des artistes ainsi que des photographies de panneaux de signalisation pour la plupart prises par Sandberg lui-même.

L'œuvre de Sandberg se caractérisait par la simplicité et l'improvisation ; s'il choisissait, pour les grands titres, les caractères gras sans sérif du XIXe siècle ou les égyptiennes, ils se servait également d'une grande variété de polices. Pour une même œuvre, il décidait de tout composer en capitales ou en bas de casse. Cette particularité était à peu près tout ce qui subsistait du dogme avant-gardiste des années 1930.

Parmi les membres de cette avant-garde, Schuitema et Zwart travaillaient et enseignaient toujours. Un autre membre éminent du Ring neuer Werbegestalter, Vordemberge-Gildewart, s'était quant à lui établi depuis 1938 à Amsterdam où il concevait des emballages pour des succédanés de produits alimentaires, ainsi que des recueils de poésies. L'un de ses plus beaux ouvrages était dédié à la mémoire de Frans Duwaer, l'imprimeur des œuvres clandestines de Sandberg et de Vordemberge, qui fut exécuté pour ses activités illicites. Les pages du livre étaient faites à partir de caractères en plomb et de clichés détourés, une technique que Vordemberge développa dans son travail pour la revue d'architecture *Forum*, au début des années 1950.

« Thema »
emballage de succédané de thé
v. 1941
[Friedrich Vordemberge-Gildewart]

à f.d. (Frans Duwaer)
de la part de ses amis
page de livre 1945
[Friedrich Vordemberge-Gildewart]

Forum revue d'architecture
couverture 1952
[Friedrich Vordemberge-Gildewart]

Une abstraction radicale persistait néanmoins dans les décorations géométriques des vitrines, mises en scène en 1950 par Vordemberge, pour les magasins Bijenkorf. Vordemberge affirmait qu'elles offraient un fond neutre aux produits exposés, mais ces vitrines ne plurent guère. Une certaine distance avait déjà été prise par rapport au modernisme austère d'avant-guerre, notamment par Zwart lui-même. Dick Elffers, ancien assistant de Schuitema et de Zwart, commençait à remplacer la photo par le dessin au trait. Après la guerre, ce style se métamorphosa en un style expressionniste, comme en témoigne son affiche pour une exposition de 1946, « Weerbare Democratie » (La Démocratie défendable) : la fusion du civil et du soldat dans un même personnage emploie une technique surannée, comparée aux combinaisons surprenantes des collages d'Heartfield ou à la fusion de deux images réalisée à l'aérographe par Abram Games à la même époque.

« La Démocratie défendable »
affiche d'exposition 1946
[Dick Elffers]

Rayon Revue
couverture de magazine 1948
[Otto Treumann]

Paradoxalement, l'œuvre typographique d'Elffers et celle de Wim Brusse, de format plus petit, respectaient la tradition d'élégance de la génération précédente, représentée par le créateur de caractères Jan Van Krimpen. En 1957, le dessin d'Elffers pour le timbre Europa correspondait bien à l'approche prudente des PTT, une administration contrainte à collaborer avec l'occupant. Le modernisme revint cependant en 1964, avec les timbres photographiques de Cas Oorthuys et, l'année suivante, avec les trois timbres bordés de noir réalisés par Otto Treumann pour la célébration du vingtième anniversaire de la libération. De 1946 à 1959, Treumann réalisa également la mise en pages de la *Rayon Revue*. D'autres magazines « maison » du même ordre, édités par de grosses entreprises, prouvaient la résurgence du commerce et de l'industrie ; le groupe multinational Philips en publiait deux : *Contact*, conçu par Elffers, et *Range*, avec une mise en pages d'Alexander Verberne et Ton Raateland.

La reprise économique engendra un besoin urgent de graphistes, de catalogues, de publicités et de styles maison, ou images d'entreprise. En 1963, Treumann et le Britannique George Him créèrent un des symboles commerciaux les plus réussis : destiné à la compagnie aérienne israélienne El Al, il était à la fois composé en lettres

« Sonsbeek '52 »
affiche d'exposition 1952
[Otto Treumann]

El Al
logotype 1963
[George Him et Otto Treumann]

Steendrukkerij de Jong
symbole 1959
[Pieter Brattinga]

romaines et en hébreu. A la même époque, la KLM, doutant de la valeur des graphistes de son propre pays, se tourna vers Henrion, en Grande-Bretagne, pour lui confier sa ligne graphique. Le graphisme néerlandais était pourtant bien diffusé à l'étranger, tant par l'œuvre de Sandberg qu'à travers les Kwadraat-Bladen. Ces dernières furent publiées de 1951 à 1974 par Steendrukkerij de Jong, imprimeurs à Hilversum. Conçues et éditées par Pieter Brattinga, fils du propriétaire, elles consistaient en des dépliants carrés réalisés sur des thèmes liés au design et jouissaient d'une large diffusion à l'étranger. Le carré servait de motif de base aux affiches, qui reposaient sur une grille de cinq carrés de haut par trois de large.

« L'homme responsable
du graphisme des PTT »
affiche d'exposition 1960
[Pieter Brattinga]

« nouvel alphabet » pour ordinateur
1967
[Wim Crouwel]

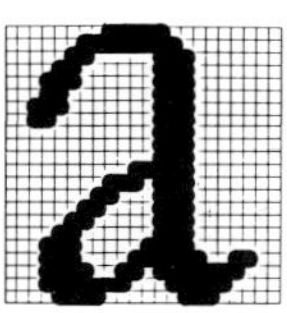

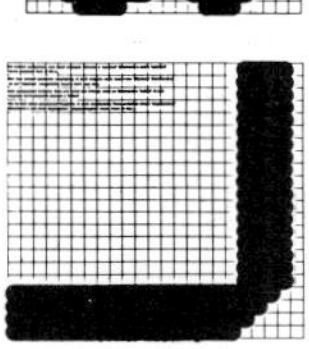

« a » bas de casse traditionnel numérique
« a » bas de casse du « nouvel alphabet »
1967
[Wim Crouwel]

La grille qui devait influencer dans les années 1960 la nouvelle génération de graphistes fut utilisée avec succès par Wim Crouwel. L'approche de Crouwel était radicalement différente de celle d'Elffers. Si les affiches d'Elffers avaient quasiment l'odeur de la peinture, celles de Crouwel semblaient, elles, ne rien devoir à la main de l'homme. Crouwel élargit l'utilisation de la grille pour répondre aux nouveaux moyens électroniques de création d'images. Pour les Suisses, la grille aidait seulement le graphiste à organiser les unités typographiques rectangulaires, mais Crouwel la transforma en matrice de base pour construire les lettres elles-mêmes. Bien que son « nouvel alphabet » fût aussi remarquable pour son illisibilité que pour son ingéniosité, il montrait la perspicacité de Crouwel face à l'arrivée de l'ordinateur qui allait transformer la façon de créer et de reproduire les mots et les images. En effet, les lettres de son alphabet ne seraient pas déformées par l'affichage informatique. Mais dans les faits, c'est la technologie qui se perfectionna au point de permettre la reproduction du trait le plus fin d'un caractère traditionnel avec une précision jamais atteinte auparavant.

Total Design, le premier groupe graphique créé aux Pays-Bas, fut fondé en 1963 par Crouwel et quatre de ses collègues. Il était « total » car il comprenait le design industriel – ce qui se révéla être un avantage pour sa première commande institutionnelle. Il s'agissait de renouveler l'identité graphique et l'aménagement des stations-service de la compagnie pétrolière PAM. Puis, en 1965, on demanda à Total Design de formuler diverses propositions en vue d'un « système signalétique » pour l'aéroport Schiphol d'Amsterdam. Dirigé par Benno Wissing, ce fut l'un des premiers projets d'une telle envergure. Ses lettres sans empattements et les flèches assorties servirent de prototype à la signalétique des métros de Milan, New York et Tokyo, et des réseaux de transports publics de nombreuses régions du monde.

PAM (Steenkolen Vereeniging
logo et symbole
1964 [Total Design]

aéroport de Schiphol
panneau signalétique 1967
[Benno Wissing / Total Design]

Total Design devint une entreprise importante, constituée de plusieurs équipes. L'homogénéité et la cohérence étaient encouragées par une standardisation des formats et des processus. Les catalogues réalisés pour le Stedelijk Museum, par exemple, étaient tous conçus à partir d'une même grille standard et d'un seul et même caractère afin que, quel que soit le responsable du catalogue, le graphisme conserve le style spécifique des publications du musée. La rectangularité du graphisme hollandais (remise en question par Zwart dans les années 1930 et réintroduite par Total Design) allait disparaître face à diverses pressions sociales et l'émergence de technologies nouvelles. Une autre façon de s'exprimer allait naître grâce aux nouvelles techniques photographiques et informatiques, libérant les graphistes de la contrainte du rectangle.

Psychédélisme, contestation
et nouvelles technologies

18

La fin des années 1960

Dans les années 1960, on considéraient que le rôle du design graphique était de résoudre les problèmes de communication. Les médias populaires présentaient le graphisme exactement comme la mode, c'est-à-dire comme une discipline ou un phénomène préoccupés par l'esthétique et désireux d'être au goût du jour voire avant-gardistes. Parce que le design graphique est visuel, il suit les modes, mais l'évolution de son style résulte essentiellement de pressions diverses exercées par les progrès technologiques mais aussi par les médias et la société. Et comme il est aussi verbal, il est source d'intérêt pour les universitaires effectuant des recherches sur le rôle social des moyens de communication. En 1958, le Canadien Marshall McLuhan entreprit une analyse de la publicité et élabora l'idée que « le médium est le message ». Il affirma que « les sociétés ont toujours été façonnées plus par la nature des médias par lesquels les hommes communiquent que par le contenu de cette communication ».

Selon lui, la tradition typographique, née avec Gutemberg, a créé certains schémas de pensée qui ont favorisé la spécialisation et l'aliénation ; la nouvelle « technologie électronique » allait faire de nous les membres d'un « village global ».

Le Médium est le massage
doubles pages du livre 1967
[Quentin Fiore]

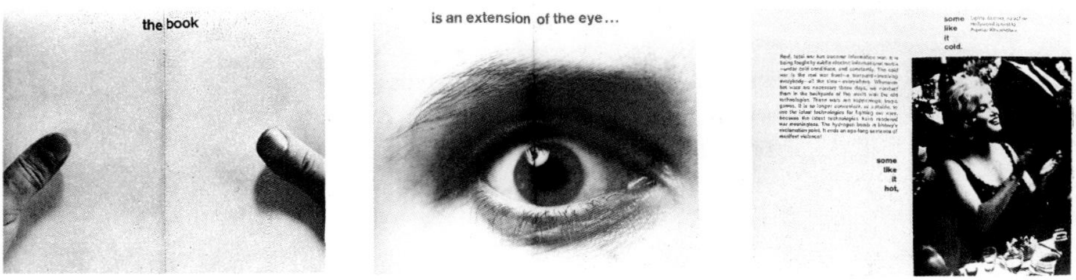

McLuhan avait aussi mis le doigt sur le point d'intersection de la technologie et du changement politique. Si les graphistes avaient toujours su que la communication impliquait autre chose que son seul contenu évident, c'est seulement à cette période qu'ils commencèrent à ressentir les effets du progrès technique. Etablie depuis peu, la profession avait su s'adapter aux changements successifs survenus dans l'imprimerie. La photographie avait été déterminante, d'abord comme moyen de créer des images, puis comme moyen de composition, introduisant une nouvelle liberté typographique. L'ordinateur rendait désormais possible l'organisation rapide des informations et leur stockage. Mais il ne transforma pas immédiatement le travail du graphiste, qui continua à opérer sur le papier, et non sur un écran d'ordinateur, dont l'usage ne se répandit que dans les années 1980.

Ce sont davantage des facteurs culturels et politiques qui remettaient en question et modifiaient les habitudes de travail que les pressions exercées par le progrès technique. La réaction contre la guerre du Vietnam (1964-1975), la contestation sociale, qui culmina avec les événements de mai 68 à Paris, la révolution cubaine, la culture de masse, la musique pop et les drogues hallucinogènes, tous ces phénomènes trouvèrent une expression graphique.

campagne pour le désarmement nucléaire
symbole 1958
[Gerald Holtom]

De nouvelles formes s'affirmèrent, indépendantes des genres habituels de la profession. Malgré une communication internationale facilitée, les arts graphiques étaient toujours marqués par leur lieu d'origine et le changement continuait à venir d'individus isolés et de leur univers personnel.

Cuba

La révolution cubaine de 1959 fit jaillir une extraordinaire vague de créativité graphique, qui s'exprima notamment à travers une pléthore d'affiches. Celles-ci annonçaient des événements culturels ou conviaient les foules à divers rassemblements et proclamaient les succès de la révolution. Leurs auteurs, contrairement aux Soviétiques, n'étaient soumis à aucune idéologie esthétique, ils jouaient d'un éclectisme rappelant le travail de Saul Bass, des Push Pin Studios et les affiches tchécoslovaques et polonaises. Leurs œuvres ne devaient rien à la qualité des moyens de reproduction, bien au contraire. La plupart des premières affiches furent imprimées en sérigraphie, à partir de stencils. La simplicité de leurs techniques était liée aux impératifs économiques : les photos étaient reproduites sans demi-teinte, au trait, une contrainte exploitée avec ingéniosité par Eduardo Munoz Bachs et René Azcuy dans leurs affiches de cinéma. L'effet obtenu à partir de l'utilisation de formes en aplats de couleur et des lettres bâton rappelait les affiches de Lester Beall réalisées dans les années 1930 pour l'agence d'électrification rurale. Et c'est cette technique que Felix Beltran – graphiste cubain qui avait travaillé dans la publicité aux Etats-Unis – utilisa tout au long de la décennie suivante.

« Economiser l'électricité, c'est économiser le pétrole »
affiche v. 1969
[Felix Beltran]

Baisers volés
affiche de film v. 1970
[René Azcuy]

La publicité commerciale n'existait pas à Cuba. Toute annonce était contrôlée par l'atelier officiel, Intercomunicaciones. Une grande partie des affiches était destinée à l'exportation et exprimait la solidarité entre pays communistes. Les slogans généralement banals étaient reliés à une image simple et, dans le cas de Beltran, elles étaient d'une élégance presque incongrue. La figure christique du chef de la guérilla et ancien ministre, Che Guevara, avec son béret noir piqué de l'étoile à cinq branches, devint un emblème international.

« Le Jour de la guérilla héroïque »
affiche 1968
[Tony Evora]

L'affiche de 1968 célébrant « Le Jour de la guérilla héroïque » fut une des seules à utiliser une image qui faisait plus qu'illustrer le slogan. Le portrait du Che, incarnation de la lutte armée, était dupliqué en rectangles rouges successifs sur une carte de l'Amérique du Sud, métaphore graphique de la propagation des idées révolutionnaires. Le graphiste, Tony Evora, était directeur artistique de *Lunes*, le supplément culturel de *Revolución*. Imprimé en deux couleurs, *Lunes* ressemblait au milanais *Il Politecnico*. Ediciones R, la maison d'édition appartenant à *Revolución*, fut l'une des premières à Cuba à concevoir de vraies maquettes de livre et innova en réalisant de grandes pages pédagogiques qui paraissaient dans le quotidien et servaient à lutter contre l'analphabétisme. Le rôle joué par le graphisme dans l'effort de transformation du pays est ici évident.

affiche pédagogique insérée dans le journal *Revolución* v. 1961

La Californie et l'Underground

Les effets répétitifs et les couleurs complémentaires de l'affiche du Che rappelaient les affiches « psychédéliques » du milieu des années 1960 créées pour des concerts et qui fleurirent plus particulièrement à San Francisco. En Californie, les drogues furent autorisées jusqu'en 1966, et leur influence sur la perception, qu'imitaient les éclairages stroboscopiques dans les concerts, était obtenue dans les œuvres graphiques par la répétition étourdissante de noir et blanc ou de couleurs complémentaires. Le graphiste Wes Wilson déclara qu'il choisissait ses couleurs à partir de ses expériences avec le LSD. Victor Moscoso était le plus célèbre de ce courant psychédélique californien et le seul muni d'une formation artistique ; il avait étudié la couleur à Yale sous l'égide d'un ancien du Bauhaus, Josef Albers. Moscoso associait ses vibrations optiques colorées à des caractères classiques, qu'il rendait presque illisibles grâce à l'équivalence précise entre éléments positifs et négatifs : les espaces entre les lettres et la valeur des blancs étaient adaptés en fonction de chaque lettre et les couleurs mitoyennes choisies pour leurs contrastes intenses. Le médium ne constituait pas l'unique message, mais il s'en fallait de peu – le message de ces œuvres était qu'elles étaient « underground ».

Quicksilver Messenger Service
affiche de concert 1967
[Victor Moscoso]

Procol Harum
affiche de concert 1969
[Lee Conklin]

« Underground » était le terme consacré pour décrire, dans les années 1960, le rejet des valeurs conformistes par une grande partie des jeunes de la classe moyenne, au profit d'une culture ou politique « alternative ». Aux Etats-Unis, ce mouvement s'assimila à la culture hippie et aux combats écologiques et pacifiques. Ceux-ci étaient présentés dans un énorme guide illustré, le *Whole Earth Catalog,* réalisé à partir des nouvelles technologies qui précédèrent la publication assistée par ordinateur. Le texte était saisi sur la composeuse à boule IBM Selectric (une machine à écrire sophistiquée) et imprimé en lithographie offset, un procédé inauguré par l'hebdomadaire new-yorkais *East Village Other* qui parut pour la première fois en 1965 et se qualifiait de « journal *visuellement* révolutionnaire ».

Les magazines underground acceptaient volontiers la mauvaise qualité de l'impression offset sur un papier bon marché, car ils s'assuraient ainsi que « les plus de trente ans ne les liraient pas ». Cette apparente improvisation entretint l'idée que l'édition d'un magazine ne requérait nulle formation particulière. Ce style se répandit rapidement, notamment à Amsterdam avec *Hitweek*, *Real Free Press* et *Hotcha !*, et en Angleterre avec *Oz*, *International Times* et *Frendz*.

Ontbijt op Bed
couverture, quatrième de couverture et double page
1967

Tous ces magazines avaient en commun des maquettistes désormais capables d'intervenir dans la fabrication. Les mots et les images étaient positionnés sur la page par le graphiste plutôt que par l'imprimeur, et la composeuse à boule produisait la copie dans l'atelier même. Les titres pouvaient être obtenus grâce à des transferts comme le Letraset et le système photomécanique de transfert (pour la réalisation d'images agrandies, ou réduites, prêtes à être reproduites) qui permettait de modifier, retoucher et repositionner les documents. Toutes ces nouvelles techniques offraient donc au graphiste un accès direct à toutes les étapes en amont de l'impression.

Oz
page de magazine 1971
[Pearce Marchbank]

La contestation : mai 68 et le Vietnam

A la fin des années 1960, étudiants et contestataires prirent le contrôle du processus d'imprimerie, défiant avec audace le progrès technique et les médias électroniques. Ils répondaient ainsi à une succession d'événements – la guerre du Vietnam, mai 68, l'invasion de la Tchécoslovaquie par l'Union soviétique. L'Etat disposait de la télévision pour imposer son point de vue, et les étudiants de la rue pour manifester leurs revendications. Ces soulèvements violents témoignaient de l'ampleur des ressentiments et des passions, et les affiches auxquelles il donnèrent naissance constituent aujourd'hui la mémoire de cette époque.

affiche murale
Prague 1968

journal mural
Paris 1968

affiches Paris 1968

A Paris, pendant les révoltes estudiantines de mai 68, les affiches étaient conçues et fabriquées par les étudiants des Beaux-Arts, au sein de l'Atelier populaire. Ils imprimaient surtout en sérigraphie, procédé dont l'économie correspondait parfaitement à leur graphisme brut. Les slogans étaient inspirés des cris de guerre lancés par les étudiants aux CRS ; d'abord inscrits sur un tableau puis revus par un comité, ils servirent de point de départ à plus de trois cents affiches qui furent distribuées par les étudiants et les ouvriers.

Le message était sans équivoque, l'impression se faisait dans l'urgence, parfois en une seule couleur, le plus souvent en noir sur blanc. L'effet obtenu par l'impression en réserve (en blanc) du slogan sur un fond noir, trouvait son origine dans la sérigraphie, où le stencil était préparé en négatif. Les étudiants se servaient de la simplicité des moyens graphiques (les lettres tracées à la main et les silhouettes peintes) pour remettre en question la complexité de fabrication des images dans une société de consommation dont ils refusaient les valeurs.

Ce style de graffiti imprimés se répandit dans les ateliers de nombreux pays. En Tchécoslovaquie, après l'invasion russe, il devint une véritable arme de propagande qui permettait de stimuler les groupes étudiants face à l'autorité et parlait au nom des féministes et des défenseurs de différentes causes sociales.

« Grève »
affiche Berkeley, Californie 1970

L'affiche fut également un support important dans les appels au désarmement et à la paix, en particulier au Vietnam. A New York, des directeurs artistiques d'agences se réunirent pour réaliser des publicités au profit du Committee to Help Unsell the War dans lesquelles ils utilisaient les images et le texte de la même façon que pour vendre un produit ou un service.

« Je veux rentrer »
Committee to Help Unsell the War
affiche contre la guerre du Vietnam
1971

La preuve la plus évidente de l'efficacité du document photo accompagné d'un texte fut faite aux Etats-Unis, en 1970, par la Art Workers Coalition, qui reprit les techniques du reportage d'actualité télévisé (photo-reportage et interview). Sur une photographie en couleurs d'un groupe de villageois vietnamiens massacrés étaient retranscrits, en surimpression et grossièrement, les termes laconiques de l'enquête officielle : « Q : Et les bébés ? R : Et les bébés. » Ce n'était pas une image fugitive sur un écran ; car, là, figée sur le papier, le public pouvait en absorber toute l'horreur, une horreur aggravée encore par le texte.

« Q : Et les bébés ? R : Et les bébés »
affiche contre la guerre du Vietnam
1970
[Photographe R. L. Haeberle]
[graphiste Peter Brandt]

D'autres affiches traitant de culture ou de politique intérieure se voulaient décoratives et rassurantes. De telles œuvres firent reculer les limites du graphisme, qui n'était plus seulement associé aux intérêts commerciaux. La création ne dépendait plus ni de l'imprimerie ni du graphiste professionnel. Tout individu pouvait désormais transmettre un message et en contrôler la production.

19
A partir des années 1970

Pendant les années 1960, le graphisme s'était introduit dans des domaines auparavant dominés par une tradition artisanale – comme la maquette de journaux –, et dans un domaine nouveau, celui de la télévision. Les images fixes des graphistes entrèrent en compétition avec les images animées de la télévision. Le rôle des arts graphiques s'était également accru dans le domaine des services publics et de la publicité culturelle. Le bon fonctionnement des Jeux Olympiques, par exemple, dépendait aussi de graphistes chargés de leur promotion, des programmes et d'une signalétique cohérente. En Europe, les villes et les régions s'efforçaient d'attirer les investisseurs et voulaient, à l'instar des ministères, affirmer leur identité et leur autonomie. En 1969, le Canada décida que son drapeau ne suffisait plus pour le représenter et, en 1980, un symbole et un logotype furent créés : grande première pour une nation.

Dans les années 1970, le graphisme entra définitivement dans le monde des affaires dans le but de fournir aux entreprises une « image » propre. Chaque entreprise, quelle que soit sa taille, voulait avoir son « logo », suivant en cela l'exemple de Coca-Cola.

Coca-Cola
de gauche à droite
anglais, arabe, russe
amharique, japonais, chinois
hébreu, coréen, américain
logotypes années 1980

Dans le domaine du marketing, on demandait aux graphistes de produire des images qui identifieraient un produit ou une entreprise : pour cela, ni le mot ni l'image n'avaient à transmettre un sens spécifique, ils devaient simplement être reconnaissables. Le contexte leur donnerait un sens. Mais ces créations ressemblaient bien souvent à une parodie de graphisme. Les créations graphiques les plus typiques étaient celles qui reprenaient le Style suisse : aucun ornement, texte composé en linéales, maquette construite à l'aide d'une grille. Heureusement, les affiches contestataires des années 1960 avaient ouvert de nouvelles voies. Les magazines underground avaient révélé le contrôle que les graphistes prenaient sur les étapes du processus de fabrication. Avec l'introduction du micro-ordinateur, ils acquirent un contrôle presque total sur l'ensemble des étapes menant à l'impression.

Canadian National Railways
logotype 1959
[Allan Fleming]

Canada
symbole fédéral (administration)
drapeau (gouvernement)
blason (législatif et judiciaire)
logotype et symbole (tourisme)
1970

Styles nationaux et influences internationales

A l'ère de la communication de masse, le style graphique de nombreux pays conservait néanmoins une identité nationale marquée. Dans les années 1980, la connaissance de ce qui se faisait ailleurs était facilitée par la prolifération de revues d'arts graphiques publiées par les pays industrialisés. Les « annuaires des directeurs artistiques » comptaient de plus en plus d'abonnés dans divers pays, et le nombre d'organismes, de conférences et d'expositions d'envergure internationale augmenta de façon spectaculaire.

Japan Airlines / Alitalia / British Airways
années 1970
[Landor Associates]

Le recours au graphisme dans le domaine du marketing devint une pratique internationale. Alitalia, British Airways, Japan Airlines et Singapore Airlines en sont d'excellents exemples ; leur graphisme était d'ailleurs dû au cabinet Landor de San Francisco. Certains groupes, tels que Chermayeff & Geismar, à New York, ou Pentagram, à Londres, avaient une approche éclairée du modernisme, qu'ils appliquaient à l'identité visuelle des multinationales. Ainsi, ce style se trouva associé à l'industrie et au commerce, à la respectabilité et aux idées établies. Mais rapidement, certains graphistes réagirent contre ce style et notamment contre la rigueur imposée par le Style suisse. Cette mouvance critique s'illustra à travers les nouvelles orientations de Total Design, à Amsterdam.

Ce n'était pas le rationalisme de la grille, ni les techniques de résolution de problèmes qui étaient remis en cause – ils demeuraient au centre du graphisme informatif – mais plutôt le formalisme figé qu'avait engendré le modernisme, et dont de nombreux graphistes pensaient avoir épuisé les ressources.

Furness
Furness (transports routiers)
Furness (ports)
Furness (commerce)
Furness (assurances)
symboles 1969-1972
[Total Design]

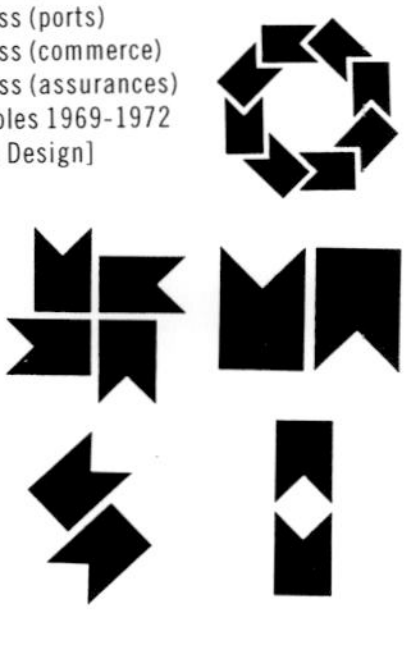

Les alternatives au Style international

Il y eut deux types de réactions face au modernisme. La première était liée au mouvement punk, la seconde donna naissance à la « nouvelle vague » qui continua d'utiliser la plupart des éléments du modernisme suisse et se développa surtout aux Pays-Bas et aux Etats-Unis. La Nouvelle Vague exploita les dernières techniques de la photographie et de l'électronique pour « décontracter » les formes anciennes ou pour, au contraire, les ignorer en donnant un aspect improvisé et brut à l'ensemble graphique. Cette réaction allait donc dans le sens de l'informel et la rectangularité céda le pas à un style tout aussi esthétisant que l'Art nouveau. Grâce à l'ordinateur, le graphiste pouvait créer des relations de sens complexes, en superposant et accumulant en couches successives des éléments de texte et d'image, au lieu de les relier sur une grille horizontale et verticale. Mais plutôt que de servir le message, ces effets, si séduisants fussent-ils, menèrent bien souvent à une débauche d'ornements. Il existait désormais une réserve impressionnante d'images prêtes à être pillées et réinterprétées par les graphistes, comme Herb Lubalin ou ceux des Push Pin Studios. Même le modernisme se recyclait pour créer des pastiches, comme cette publicité de Paula Scher réalisée pour Swatch en 1987.

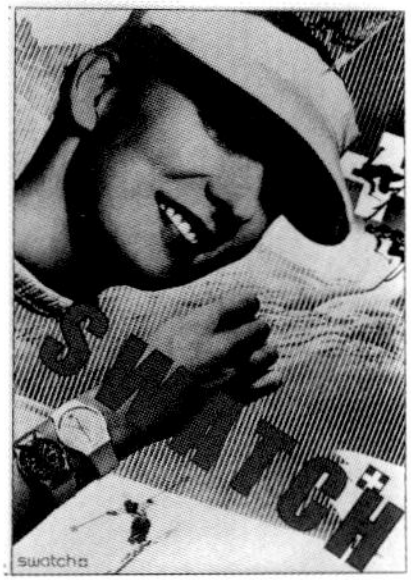

Swatch
publicité 1987
[Paula Scher]

Affiche touristique suisse 1934
[Herbert Matter]

La Grande-Bretagne

Grâce à la culture de masse du début des années 1970, le graphisme trouva pour la première fois un public très large. A Londres, le mouvement punk se caractérisait par une culture de rue provocante et rebelle. Les « fanzines » punks utilisaient des lettres et des images déchirées de journaux populaires et des textes dactylographiés ou manuscrits, assemblés en collages, pour créer un original qui était ensuite lithographié ou photocopié. Dada avait été contre l'art, les punks étaient contre le design.

« God Save Sex Pistols »
pochette de disque 1977
[Jamie Reid]

Le mouvement punk attira les graphistes déçus du modernisme et se développa d'une manière similaire dans les autres pays d'Europe, notamment aux Pays-Bas. En Grande-Bretagne, Colin Fulcher, sous le pseudonyme de Barney Bubbles, était l'un des

« The Fabrics »
publicité dans un fanzine
v. 1976

Blockhead
logotype d'un groupe rock 1977
[Barney Bubbles]

talents les plus originaux. Après un apprentissage classique comme assistant graphiste, Bubbles réalisa des pochettes de disque et des publicités pour des magazines de musique. Le symbole qu'il élabora en 1977 pour Ian Dury et les Blockheads exprimait à la perfection l'intelligence provocatrice du groupe. Bubbles avait le don de trouver une image pour exprimer une idée verbale. Ses œuvres ne se voulaient pas forcément esthétiques. L'image s'incrustait dans les mots pour produire une idée compréhensible de tous et sans références à une culture plus large. Bubbles se servit également de l'art brut, réalisant des travaux avec des lettres d'imprimerie en caoutchouc pour enfants. C'est pendant le développement des clichés qu'il élaborait l'essentiel de son graphisme, par une série d'improvisations et de manipulations d'échelle, à la fois grossières et délicates.

« The Ian Dury Song Book »
couverture de livre 1979
[Barney Bubbles]

«Hit Me with Your Rhythm Stick »
publicité pour l'enregistrement
et la tournée
1978
[Barney Bubbles]

Un meilleur contrôle de la production permit au graphiste d'intégrer ses choix au processus de fabrication. Auparavant, avec la typographie, il devait donner ses instructions d'une part pour la composition et d'autre part pour la reproduction de l'image. Après quoi, tout changement de format ou de position devenait délicat. Dorénavant, le graphiste réalise un montage prêt à être photographié par l'imprimeur pour la réalisation des plaques, où toutes les illustrations, les simili et les publicités sont en place. Grâce au système photomécanique, le graphiste est libre d'agrandir ou de réduire les titres, de les réserver sur fond noir, de varier le contraste des images et d'improviser jusqu'à la dernière minute. L'avantage est que le travail est préparé (généralement au format où il allait être imprimé) et que le graphiste n'a plus à attendre les épreuves de l'imprimeur car « ce qu'il voit – à part la couleur – correspond à ce qu'il obtient ».

David King, qui faisait partie de l'équipe du *Sunday Times Magazine*, sut tirer tout le parti de ce contrôle. Dans les années 1970 et 1980, il réalisa le graphisme d'un grand nombre d'affiches, de livres et de magazines, pour la plupart politiques. Si ces œuvres ressemblaient parfois aux travaux des constructivistes russes et étaient élaborées dans la même urgence et avec aussi peu de moyens, elles étaient cependant créées à partir de méthodes totalement différentes. Les antiques typiques des affiches du XIXe siècle, photocomposées et agrandies, étaient montées avec des photographies à la trame grossière et des bandes de papier noir découpées au scalpel.

« Apartheid in Practice »
affiche 1978
[David King]

« Manifestez ! »
affiche 1978
[David King]

King procédait souvent à la double impression « point sur point » de certaines parties de ses œuvres, créant ainsi un contraste entre le texte dense et détaillé – souvent sous-titré de larges bandes rouges et ponctué de carrés noirs – et la brutalité du rendu des photos. Les cinq affiches intitulées « Apartheid in Practice », réalisées en une semaine de travail en 1978, représentent parfaitement sa technique. L'apparente simplicité de leur réalisation les rattache au tiers-monde qu'elles décrivent.

Les pages de l'hebdomadaire londonien *Time Out* étaient une version disciplinée d'*Oz* et de *Friends/Frendz*, où son directeur artistique, Pearce Marchbank, avait travaillé. Le logo traduisait le processus photomécanique de la fabrication de ses lettres aux contours un peu flou. Les couvertures reprenaient les mêmes techniques que celles de Lois pour *Esquire* : la surprise, les jeux de mots, les clins d'œil visuels et des titres en Franklin Gothic. Certains magazines réussirent à se renouveler sans être affectés par les changements technologiques (le mensuel *Management Today*, par exemple, qui conserva le même directeur artistique pendant trente ans).

Time Out
couverture 1975
[Pearce Marchbank]

Radio Times
page de magazine 1975
[illustrateur Peter Brookes]
[David Driver]

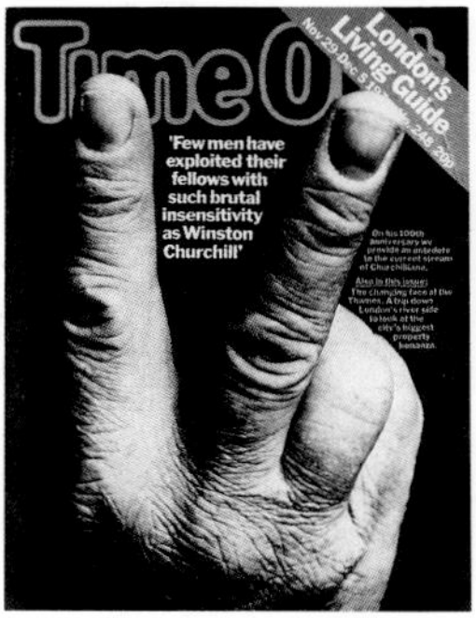

Radio Times, l'hebdomadaire de la BBC qui, dans les années 1970, était encore imprimé sur d'anciennes rotatives, présentait les programmes radiophoniques et télévisés avec une clarté étonnante. *The Times* qui, depuis le XVIIIe siècle, plaçait les petites annonces en première page, attendit 1966 pour les remplacer par les nouvelles du jour. Jeanette Collins, son directeur artistique, augmenta le nombre d'illustrations et introduisit un raffinement typographique digne de Stanley Morison. *The Sunday Times* aussi, sous l'influence d'Edwin Taylor et de son rédacteur en chef Harold Evans, réussit à intégrer tous les éléments (graphiques, photographies, titres et légendes) dans la page pour produire une unité graphique. C'est ce qu'explique Evans dans son livre, *Pictures on a Page* (1978), où il fait une analyse pratique de la relation entre le texte et l'image.

i-D
couvertures de magazine 1981
[directeur artistique Terry Jones]

Terry Jones, ancien directeur artistique de *Vogue*, publia un livre, *Not Another Punk Book* (1977) qui caricaturait les techniques graphiques punks : coupures de presse déchirées, images toutes faites et lettres sur ruban plastique autocollant. Puis, en 1980, Jones lança *i-D*, un magazine de « street style ». Toutes les dernières techniques possibles étaient utilisées pour obtenir un style extravagant : photocopies démusérément agrandies ou déformées par le déplacement du papier, Polaroïds sur ou sous-exposés, grattés, bariolés. « Nous nous servons de l'ordinateur, disait Terry Jones, comme d'un nouvel outil ludique pour élargir la gamme des effets graphiques. » Ainsi, par exemple, les pixels des lettres constituaient un des éléments principaux de la texture de la page imprimée. C'était là une attitude résolument punk que de transformer les limites de la nouvelle technologie en attributs positifs.

ci-dessus, à gauche
The Face
double page 1983
[Neville Brody]

ci-dessus
i-D
double page 1986
[photographe Robert Erdmann]
[directeur artistique Terry Jones]

The Face, lancé également en 1980, utilisait les mêmes techniques typographiques, qui permettaient d'étirer ou de comprimer la forme des caractères. Son directeur artistique, Neville Brody, sut assagir le graphisme punk pour l'adapter au langage graphique des années 1980. Alors que, dans *i-D*, les mots et les images formaient une texture cohérente, *The Face* anima la maquette habituelle des magazines à l'aide de titres imprimés dans des caractères bizarres, parfois créés sur ordinateur et généralement de style Art déco. En effet, l'informatique permettait de transformer des caractères déjà existants ou d'en inventer d'autres en toute simplicité.

A la fin des années 1980, le graphisme en tant que « style » était devenu un acteur économique essentiel, et cela inquiéta certains graphistes. Brody et Jon Wozencroft exposèrent leurs inquiétudes sur le rôle de « l'industrie du design » dans le *Guardian*. Ils déclaraient que « si l'on considère le graphisme comme un moyen de résoudre un problème, tout ce que l'on peut espérer communiquer, c'est le problème lui-même », ajoutant que « le style est un virus ». En fait, le Graphisme en tant que Style se manifesta lui-même sous de multiples styles.

The Guardian
2 décembre 1988
[Neville Brody]

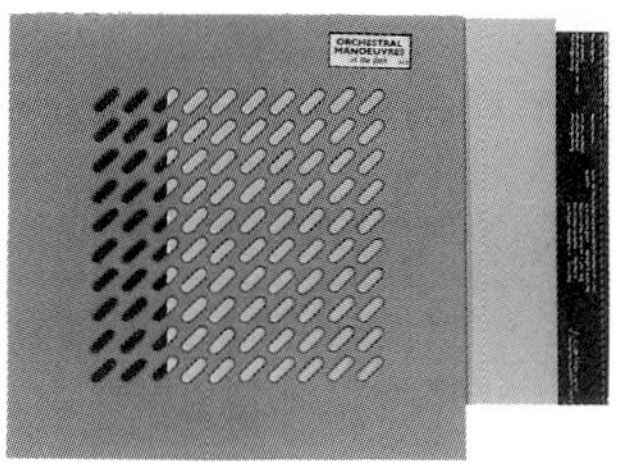

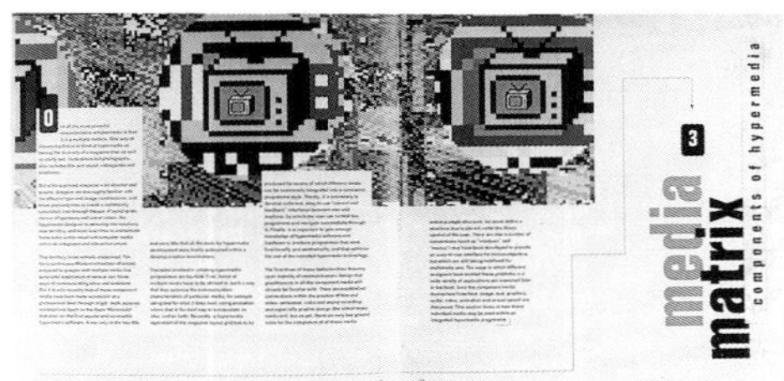

extrême gauche
Orchestral
Manœuvres
in the Dark
pochette de disque
perforée 1980
[Peter Saville]

à gauche
Understanding
Hypermedia
double page 1992
[Malcolm Garrett]

Pour les pochettes de disque, plusieurs styles coexistaient : le punk (Jamie Reid / Sex Pistols), l'éclectisme post-punk (Brody), le rétro, le modernisme au goût du jour (Peter Saville), le modernisme post-underground (le magazine *Underground*) et, enfin, le style électronique – style que reprend Malcolm Garrett dans son livre *Understanding Hypermedia*, dont le titre laissait entendre l'espoir d'un contrôle encore plus grand de la chaîne graphique par les graphistes.

Les Pays-Bas

PTT
annuaire 1990
[Vorm Vijf]

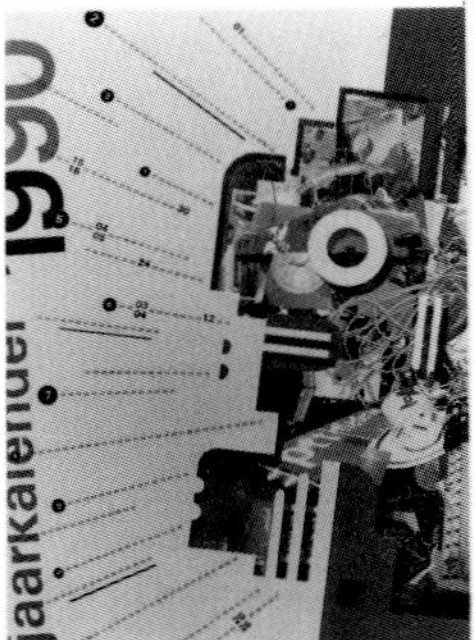

Aux Pays-Bas, les manifestations contre l'ordre établi tiraient leurs origines des activités intellectuelles et politiques des membres de Fluxus et des situationnistes qui, au début des années 1960, n'avaient pas hésité à mettre en scène leurs « happenings » dans la rue. Leurs publications, et celles du mouvement Provo, utilisaient, à l'instar des punks, des procédés d'impression directs (texte écrit à la main sans composition). L'opposition entre liberté et répression, entre anarchisme et conservatisme, se retrouvait dans leur graphisme. Une solution intéressante à cette tension est proposée par les œuvres commandées par les services publics, où les expériences radicales punks ont été absorbées pour se transformer en une version libre du modernisme, rendue possible par l'informatique.

Aux Pays-Bas, le graphisme faisait désormais partie de la vie quotidienne. A l'étranger, le graphisme hollandais était considéré avec le même respect que le Style suisse lors des deux décennies précédentes, mais, jusque dans les années 1980, aucun style particulier n'émergea. Dans les années 1960, on emprunta au formalisme suisse, comme le montre l'identité visuelle élaborée par Tel Design pour les chemins de fer hollandais.

L'évolution de l'image institutionnelle des PTT est remarquable. Tel Design et Gert Dumbar participèrent dès 1968 à la création d'une nouvelle identité, qui fut progressivement mise en place et finalisée en 1981. Des couleurs furent attribuées aux quatre secteurs d'activité : rouge pour le courrier, bleu pour les transferts de fonds, vert pour les télécommunications et marron pour la gestion. Les lettres « ptt » en bas de casse étaient composées en Univers. Imprimées en réserve sur un carré de couleur unie, ces lettres formèrent le logo, utilisé par les graphistes des PTT, en accord avec la charte, pour toute l'entreprise. Puis, en 1988, à l'occasion de leur privatisation, les PTT commandèrent à Dumbar une nouvelle identité visuelle. Il fut alors décidé de fragmenter l'ancien ensemble graphique et d'ajouter cinq points. Des carrés plus petits, dotés d'un code couleur, étaient intégrés au carré du logo, dans lequel on pouvait encore ajouter des rectangles contenant des lettres. Pour couvrir toutes les applications possibles, le Studio Dumbar réalisa un manuel en quatre volumes.

PTT
charte d'identité visuelle
[illustrateur Berry Van Gerwen]
[Studio Dumbar]

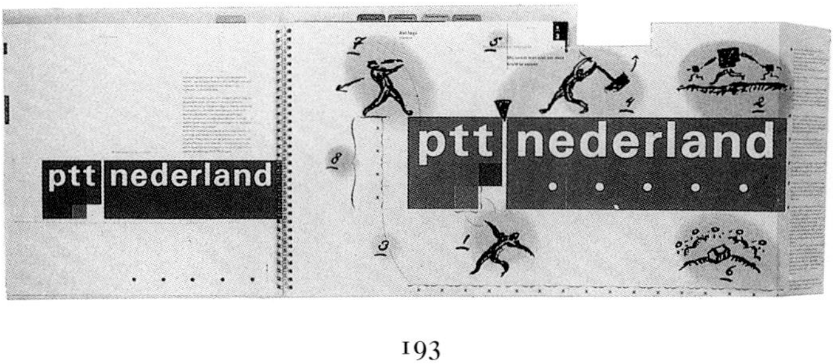

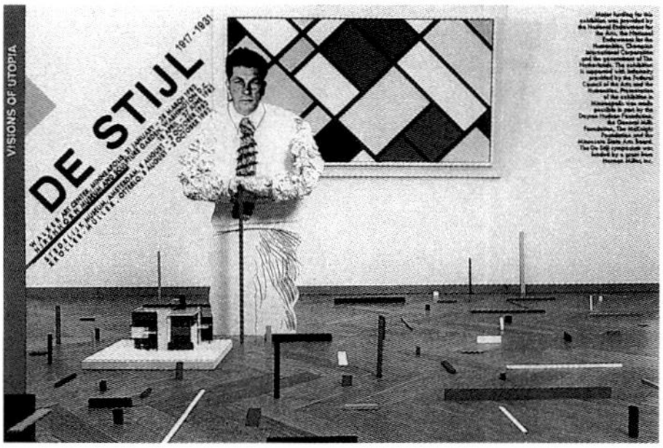

« De Stijl »
affiche d'exposition 1982
[Gert Dumbar]

Etant donné que les réalisations du groupe de graphistes de Dumbar avaient davantage à voir avec l'atelier d'artiste ou le studio de photographe qu'avec la planche à dessiner, on peut considérer que son nom était bien choisi. Tout en soulignant la bidimensionnalité des images, le Studio Dumbar proposait des perspectives exagérées qui interpelaient le public par leurs clins d'œil visuels. L'affiche qu'il réalisa en 1982 pour une exposition consacrée au Stijl révolutionna l'affiche de musée. Au lieu de reproduire simplement une œuvre d'art en lui ajoutant un titre et les informations nécessaires, il organisa une « mise en scène » dans le musée qu'il photographia. Devant un tableau de Van Doesburg fixé au mur, il associa la photographie du visage de l'artiste au corps d'un autre. Sur le sol, une maquette architecturale constituée d'élements en bois peints aux couleurs du tableau rappelle les formes géométriques du Stijl. Il relia le titre de l'affiche à l'image en répétant les diagonales du tableau, tandis que le reste du texte était aligné sur le bord droit de l'affiche. Une partie du personnage, un simple découpage en deux dimensions, se rapporte au plan de la toile et du mur, tandis que l'autre moitié, modelée en papier mâché, fait le lien entre cette planéité et l'espace tridimensionnel de la photographie du premier plan. Ainsi, Dumbar parvint à introduire une perspective réaliste se dirigeant vers le spectateur et il plaça, avec ironie, le fondateur du Stijl, qui avait institué une des lignes principales de l'esthétique du mouvement moderne – la suppression de la profondeur – dans un espace créé par la perspective.

Nombreux furent les graphistes hollandais qui firent un même effort pour dépasser les limites que la profession s'imposait à elle-même. Parmi les plus anciens, Crouwel affirmait que « le graphisme est une profession, au même titre que celle de médecin ». Jan Van Toorn, disait, lui, que le graphiste devait s'engager à exposer les relations de sens, à faire en sorte que chaque œuvre explique son propre contexte. Van Toorn se servait de tous les moyens qui s'offraient à lui – tantôt les techniques modernistes de montage à la manière de Zwart ou de Lissitzky, tantôt l'anarchie informelle des punks – pour réaliser des œuvres qui reflétaient ses préoccupations sociales et pédagogiques.

timbres-poste
1980 [Jan Van Toorn]
1983 [Wim Crouwel / Total Design]

Art hollandais et architecture aujourd'hui
couverture (faisant office d'enveloppe) 1974
[Jan Van Toorn]

Ces techniques informelles et anti-professionnelles étaient utilisées par deux groupes de jeunes graphistes créés au début des années 1980, Hard Werken à Rotterdam et Wild Plakken à Amsterdam. Leur travail était remarquable par son absence délibérée de continuité et son indépendance vis-à-vis des traditions et de toute notion de « bon goût ». Il existait aux Pays-Bas, semble-t-il, autant de tendances que de graphistes : la tendance « illustrationnelle » (Gielijn Escher), le « photosurréalisme » (Anton Beeke), la tradition typographique moderniste (Karel Martens), les infographistes (Vorm Vijf) … De jeunes graphistes rejoignirent les plus connus : l'annuaire de 1989, réalisé par le Studio Dumbar pour les PTT, avait le kitsch d'un graphisme électronique « disneylandesque », et les réalisations de Total Design, que Crouwel quitta en 1985, furent envahies par les caractères aux lignes courbes et obliques qui s'offraient à tout graphiste travaillant sur ordinateur. Le même combat contre la tradition fut mené dans d'autres pays. Mais les graphistes hollandais réussirent, eux, à expérimenter toute une variété de possibilités très radicales – grâce, aussi, à l'engagement clairvoyant de leurs clients.

système signalétique hospitalier 1978
ci-dessus pictogrammes pour indiquer les étages
[Gert Dumbar / Ko Sliggers]

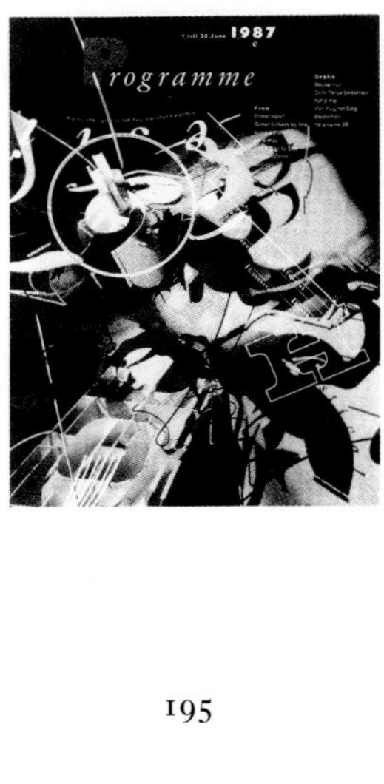

« Festival de Hollande »
couverture de programme 1987
[Robert Nakata / Studio Dumbar]

La France

Dans les années 1980, le cercle, le carré et le triangle du Bauhaus signalaient au public l'intervention d'un graphiste. Ces éléments apparurent d'abord dans le logo conçu par Total Design pour le ministère hollandais de l'Education et des Sciences, puis dans celui de la Villette, à Paris, pour laquelle Total Design conçut toute la signalétique de la Cité des sciences et de l'industrie. Le concours organisé en 1984 pour définir l'identité visuelle du site de la Villette fut remporté par Grapus, un collectif de graphistes. Ce groupe tirait ses origines de l'Atelier populaire créé en mai 1968, au sein duquel ses trois fondateurs s'étaient rencontrés : Pierre Bernard, Gérard-Paris Clavel et François Miehe. En 1970, ces graphistes entreprirent de créer des images pour les secteurs associatifs, sociaux et culturels. En choisissant de travailler là où l'argent était rare, ils pouvaient « combattre la langue rigide de la rhétorique traditionnelle sans la remplacer par le doux poison de la publicité ».

ministère néerlandais de l'Education
et des Sciences
symbole et logotype 1982
[Total Design]

Ministerie van
Onderwijs en Wetenschapp

la Villette

La Villette
logotype 1984
[Grapus]

théâtre de La Salamandre
double page 1977
[Grapus]

A la fin des années 1970, le groupe Grapus comptait dix membres qui réalisaient des affiches et des tracts pour des théâtres et pour le parti communiste français. Leur graphisme, direct, revêtait un aspect amateur et ludique. La plupart des textes étaient écrits à la main et à la va-vite, les illustrations ressemblaient à des dessins d'enfant, des traces de pinceau, des taches et des éclaboussures tournaient en dérision l'autorité des photos. Cet argot graphique jurait, plaisantait, charmait et choquait. Il était manié par des intellectuels qui avaient non seulement étudié les théories de la communication mais avaient aussi suivi l'enseignement de l'un des grands affichistes polonais, Henryk Tomaszewski. Cette influence polonaise se retouvait dans l'utilisation d'images détourées, placées devant un fond évoquant le ciel. Bien que le lien graphique entre le mot et l'image soit souvent étroit (ou naisse de la texture improvisée et brute des différentes traces et marques), ces affiches se résument toujours à la juxtaposition d'un slogan et d'une illustration et non à l'intégration de ces deux éléments en vue de produire une idée.

Il était impossible d'attribuer une œuvre de Grapus à un graphiste

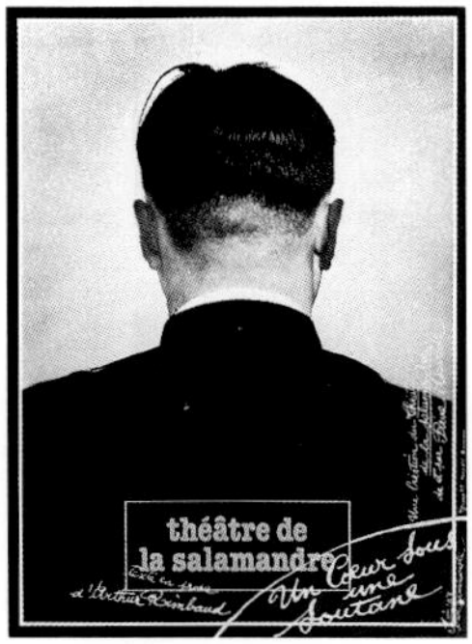

Un cœur sous une soutane
affiche de théâtre 1977
[Grapus]

en particulier, car il existait une homogénéité, non dans la technique, mais dans l'attitude provocatrice qui caractérisait le groupe. Grapus créa la ligne graphique de plusieurs petits théâtres, travaillant sur leurs logotypes, leurs feuilles d'informations, leur matériel de correspondance et leurs affiches. En 1977, quand le théâtre de La Salamandre, à Tourcoing, produisit la pièce d'Arthur Rimbaud *Un Cœur sous une soutane*, la revue du théâtre présenta un texte sur le poète imprimé dans le style du quotidien local. L'affiche de Grapus montre le buste d'un prêtre vu de dos, photographié en noir et blanc. La coupe de cheveux austère et les épaules caractérisent l'acteur, le col blanc identifie le personnage. L'image ne révèle que des apparences, mais elle synthétise également les traits essentiels. Le logotype du théâtre, en lettres jaunes sur un rectangle noir bordé de blanc, est placé dans l'axe de la tête, et une bordure noire accentue encore la solennité de l'affiche. Pourtant, le caractère documentaire et le formalisme sont tous deux remis en cause par les oreilles coloriées en rouge et par les informations manuscrites sur la droite. De tels contrastes (couleur/monochrome, clair/sombre, net/flou) relevaient des techniques habituelles du graphisme, mais Grapus s'en servit comme d'une nouveauté du milieu des années 1970 jusque dans les années 1980. Ces affiches remportèrent de nombreux prix internationaux.

« la Nature de l'ART »
affiche La Villette 1988
[Les Graphistes Associés / Grapus]

Centre Georges Pompidou
symbole 1974
[Jean Widmer]

Une meilleure compréhension des arts graphiques par le public français se développa parallèlement à la carrière du graphiste suisse Jean Widmer. Il travaillait à Paris depuis vingt ans déjà, aussi bien dans le marketing que dans la publicité ou la presse. Il ouvrit son propre atelier en 1980 et se chargea de la signalétique de divers organismes publics et de la publicité pour des institutions culturelles. Son symbole pour le Centre Pompidou était inhabituel à cette époque car pictural : il s'inspira en effet de la façade de l'édifice traversée en diagonale par l'escalator qui dessert les étages. Pour la signalisation à l'intérieur du bâtiment, Widmer (assisté de l'atelier d'Ernst Hiestand, à Zurich) analysa les besoins des visiteurs. Un diagramme permettait de distinguer trois zones : *vers*, pour les points de départ éventuels du visiteur et les moyens de transport ; *autour*, pour les approches et les points d'entrée possibles dans l'édifice ; *dedans*, pour la circulation intérieure. Les lettres étaient inscrites verticalement sur des panneaux codifiés au moyen de couleurs différentes.

Dans les années 1970, Widmer élabora également des panneaux de signalisation routière faits pour être lus instantanément par les conducteurs. Les premiers furent conçus pour donner un aperçu des régions traversées (lieux historiques, faune, artisanat, cultures agricoles et produits régionaux) et associaient des pictogrammes à une typographie en Frutiger. Pour la Société des Autoroutes du Sud, Jean Widmer élabora une étude comparative de la signalisation en Europe et plaida pour une standardisation mais ses propositions ne furent pas suivies d'effet.

panneaux signalétiques 1972
[Jean Widmer]

Musée d'Orsay
logotype 1986
[Bruno Monguzzi / Jean Widmer]

Niggli
logotype de l'éditeur 1960
[Karl Gerstner]

Bellezza d'Italia
logotype v. 1957
[Franco Grignani]

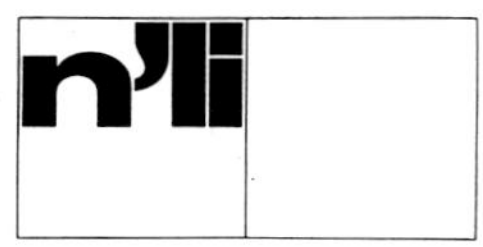

« Chicago »
affiche d'exposition 1987
[Philippe Apeloig]

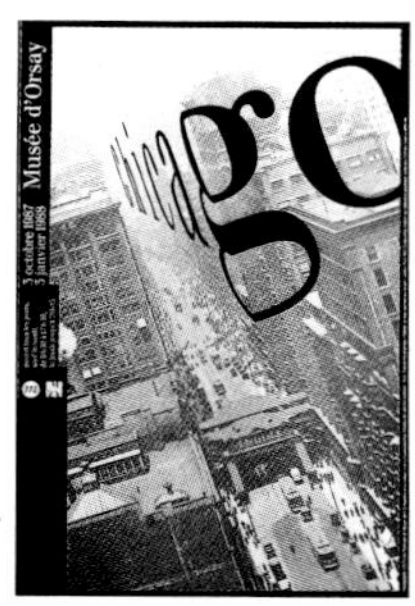

Le musée d'Orsay, à Paris, installé dans l'ancienne gare du même nom, ouvrit ses portes en 1986. C'est Widmer, en association avec le graphiste suisse et milanais Bruno Monguzzi, qui se vit confier la ligne graphique du nouveau musée. Le nom fut réduit à l'abréviation *M'O*, un monogramme composé en Walbaum, caractère néoclassique.

Ce logotype illustre parfaitement la nouvelle approche de la plupart des graphistes contemporains qui, avec des éléments déjà existants, satisfont à la fois des critères pratiques et esthétiques. L'idée typographique n'était pas nouvelle, des graphistes suisses avaient déjà utilisé l'apostrophe pour divers logotypes (Gerstner, par exemple, pour les éditions Niggli, en 1960). Mais dans le cas du musée d'Orsay, ce petit signe devenait l'élément essentiel : il assurait l'identité de l'emblème (l'apostrophe représentant à elle seule les mots dont elle permet l'abréviation). Sans elle, le signe perd tout son sens. Les deux lettres ont aussi une perfection formelle ; le graphiste sut utiliser leurs différences, le renflement des courbes du « O » associé aux pleins et déliés d'un « M » angulaire. Tout en séparant les deux lettres, la ligne déterminait la position de l'apostrophe, empêchant toute confusion avec une virgule, et reliait les lettres pour en faire un sigle unique, au sens précis. Ces signes apparais-

Le Médecin malgré lui
affiche de théâtre 1989
[Tout pour plaire]

saient également dans la signalétique du musée et sur tout son matériel imprimé, composé en ce même caractère Walbaum. Sur les immenses affiches qui annoncèrent l'ouverture du musée, la photographie de l'un des premiers vols en avion accompagnait le logo qui, malgré un cadrage très serré, conservait toute son identité.

Dans l'atmosphère d'expansionnisme culturel des années 1980, les expositions consacrées au graphisme et au design présentées au Centre Pompidou contribuèrent à la création d'un public d'initiés. En 1990, « Vive les graphistes » célébrait de nouveaux talents. Pour s'adapter au modernisme ambiant, plusieurs quotidiens transformèrent leur maquette, notamment *Libération*. La jeune génération des graphistes parisiens se divisait en deux tendances opposées : les uns s'inspiraient d'un certain style polonais représenté par Grapus, et d'autres s'attachaient au pragmatisme suisse de gens comme Widmer. Il y avait également, en France, des styles personnels comme ceux de Fanch Le Henaff et Alain Le Quernec en Bretagne.

La Suisse

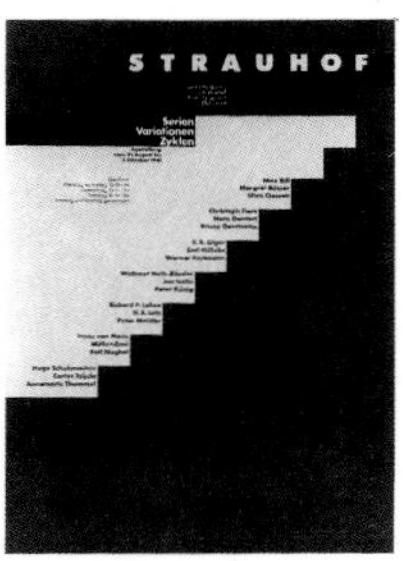

« Strauhof : séries, variations, cycles »
affiche d'exposition 1981
[Siegfried Odermatt]

Ce sont les écoles d'arts graphiques de Bâle et de Zurich qui instaurèrent le Style suisse comme discipline (né dans les années 1930, il s'exporta sous le nom de Style international dès la fin des années 1950). Dans les années 1970 et 1980, des graphistes reconnus, comme les équipes d'Odermatt et Tissi, d'Ernst et Ursula Hiestand et une nouvelle génération d'affichistes s'inspiraient encore de ce style mais en l'adaptant à leurs méthodes et aux différentes commandes – ils ne se limitaient plus à l'utilisation de l'Akzidenz ou de l'Helvetica, ni aux maquettes rectilignes qui avaient caractérisé ce style.

L'Akzidenz, surtout dans sa version extra-bold, était cependant le caractère préféré de Wolfgang Weingart, un des principaux graphistes suisses travaillant à l'étranger. Compositeur-typographe, il avait été engagé par Hofmann en 1968 pour enseigner à Bâle. Dès 1963, l'année où ses premières idées furent diffusées par la revue allemande *Der Druckspiegel*, il avait été l'enfant terrible du graphisme, remettant en question toutes les idées reçues et proposant les siennes à travers une prodigieuse créativité expérimentale. Il s'exprimait notamment dans le mensuel *Typographische Monatsblätter*, dont il conçut quinze couvertures entre 1972 et 1973, avec le but de guider le lecteur « pas à pas à travers une terminologie définie par divers théoriciens du graphisme et chercheurs en communication [...]. La composition n'est plus limitée par les règles de la composition manuelle et défie toute idéologie graphique ».

En 1972 et 1973, Weingart donna une série de conférences aux Etats-Unis. En 1976, il publia les cours qu'il avait donnés à Bâle dans un ouvrage intitulé *How Can One Make Swiss Typography*

Work ?, dans lequel il répondait à ses détracteurs que « l'intérêt de ce texte suffit à en compenser la mauvaise lisibilité » et prônait la tradition suisse selon laquelle « le message ne doit pas être intensifié par l'ajout de matériel syntaxique ou sémantique ».

ci-dessous, extrême gauche
« Le nouveau graphisme de Weingart »
affiche 1978
[Wolfgang Weingart]

ci-dessus, à gauche
« Faut-il défendre cette typographie ? »
couverture de magazine 1976
[Wolfgang Weingart]

ci-dessus
« Pourquoi et comment furent créées les couvertures du *Typographische Monatsblätter* »
couverture de magazine 1973
[Wolfgang Weingart]

En fait, Weingart allait à contre-courant de l'avant-garde. Des artistes comme Schwitters et Vordemberge-Gildewart avaient fait reculer les frontières de l'art en s'engageant dans la voie du design. Weingart, lui, évoluait vers une expression plus personnelle, évidente dans sa couverture pour *Visible Language* (1974), sur laquelle il avait griffonné : « Pas d'idée pour cette putain de couverture. » Mais là où Weingart joua un rôle fondamental, c'est dans sa prise en compte précoce de l'arrivée de nouvelles technologies – qui menaçaient la tradition artisanale dans laquelle il avait appris son métier. Il releva ce défi avec une prodigieuse inventivité, utilisant la photocomposition et les films photographiques pour monter alphabets et images (voir p. 24).

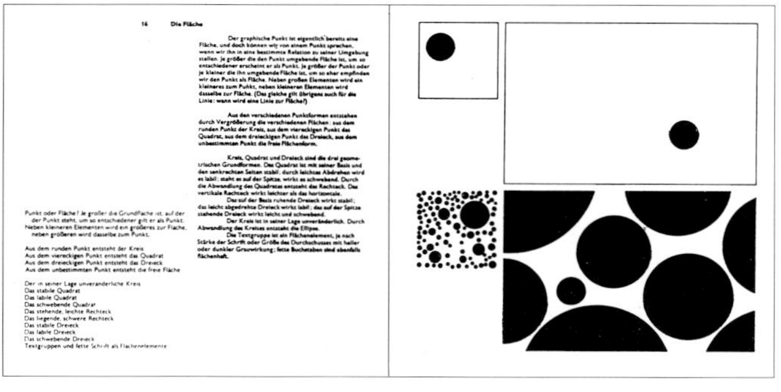

Forme et Couleur
double page de livre 1968
[Hans-Rudolf Bosshard]

Hans-Rudolf Bosshard, professeur à Zurich, formula avec plus de sobriété l'évolution des arts graphiques dans son livre *Form und Farbe* (*Forme et Couleur*, 1968) où il établit des principes élémentaires et une orthodoxie progressiste. Hans-Rudolf Lutz publia un autre manuel exhaustif sur l'enseignement de la typographie, suivi, en 1990, de *Die Hieroglyphen von Heute* (*Les Hiéroglyphes d'aujourd'hui*), sorte d'énorme

Manuel de typographie
double page 1987
[H.-R. Lutz]

catalogue de 5 000 signes et symboles provenant de cartons d'emballage. L'objectif de Lutz était de présenter un système qui existe et fonctionne sans avoir jamais nécessité l'intervention du graphiste.

L'Allemagne

Jeux Olympiques
pictogrammes, Munich 1972

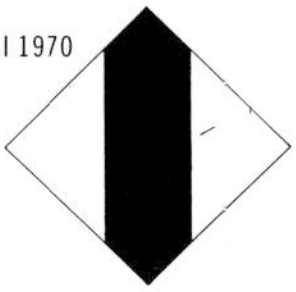

Leverkusen
symbole municipal 1970
[Rolf Müller]

En 1977, les Jeux Olympiques de Munich donnèrent à l'approche systématique l'occasion d'une application magistrale. Chaque élément promotionnel ainsi que la signalétique créés par l'équipe d'Otl Aicher (sous la présidence de Stankowski) étaient déterminés à partir d'une grille.

Dans les années 1970, certaines municipalités, comme celle de Munich, employèrent des graphistes pour éveiller le sens civique de leurs citoyens et se forger une image plus valorisante. Un ancien étudiant d'Aicher à Ulm, Rolf Müller, apporta, à travers ses réalisations pour la ville de Leverkusen, l'illustration parfaite de cette démarche. Le projet déclinait l'identité visuelle de la ville sur divers supports : papiers à lettres, brochures touristiques, affiches d'événements culturels et placards d'information des services sociaux. L'élément central était un symbole, un carré incliné à 45°, et tout reposait sur la grille et une typographie sans empattements.

Les théâtres municipaux employaient des techniques plus souples, se servant indifféremment de la photographie ou du dessin pour leurs

Berlin
logotype avec slogan pour
l'affranchissement années 1980
[Anton Stankowski]

Berlin ist eine Reise wert | **BERLIN**

S. Fischer
affiche d'éditeur 1967
[Gunter Rambow]

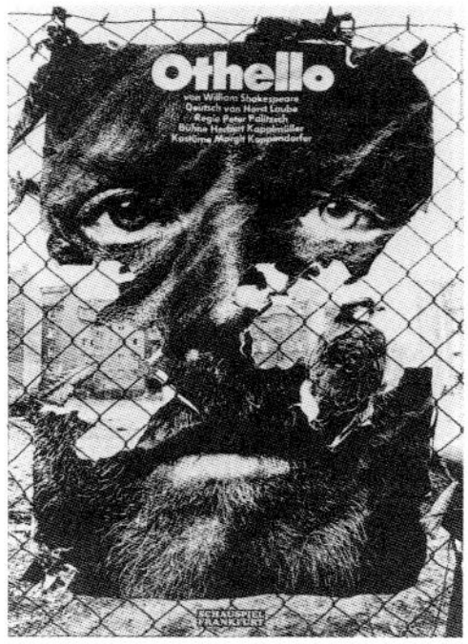

« Othello »
affiche de théâtre 1980
[Rambow / Lienemeyer / Van de Sand]

publicités. Les affiches de cinéma de Hans Hillmann, dans les années 1970 présentaient un dessin toujours aussi efficace. Les jeunes maîtres de la photographie et du montage étaient Frieder Grindler et Holger Matthies. L'équipe, formée dans les années 1980 par Rambow, Lienemeyer et Van de Sand, était la plus imaginative. Ensemble, ces trois derniers exploitèrent l'hyperréalisme photographique propre à la publicité pour communiquer des idées politiques et théâtrales. Une affiche typique du style de Rambow et Lienemeyer comportait un seul visuel complexe : le montage est invisible comme on peut le voir dans cette affiche pour *Othello*.

En Europe, le graphisme publicitaire suivait New York de près : un grand visuel et un peu moins du tiers de l'espace réservé à un titre simple et explicite, accompagné d'un court texte explicatif disposé en colonnes. A la fin des années 1970, la mise en page du texte et de l'image ressemblait souvent à celle d'un magazine. La vache mauve de Milka, avec son slogan « La nuit je me fais particulièrement tendre », faisait partie d'une série illustrant cette fantaisie éditorialiste. A l'inverse, d'autres publicités reposaient uniquement sur les mots et leur typographie.

« De la rue à la tombe,
il n'y a souvent pas plus d'1 mm. »
publicité pour les pneus Continental
GGK Düsseldorf 1979
[Gerd Hiepler / Holger Nicolai]

Milka
publicité 1978
[photographe Beat Jost]
[directeur artistique
Maria-Christina Sennefelder]
[Young & Rubicam, Francfort]

GGK, l'ancienne agence suisse de Gerstner, Gredinger & Kutter, était l'une des agences de publicité les plus novatrices d'Allemagne. Helmut Schmidt-Rhen, un des directeurs artistiques de GGK puis du magazine *Capital*, réalisa le premier logotype déclinable (« Lik », pour la revue *Literatur in Köln*).

Literatur in Köln
déclinaison du logotype 1974
[Helmut Schmidt-Rhen]

« Trallali Trallala... »
affiche contre l'alcool au volant
1979
[Uwe Loesch]

Dans les années 1970 et 1980, Uwe Loesch, qui avait enseigné à Düsseldorf avec Schmidt-Rhen, apporta un élément d'une grande nouveauté dans le domaine de l'affiche, grâce à l'exagération de certaines techniques graphiques : des photographies avec une extrême profondeur de champ et une gamme de tonalités très variées, l'impression d'éléments sombres sur des fonds tout aussi sombres et d'éléments clairs sur du clair, des agrandissements géants, des encres métalliques et fluorescentes. En 1979, il réalisa une affiche particulièrement réussie pour une campagne contre l'alcoolisme, dans laquelle il disposa symétriquement deux onomatopées. Sur un fond noir, Loesch plaça un verre de bière en équilibre sur le gyrophare d'une voiture de police ; à gauche, une ligne de texte chantonne « trallali, trallala » ; à droite, c'est le son de la sirène qui est retranscrit. Il conçut, en 1982, sa plus fameuse excentricité, découpant un panneau d'affichage pour en faire un livre de 256 pages au format A4.

L'essentiel du graphisme allemand se développa dans des créations pour des entreprises, réalisées par des collectifs de graphistes comme Mendell & Oberer, et pour des magazines, tels que le supplément de la *Frankfurter Allgemeiner Zeitung*, qui développa le style de maquette que Fleckhaus avait utilisé avec succès pour *Twen*.

L'Italie

logotypes pour Olivetti
1970 [Walter Ballmer]

L'influence des méthodes « systématiques » de graphisme de la Hochschule für Gestaltung d'Ulm commençait à se propager dans l'Italie des années 1960. Son ancien directeur, Tomas Maldonado, et l'un de ses principaux théoriciens, Gui Bonsiepe, travaillaient à Milan où ils supervisèrent la création de l'image graphique de La Rinascente et de sa chaîne de supermarchés, Upim (1967-1969), dont un autre professeur d'Ulm, Tomas Gonda, avait été le directeur artistique. Deux anciens étudiants d'Ulm jouèrent également un rôle important. Dans la région bilingue de Bolzano, Giovanni Anceschi conçut un horaire qui pouvait être lu également comme un plan du réseau et un ticket de train à parcours mutliples ; Hans von Klier, quant à lui, dirigea la création de l'image graphique d'Olivetti au début des années 1970.

diagramme des transports publics
province de Bolzano
(détail) 1975-1979
ticket à parcours multiples 1975-1979
[Giovanni Anceschi]

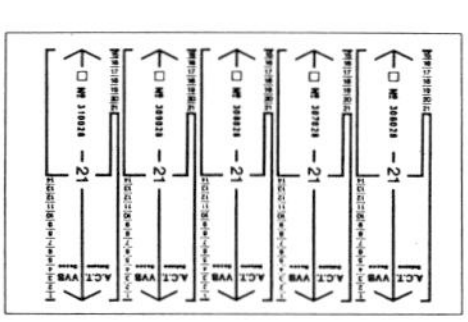

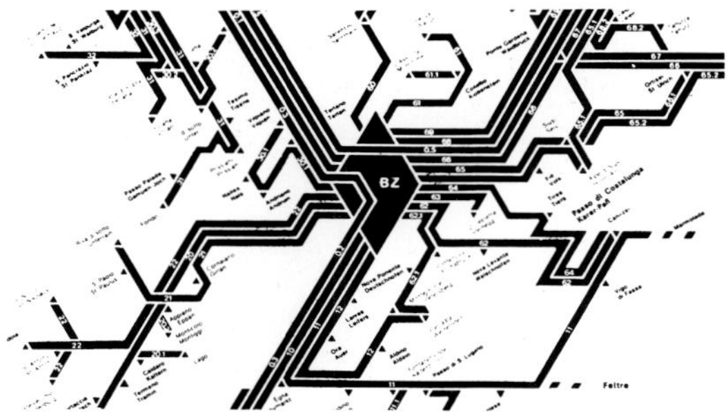

De nombreux graphistes ont été marqués par les réalisations de Bob Noorda qui conçut la signalétique du métro de Milan (1963-1964). Ce fut ensuite au tour de la région de Lombardie de commander une signalétique au Centro per il Disegno Ambientale (DA) en 1974, suivie par la société des transports de Venise qui s'adressa à Giulio Cittato en 1977 et, enfin, les îles Eoliennes qui choisirent Mimmo Castellano.

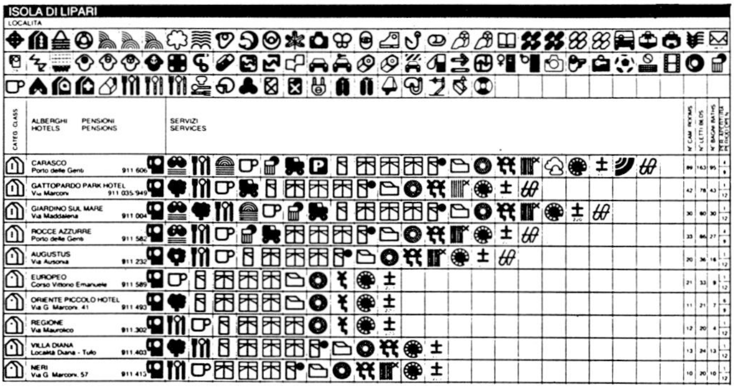

îles Eoliennes
liste des hôtels, auberges et pensions
extrait d'un système de pictogrammes
1976
[Mimmo Castellano]

îles Eoliennes
« I » comme « *isole* » (île)
« E » comme » *eolie* » (éoliennes)
logotype 1978
[Mimmo Castellano]

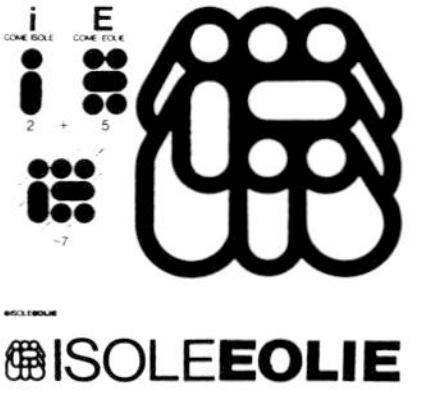

Dans le cadre d'une initiative ambitieuse pour un simple organisme de tourisme, Castellano conçut des cartes schématiques et toute une série de symboles parfaitement lisibles par le visiteur étranger. Construits à partir de 250 mots-clef représentant les concepts pour lesquels des signes étaient nécessaires, ces symboles étaient ensuite divisés en 15 catégories afin de décrire, pour chaque île, les hôtels et leurs services ainsi que leur classement symbolisé par des étoiles.

En Italie, les graphistes avaient davantage tendance à travailler de façon individuelle que collectivement. Les graphistes de l'ancienne école, comme Grignani et Albe Steiner, étaient toujours actifs. La rigueur moderniste était encore présente dans les œuvres de graphistes comme A.G. Fronzoni et Monguzzi. La diffusion à l'étranger des magazines d'architecture *Domus* et *Casabella* et de ceux, plus populaires, comme l'édition italienne de *Vogue*, contribuèrent à entretenir un intérêt international pour l'élégance virile du graphisme italien – même s'il ne s'agissait là que d'un stéréotype fabriqué par l'étranger.

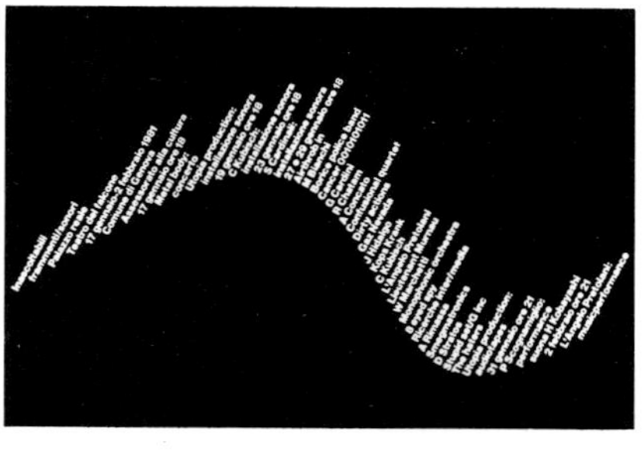

« Fragments de sons inaudibles »
affiche de concert 1980
[A.G. Fronzoni]

Le Japon

Jeux Olympiques
pictogrammes 1964
[directeur artistique Masaru Katzumie]

Voice
comparaison des forces
armées dans le monde 1980
[Nobuo Nakagaki]

Malgré une très forte tradition graphique nationale, le Japon fut néanmoins l'un des pays les plus ouverts aux influences étrangères. Deux magazines avaient un contenu et une distribution internationaux : *Idea*, un bimensuel fondé en 1953 par le graphiste Hiroshi Ohchi, et *Graphic Design* (1959 à 1986). Le rédacteur en chef de *Graphic Design*, Masaru Katzumie, avait dirigé l'élaboration des pictogrammes des Jeux Olympiques de Tokyo. Si ces Jeux de 1964 firent naître un vocabulaire visuel, ce fut Aicher qui en élabora la grammaire en 1972, pour Munich. Dans son magazine, Katzumie présentait des exemples de graphisme aussi bien traditionnels que contemporains, tout en encourageant un débat d'idées. Son intérêt pour l'importance sociale du graphisme se retrouvait dans ses comptes rendus de l'évolution de la standardisation internationale de la signalétique. C'est ainsi qu'il publia un extrait de l'analyse graphique du monde réalisée en tableaux de couleurs par un ancien d'Ulm, Nobuo Nakagaki.

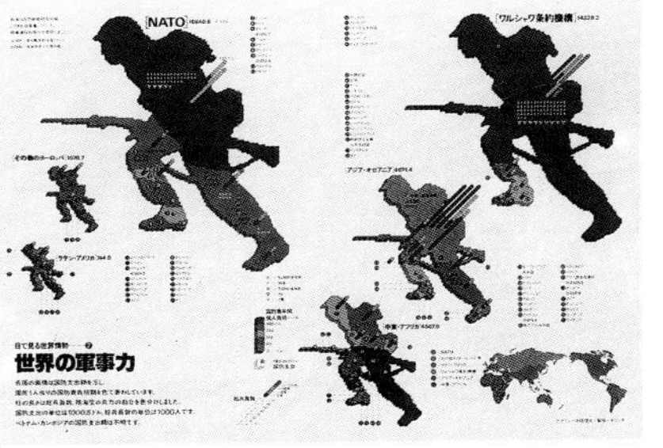

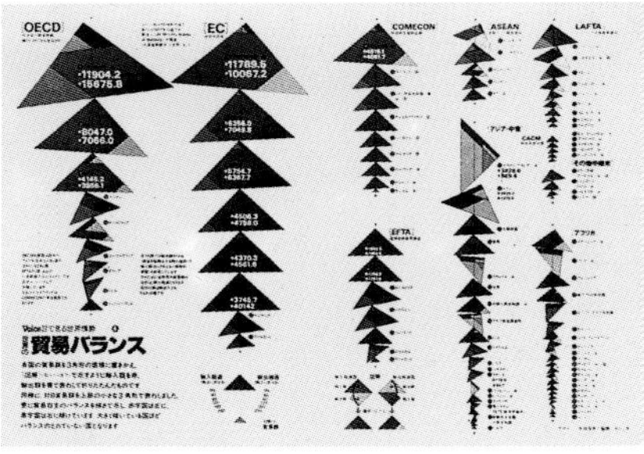

Les graphistes occidentaux s'intéressaient à l'espace bidimensionnel et aux aplats de couleur des gravures japonaises, ils étaient séduits par la créativité empreinte de tradition des artistes japonais et par la précision de leur calligraphie, notamment la géométrie des symboles héraldiques, les *mon*. L'art commercial qui se développa entre les deux guerres était très proche de la publicité occidentale. Au début des années 1950, suivant l'exemple new-yorkais, le Club des directeurs artistiques de Tokyo publia son propre annuaire, et le Club des

magasin de vanneries
symbole dessiné sur rideau
v. 1975

Biennale internationale
de l'imprimerie
affiche 1960
[Ryuichi Yamashiro]

artistes publicitaires japonais (JAAC), le principal organisme professionnel, proposa des expositions annuelles jusqu'à ce qu'il soit remplacé par l'Association des graphistes japonais, en 1978. La créativité japonaise put s'exprimer dans le monde entier à travers la publicité des fabricants d'appareils photo Canon, Nikon et Olympus, et des constructeurs automobiles Honda, Kawasaki et Mitsubishi.

« Nikon »
affiche 1955
[Yusaku Kamekura]

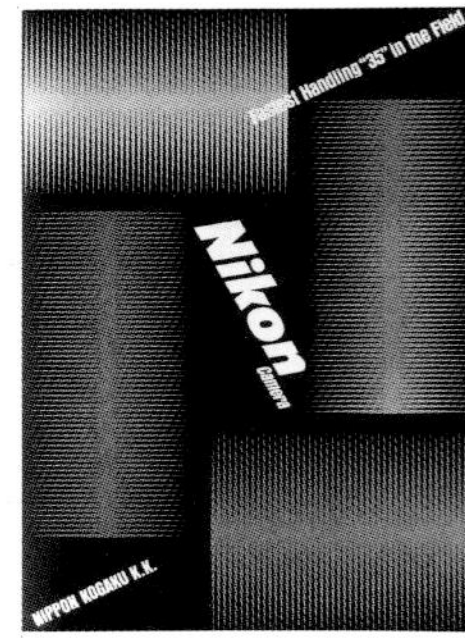

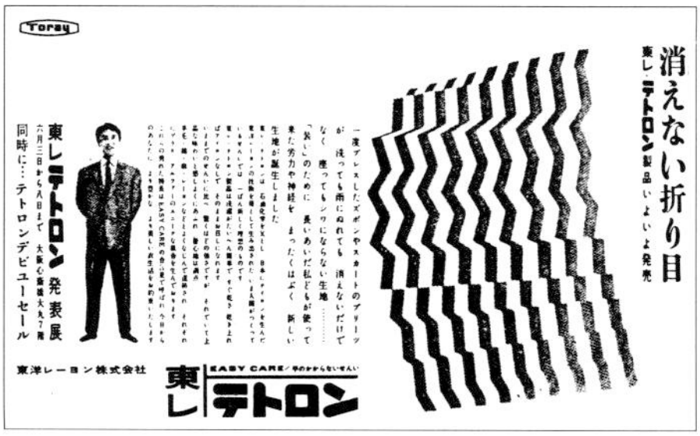

« Tokyo Rayon »
publicité v. 1950
[Ikko Tanaka]

Club des artistes publicitaires japonais
symbole 1952
[Ayao Yamana]

JAGDA

Club des graphistes japonais
symbole 1977 [Kazuo Kashimoto]

A la perfection traditionnelle du dessin et à l'habileté graphique, les premiers graphistes professionnels japonais des années 1960 ajoutèrent des images géométriques (Yusaku Kamekura, Kazumasa Nagai, Kohei Sugiura, Ikko Tanaka). Les générations successives de graphistes profitaient des nouveautés dans le domaine de la photo et de l'électronique, auxquelles ils avaient un accès immédiat, pour créer, manipuler et reproduire des images imprimées (Makoto Saito) ; ils utilisaient des astuces visuelles et des illusions optiques (Shigeo Fukuda), de la photographie stroboscopique (Gan Hosoya) et du montage informatique. Pouvoir lire un texte à la verticale ou à l'horizontale offrait une touche d'exotisme qui séduisait les Occidentaux.

armoiries japonaises traditionnelles

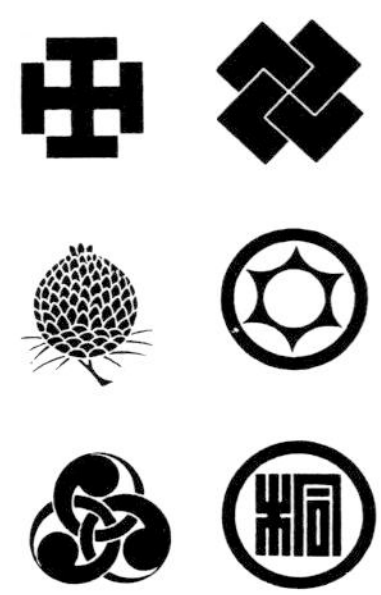

typographie japonaise
affiche d'exposition 1959
[Hiromu Hara]

« chœurs russes Don Cossack »
affiche de concert 1952
[Hiroshi Ohchi]

En 1959, Tokyo acueillit la conférence internationale sur le design (WoDeCo). Divers artistes étrangers représentant le mouvement moderniste furent invités : Saul Bass et Bayer vinrent des Etats-Unis, Maldonado et Aicher d'Ulm, Müller-Brockmann, Huber et Munari de Suisse et d'Italie. La même année vit la naissance du Nippon Design Center, une entreprise fondée par un consortium

Nippon Design Center
logotype 1960
[Kazumasa Nagai]

Kashima-Shuppankai
affiche pour un éditeur 1967
[Kazumasa Nagai]

d'importantes sociétés qui aidaient aussi les graphistes fraîchement diplômés à trouver des stages. Kamekura, l'un des trois membres fondateurs, réalisa le symbole et les affiches des Jeux Olympiques de Tokyo. La plus célèbre de ces affiches représente des athlètes qui s'élancent des starting-blocks et dont les gestes sont figés. Ils forment un triangle sous lequel est centré le symbole des Jeux. Le fond noir ôte toute profondeur à l'image – technique qu'utilisait Cappiello pour soustraire ses figures à la tridimensionnalité (voir p. 13).

Jeux Olympiques
affiche 1964
[Yusaku Kamakura]

En 1965, Kamekura et Katzumie participèrent tous deux à une exposition destinée à faire connaître les jeunes graphistes, dont plus d'un millier sortaient chaque année des écoles japonaises. Mais le choix des exposants étrangers traduisait un intérêt plus éclectique que celui de la WoDeCo, six ans plus tôt : Gerstner représentait la Suisse, Lenica l'affiche polonaise et Dorfsman, de CBS, le modernisme américain. Cette exposition bouleversa la carrière de l'un des nombreux graphistes passés par le Nippon Design Center, Tadanori Yokoo, qui résumait ainsi l'impatience de sa génération : « Le graphisme moderniste, lié comme il l'est désormais à l'industrie moderne, a contribué au développement de notre civilisation matérialiste. Mais il cherche maintenant à nous priver de notre âme. » Yokoo était un rebelle et une célébrité. Il réalisa dans les années 1960 et 1970 une prodigieuse série

John Silver Part Two
affiche de théâtre 1967
[Tadanori Yokoo]

« Cognac Suntory »
affiche 1979
[Tadanori Yokoo]

d'affiches annonçant des événements culturels ou vantant des boissons alcoolisées, dans lesquelles il associait des reproductions d'œuvres d'art occidentales, des gravures et des dessins d'après photo, des ornements traditionnels japonais aussi bien que musulmans, et des effets psychédéliques sur des fonds dégradés qui rappelaient d'anciennes estampes. Yokoo était un grand adepte des nouvelles techniques, comme celles qui lui permettaient, entre autres, de répéter des motifs de plus en plus petits afin de créer des effets de profondeur infinie.

affiche d'exposition 1975
[Shigeo Fukuda]

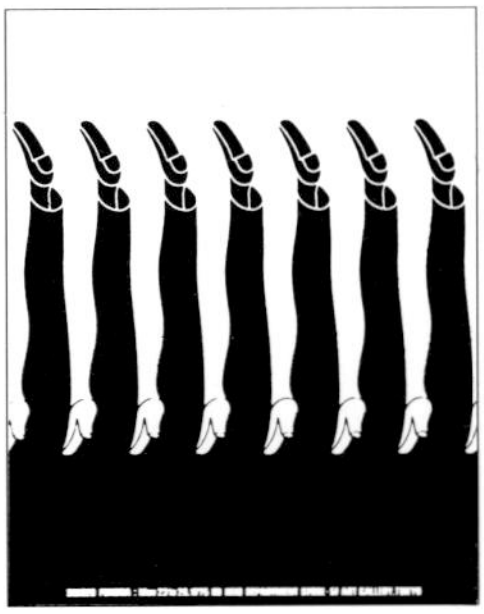

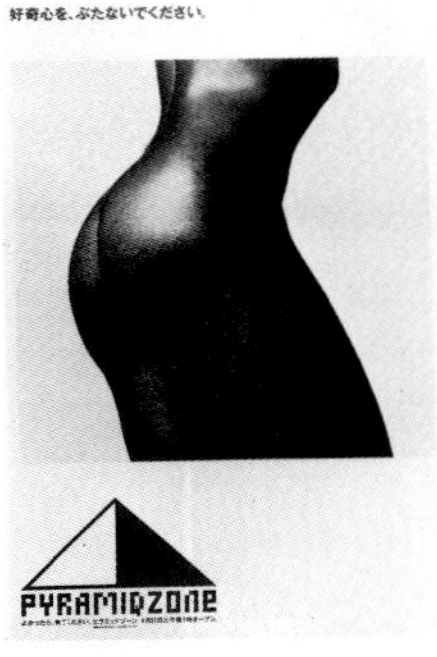

extrême gauche
« Regard 1 »
affiche d'exposition 1984
[Shigeo Fukuda]

« Pyramid Zone »
affiche de grand magasin 1985
[Takayuki Soeda]

La plupart des œuvres graphiques japonaises prenaient de la distance par rapport au produit. Comme les affichistes occidentaux au début du siècle, l'idée graphique seule attirait l'œil sur le nom de l'annonceur. C'est ainsi que des grands magasins comme Parco ou Seibu et le fabricant de cognac Suntory furent les mécènes de réalisations graphiques très audacieuses.

extrême gauche
« Projet 7000 :
Un flot de son »
Pioneer Electronics
publicité 1979
[Gan Hoyosa]

à gauche
« Parfum Yoshie
Inaba »
affiche 1985
[Kaoru Watanabe]

Cependant, la préférence allait souvent à des cabinets internationaux, véritables multinationales des arts graphiques. Japan Airlines s'adressa à Landor pour son image graphique, et en 1987, les chemins de fer nouvellement privatisés se contentèrent d'un logotype au style occidental sans âme. L'imagination du graphisme nippon était visible dans de nombreux supports : de la publicité aux magazines de mode, sans oublier les revues spécialisées et surtout un nombre infini de logotypes et de symboles, d'abord fidèles à la simplicité traditionnelle du *mon* puis se diversifiant avec l'avènement de l'image de synthèse.

Taiyo Machine Industry Co
symbole
[Yusaku Kamekura]

Suruga Bank
symbole 1965
[Kazumasa Nagai]

« Waltz »
logotype
Tokorozawa 1986
[Shin Matsunaga]

Encyclopédie des sciences médicales
double page 1982-1983
[Kodansha Ldt]

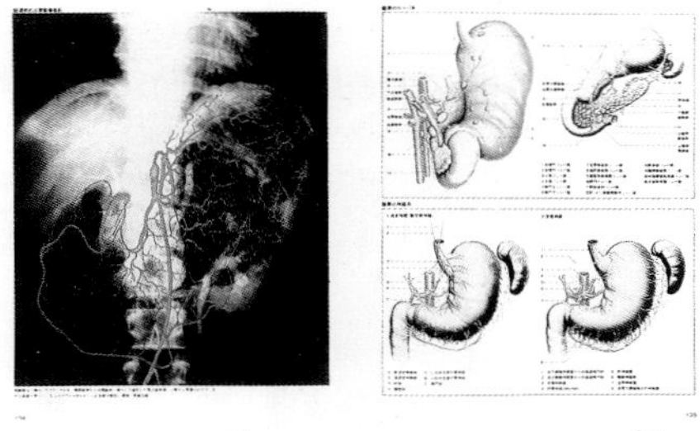

Japan Railways
logotype 1987
[Nippon Design Center]

logotype d'éditions musicales 1980
[Ikko Tanaka]

Les innovations techniques inspirèrent de nouvelles images et révolutionnèrent l'édition. En 1982-1983, les éditions Kodansha introduisirent un « système d'édition rédactionnelle » pour leur *Encyclopédie des sciences médicales*. Le travail de l'équipe graphique, utilisant des logiciels de dessin et des traceurs reliés par fibres optiques à un ordinateur central, était coordonné par des systèmes qui précisaient, par exemple, la densité de l'aérographe ou de la couleur. Ces techniques de gestion graphique, associant l'ordinateur à l'équipe graphique, placèrent le Japon à l'avant-garde.

Les Etats-Unis

Tandis que les Etats-Unis exportaient leur graphisme via les multinationales, de nouvelles idées – et notamment celles de l'avant-garde européenne – continuaient d'y être importées. Les Etats-Unis étaient en quelque sorte le point de rencontre entre l'Orient et l'Occident. Les années 1970 furent marquées par les créations de Saul Bass, Paul Rand et de Chermayeff & Geismar. Ces graphistes étaient également très appréciés au Japon. D'ailleurs, le symbole de Bass pour Quaker Oats reprenait l'abstraction du *mon* et ses effets de positif / négatif. En 1984, il employa les mêmes techniques photographiques que les Japonais pour l'affiche des Jeux Olympiques de Los Angeles.

« Quaker Oats »
symbole 1970
[Saul Bass]

Jeux Olympiques de Los Angeles
affiche 1984
[Saul Bass]

Les identités visuelles conçues par Paul Rand pour des entreprises ont été récompensées à maintes reprises. En effet, IBM et la Cummins Engine Company remportèrent le AIGA Design Leadership Award respectivement en 1980 et 1983. Ces créations se rattachaient au principal courant moderniste, comme celles de Chermayeff & Geismar, agence chargée, dans les années 1960, de la nouvelle ligne graphique de Mobil, dont les spots publicitaires s'inspiraient de modèles graphiques européens. D'autre part, dans le livre de Rand, *A Designer's Art* (1985), il n'est fait référence qu'à la culture européenne : Picasso, Miró, Matisse.... et tout le graphisme américain populaire – enseignes Coca-Cola, animations Walt Disney, bandes dessinées, etc. – est volontairement ignoré.

Un ouvrage polémique publié par les architectes Robert Venturi et Denise Scott Brown, intitulé *Learning from Las Vegas* (1972), s'intéresse, lui, plus particulièrement au langage graphique quotidien. Ce livre grand format composé en Univers sur une machine à écrire IBM et mis en pages par Muriel Cooper, graphiste au MIT, repose sur une grille souple aux accents européens qui permet la traduction visuelle des différents points développés, grâce à d'importants contrastes de densité.

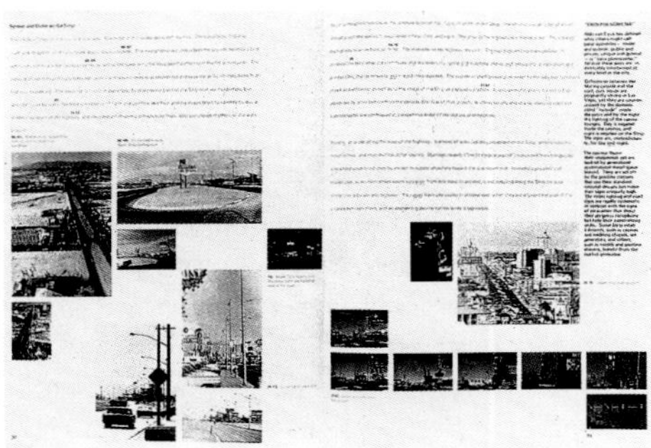

Les architectes post-modernes comme Venturi considéraient les bâtiments comme des signes (ou des ensembles de signes) et comme des éléments d'un système de communication plus large comprenant les panneaux publicitaires urbains. C'est à cette même époque que la Highways Commission (Société des autoroutes) entreprit de revoir tous ses panneaux avec l'aide du AIGA.

Dans la même tradition que l'aéroport de Schiphol, la signalétique de l'aéroport international de Las Vegas était bel et bien internationale. On préféra néanmoins à l'Helvetica un Avant Garde fonctionnel (comme le Futura redessiné par Chermayeff & Geismar pour Mobil) et géométrique, apparu pour la première fois dans un logo de magazine créé par Lubalin et Tom Carnase en 1968. Depuis les années 1960, Lubalin s'était rapproché d'un style américain traditionaliste et éclectique (style que l'on associe habituellement au Push Pin Studio et à Milton Glaser, en particulier).

« Cummins »
emballage de pièces détachées
1983
[Paul Rand]

aéroport de Las Vegas
panneau indicateur 1976
[John Follis & associates]

Learning from Las Vegas
double page de livre 1972
[Muriel Cooper]

Mobil

« Mobil »
logotype 1965
[Chermayeff & Geismar]

Avant Garde
graphisme avec capitales années 1970
[Herb Lubalin]

U&lc
couverture de magazine 1980
[Herb Lubalin]

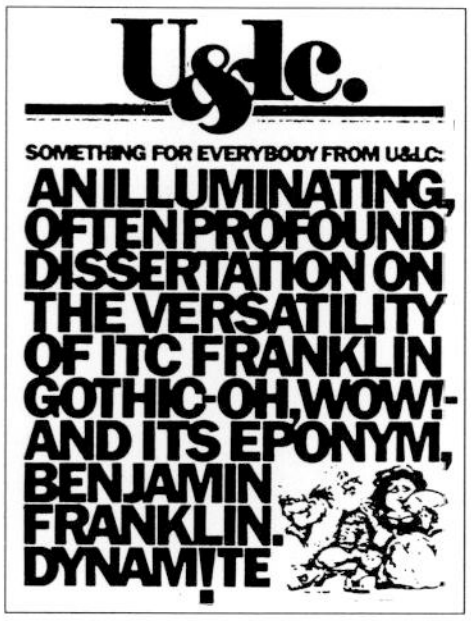

Grâce à l'informatique, le nombre de caractères disponibles dépassa le millier dès les années 1980. La société Linotype proposait cinq versions de Baskerville, lesquelles étaient à leur tour proposées en différentes graisses et italiques, ce qui amenait à un total de vingt-six déclinaisons. La facilité avec laquelle on pouvait créer de nouvelles lettres sur ordinateur à partir de caractères existants donna aux graphistes l'accès à quantité de polices exotiques que seules des techniques comme le transfert rendaient auparavant disponibles.

En 1970, Lubalin fonda avec Aaron Burns ITC (International Typeface Corporation). Afin de promouvoir leurs réalisations graphiques, ils lancèrent une revue au format tabloïd, *U&lc*. Placée sous la direction artistique de Lubalin, celle-ci ressemblait davantage à un hebdo féminin qu'à une revue professionnelle. D'ailleurs, pendant les années 1970, de nombreux magazines s'en inspirèrent et changèrent la titraille de leur articles (comme le fit Milton Glaser au *New Yorker*). Progressivement, le style ITC était imité.

Glaser était le graphiste américain le plus admiré à l'étranger. Le Centre Pompidou lui consacra une exposition qui montrait bien son style éclectique : illustration narrative, typographie victorienne, créations modernistes et géométriques avec des caractères sans sérif… En 1972, il transforma la maquette de *Paris Match* et en réduisit le format, tandis qu'il doublait celui du *Jardin des Modes* de Widmer.

Les étudiants étrangers en Arts appliqués venaient en Europe pour étudier notamment à la Gewerbeschule de Bâle. Et s'ils étaient, au départ, attirés par les recettes d'Armin Hofmann, ils repartaient avec l'enthousiasme de ceux qui luttaient, comme Weingart, contre les règles existantes et défendaient l'expressionnisme graphique. Ces courants entraînèrent une « nouvelle vague » au sein de laquelle l'ordinateur se transformait en un véritable outil graphique. Cette vague s'empara de nombreux éléments formels (les filets typographiques et les linéales), pour les rendre avec des courbes modulées, dans des angles inhabituels et des perspectives floues. Le phénomène fut particulièrement fort en Californie, mais aussi à la Cranbrook Academy of Art, au MIT et à New York.

« Cranbrook : cours supérieur d'art graphique »
affiche 1989
[Katherine McCoy]

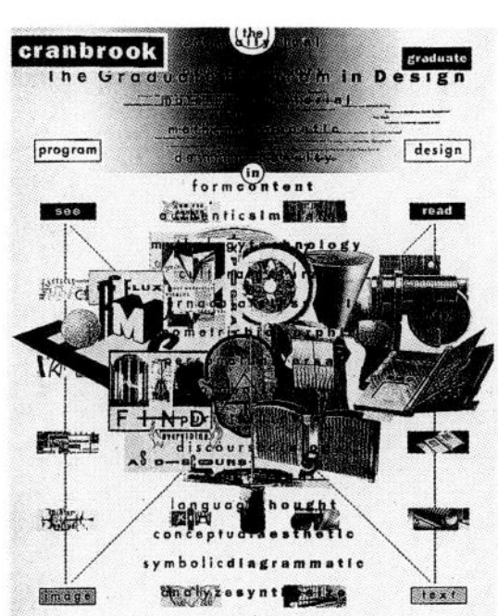

Le nouveau graphisme californien était essentiellement représenté par une ancienne étudiante de Weingart, April Greiman. Ses premières œuvres, à la fin des années 1970, illustrent deux caractéristiques de la « nouvelle vague » : le « graphisme cocktail » (lettres, petites images et ornements hétéroclites disposés de manière originale et ludique) et les collages en couleurs, qu'April Greiman réalisait avec le photographe Jayme Odgers. En jouant avec l'espace et le chevauchement des images mises en perspective, ils anticipaient son travail avec l'ordinateur.

Sa manière d'utiliser la technologie, de la photocopie couleur à toutes sortes de logiciels, fut décrite dans un dépliant d'un numéro de *Design Quarterly* en 1986 (voir p. 24). D'un côté, on peut voir la photographie numérisée de Greiman nue et, de l'autre, un exposé de ses techniques.

Dans son livre *Hybrid Imagery* (1990), elle décrit également son goût pour le travail sur des images pré-existantes qu'elle enregistre sur des disquettes ou des cassettes vidéo. Elle accepte les effets du hasard et une faible résolution du texte et de l'image lui suffit. Dépourvues de netteté, ses « strates » d'images sont parfois si complexes et hasardeuses qu'elles frôlent l'illisibilité. Mais comme Greiman l'explique, « si le client passe le seuil, c'est qu'il a été séduit par l'esthétique ».

« Vertigo »
magasin de vêtements logotype 1982
[April Greiman]

« E P Pottery »
publicité 1979
[April Greiman & Jayme Odgers]

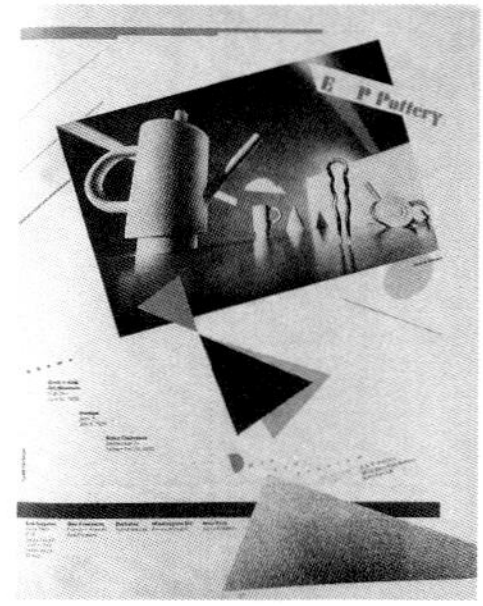

California Institute of the Arts
dépliant 1986
[April Greiman & Jayme Odgers]

L'esthétique de Greiman s'inspirait directement de celle de Weingart, qui avait donné plusieurs conférences aux Etats-Unis, en 1972, organisées par Dan Friedman. Ce dernier était professeur de typographie à Yale, là où l'influence directe de l'école de Bâle avait été introduite par Armin Hofmann, au milieu des années 1950. Il avait travaillé à Bâle et à Ulm et enseignait une typographie moderniste assez originale et expressive, souvent atténuée dans ses réalisations commerciales. Son travail pour la Citibank rejoignait les approches plus classiques de l'identité visuelle d'une entreprise, établies par Rand, Chermayeff & Geismar, Massimo Vignelli, ainsi que la nouvelle approche commerciale, anti-design et peu élégante de Tibor Kalman chez M&Co. Parmi les graphistes mettant leur influence américano-suisse au service des entreprises, on trouvait également le Suisse Willi Kunz qui lança à New York un modernisme tardif plus discipliné, ainsi que Wilburn Bonnell et Woody Pirtle, au graphisme plus spécifiquement américain.

New York / Paris
programme d'enseignement
affiche 1988
[Willi Kunz]

Fetish
couverture de magazine 1980
[David Sterling et Jane Kosstrin]

On retrouvait la même influence du modernisme tardif dans les cours donnés à Cranbrook à partir de 1972 par Katherine McCoy. Après un cours pratique sur la typographie suisse, ses étudiants devaient réaliser, à l'aide d'une grille, une étiquette pour un produit alimentaire. Hans-Rudolf Lutz adopta la même méthode pour ses couvertures des *Typographisches Monatsblätter*, en 1977, qu'il réalisa en imitant différents genres de magazines afin de démontrer que la présentation de l'information influait sur le message. Un style Dumbar naquit et fut diffusé à New York par Doublespace, un cabinet créé par deux anciens de Cranbrook, David Sterling et Jane Kosstrin. Doublespace éditait *Fetish*, un magazine pour les amateurs de kitsch, associant une débauche de techniques graphiques – collages, chevauchements, superpositions, grandes profondeurs de champs... – rappelant le travail de Greiman. Le style de Cranbrook fut repris par Lucille Tenazas, au California College of Arts and Crafts (CCAC).

« Graphismes récents des Pays-Bas »
affiche 1987
[Lucille Tenazas]

Emigré – autre contribution californienne importante – était un magazine grand format lancé en 1982 par un immigré hollandais, Rudy VanderLans et son épouse, Zuzana Licko. Composé sur un Macintosh avec des caractères créés par Licko – pour qu'ils « rendent bien malgré une imprimante à résolution médiocre » –, *Emigré* présentait toutes sortes de graphismes. La formation de graphiste de VanderLans enrichissait remarquablement son travail de rédacteur en chef : la maquette était utilisée pour donner forme au contenu, réhaussant les parties les plus significatives et établissant des rapports entre elles, grâce à l'affichage immédiat sur l'écran.

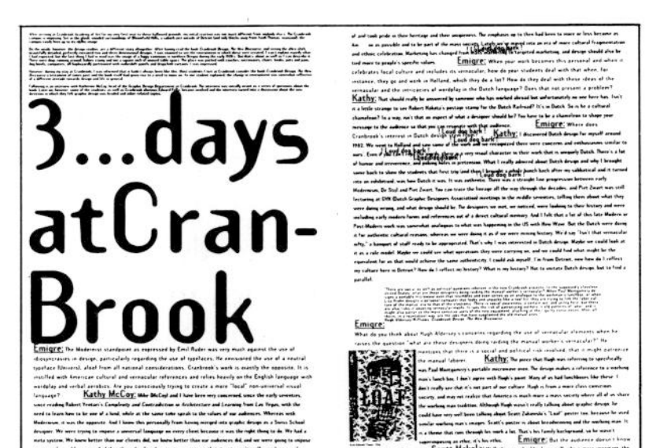

Emigré
ci-dessus
couverture 1990
à droite
double page de magazine 1992
[Zuzana Licko et Rudy VanderLans]

La PAO et l'arrivée des rotatives en quadrichromie participèrent non seulement à l'évolution des maquettes des magazines mais aussi à celle des maquettes des journaux, ces derniers ressemblant d'ailleurs de plus en plus aux premiers. On voulait offrir aux lecteurs et aux annonceurs un moyen de communication capable de rivaliser avec la télévision. Photographies en couleurs, tableaux, cartes et diagrammes accompagnaient une typographie très variée.

Pendant les années 1980, les graphistes américains prirent de plus en plus conscience de la nécessité d'une connaissance meilleure de leur travail, théorique et historique. Des revues professionnelles comme le mensuel *Print* cherchèrent à combler ces lacunes, tandis que *Industrial Design* entreprenait une approche critique des arts graphiques, comme le faisaient déjà des revues plus académiques telles que *Design Issue* et *Visible Language* (créée en 1967 sous le nom de *Journal of Typographic Research*). Parmi les livres consacrés à l'histoire et à la théorie du graphisme, on trouvait *Primer of Visual Literacy* (1975) de A. Dondis, *The Visual Display of Quantitative Information* (1983) de Tufte, et *History of Graphic Design* (1987) de Meggs. A Cranbrook, la théorie critique fit son apparition dans le cours consacré aux structuralistes français.

En 1988, dans le cadre de son atelier de « langage visible », au MIT, Muriel Cooper tenta d'associer d'autres domaines aux arts graphiques, afin de relier par un « pont expérimental l'ordinateur et quatre cents ans d'imprimerie » et d'analyser l'utilisation du graphisme dans l'animation, la vidéo et les nouveaux médias électroniques.

De plus en plus spécialisé, le graphisme informatif fit des progrès spectaculaires, en particulier grâce aux efforts de Richard Saul Wurman. Auparavant architecte, Wurman créa Access Press (1981), un cabinet spécialisé dans les guides et les modes d'emploi ; par la suite, en 1988, son bureau de San Francisco, baptisé The Understanding Business, lança les *Smart Yellow Pages* (Les pages jaunes intelligentes). Ces pages révélaient un souci inhabituel pour le confort du lecteur et utilisaient un graphisme d'une extrême clarté. Dans un article de *Design Quarterly*, en 1989, Wurman identifiait le graphisme informatif à des « accroches visuelles (cartes, diagrammes, tableaux, listes, horaires) qui nous aident à comprendre l'organisation de notre monde ». Il réalisa le plan de plusieurs grandes villes, soucieux de donner un sens à la confusion urbaine, et utilisa, pour illustrer son article, le plan du métro de Londres (1931), un modèle en matière de plan de transports urbains (et dont Massimo Vignelli s'inspira pour son plan du métro de New York dans les années 1960).

Football / Access
double page de livre 1983
[Richard Saul Wurman]

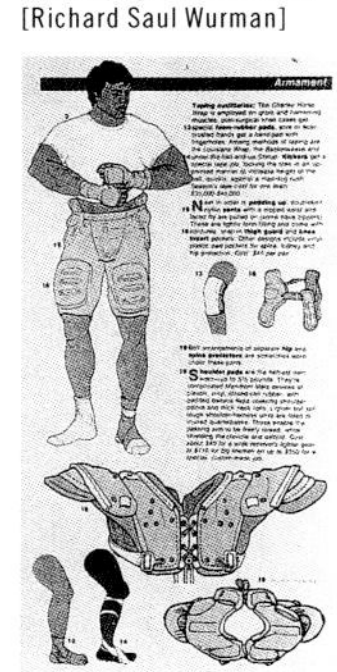

La carrière de Vignelli illustre parfaitement l'ascension du graphiste-entrepreneur des années 1960 à 1990. Vignelli avait entamé sa vie professionnelle à une époque et un lieu charnières dans l'histoire du graphisme : le Milan des années 1950. C'est là que se déve-

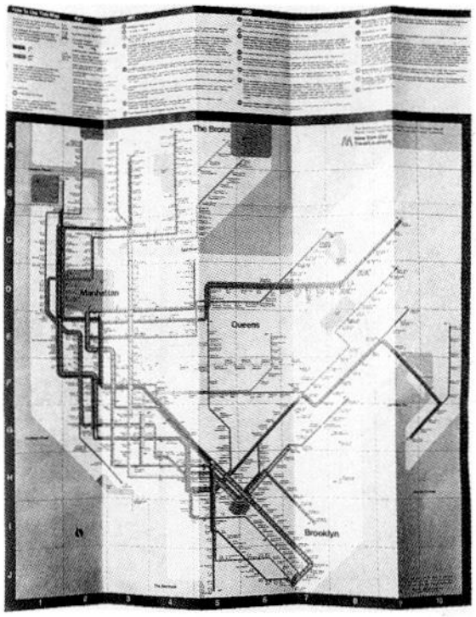

Transports publics de la ville de New York
plan du métro 1972, revu en 1978
[Massimo Vignelli]

Skyline revue d'architecture
couverture 1980
[Massimo Vignelli]

Parcs nationaux
des Etats-Unis
dépliant destiné aux visiteurs 1977
[Massimo Vignelli]

loppa la tradition du modernisme international, importé du Bauhaus par Schavinsky et de Suisse par Max Huber. Etant moins un style qu'une attitude, le modernisme pouvait s'appliquer à chaque catégorie des arts graphiques. Aux Etats-Unis, le style moderniste de Vignelli (lourds filets horizontaux, majuscules en gras condensées, textes en Helvetica ou en Bodoni), dont il s'était déjà servi pour le Piccolo Teatro de Milan, en 1965, sut parfaitement s'adapter au marketing, à l'édition, aux lignes graphiques et autres identités visuelles d'entreprise ainsi qu'au graphisme informatif.

Depuis les années 1970, se développe une réaction contre le modernisme dont l'objectivité est mise en doute et la rigueur considérée comme appartenant à une époque révolue, « pré-informatique ». En effet, tout au long de notre siècle, de nouveaux moyens de communication ont entraîné de nouvelles formes. Chaque nouvelle technique a donné au graphiste un contrôle accru du processus graphique, lequel inclue désormais la couleur et le mouvement. Face aux développements de la réalité virtuelle, le graphisme – tel qu'il est présenté dans ce livre – joue peut-être un rôle moins important dans la communication visuelle. Cela dit, tant que nous aurons besoin de l'alphabet et de l'image, le graphisme existera.

&
caractère en trois dimensions numérique
1992
[Nick Clarke]

Bibliographie et sources

La liste suivante présente les publications consultées par l'auteur ainsi qu'une sélection de lectures complémentaires. Elle comprend seulement les documents publiés depuis 1945 (exception faite de ceux dont les illustrations ont été reproduites).

Ouvrages généraux

Amstutz, W. *Who's Who in Graphic Art,* 1ᵉ éd., Zurich 1962
Art & Publicité, Centre Georges Pompidou, Paris 1990
Booth-Clibborn, E. *The Language of Graphics,* Londres et Tokyo 1970
Craig, J. et Barton, B. *Thirty Centuries of Graphic Design,* New York et Oxford 1987
Dormer, P. *The Meanings of Modern Design: Towards the Twenty-First Century,* Londres 1990
Forty, A. *Objects of Desire: Design and Society 1750-1980,* Londres 1986
Gentleman, D. *Design in Miniature,* Londres 1972
Gerstner, K. et Kutter, M. *Die neue Graphik,* Teufen, 1959
Gottschall, E.M. *Typographic Communications Today,* Cambridge, Mass., et Londres 1989
Graphic Designers in Europe, 4 vol., Londres et New York 1971-1973
Facetti, G. et Fletcher, A. *Identity Kits,* Londres 1967
Havinden, A. *Advertising and the Artist*, Londres 1956
Heller, S. et Chwast, S. *Graphic Style: from Victorian to Post-Modern,* New York et Londres 1988
Henrion, F.H.K. *Top Graphic Design,* Zurich 1983
– (éd.) *AGI Annals,* Tokyo et Zurich 1989
Hölscher, F. *Gebrauchsgraphik-Fibel*, Munich 1954
Kery, P.F. *Art Deco Graphics,* New York et Londres 1986
King, J. *The Flowering of Art Nouveau Graphics*, Londres 1990
Livingston, A. et I. *The Thames and Hudson Encyclopaedia of Graphic Design and Designers*, Londres 1993
Le Graphisme et l'art (numéro spécial de *Art d'aujourd'hui)*, Paris 1952
Lois, G. *The Art of Advertising,* New York 1977
Margolin, V. (éd.) *Design Discourse: History / Theory / Criticism,* Chicago et Londres 1989
McQuiston, L. *Women in Design: A Contemporary View,* Londres 1988
Meggs, P.B. *A History of Graphic Design,* New York et Harmondsworth 1983
Müller-Brockmann, J. *A History of Visual Communication*, Teufen et New York 1971
Neumann, E. *Functional Graphic Design in the 20's,* New York 1967
Poynor, R. *The Graphic Edge,* Londres 1993
Thompson, P. et Davenport, P. *The Dictionary of Visual Language,* Londres 1980
Walker, J.A. *Design History and the History of Design,* Londres 1989

Signes, symboles et identité

Blake, J.E. (éd.) *A Management Guide to Corporate Identity,* Londres 1971
Bühler-Oppenheim, K. *Signs, Brands, Marks,* Teufen 1971
Child, H. *Heraldic Design,* Londres 1965
Diethelm, W. *Signet, Signal, Symbol,* 3ᵉ éd., Zurich 1976
Frutiger, A. *Signs and Symbols: Their Design and Meaning,* Londres 1989
Henrion, F.H.K. et Parkin, A. *Design Coordination and Corporate Image,* Londres et New York 1967
Herdeg, W. *Graphis Diagrams,* Zurich 1976
Hornung, C.P. *Handbook of Designs and Devices,* New York 1946
Humbert, C. *Label Design,* Tübingen 1972
Images d'utilité publique, Centre Georges Pompidou, Paris 1988
Ishihara, Y. *American Trademarks and Logotypes* (numéro spécial de *Idea*), Tokyo 1976
Jacobson, E. (éd.) *Trademark Design (Seven Designers Look at...),* Chicago 1952
Jung, C.G. *L'Homme et ses symboles,* Paris 1964
Koch, R. *The Book of Signs,* Londres 1930
Kuwayama, Y. *Trademarks and Symbols of the World,* Tokyo 1988
Leitherer, E. et Wichmann, H. *Reiz und Hülle: Gestaltete Warenverpackungen des 19. und 20. Jahrhunderts,* Bâle, Boston et Stuttgart 1987
Lutz, H-R. *Die Hieroglyphen von heute,* Zurich 1990
Meadows, C.A. *Trade Signs and Their Origin,* Londres 1957
Olins, W. *The Wolff Olins Guide to Corporate Identity,* Londres 1990
Opie, R. *The Art of the Label,* Londres 1987
Palazzini, F.S. *Coca-Cola Superstar,* Londres 1986
Pedersen, B.M. *Graphis Annual Reports I,* Zurich 1988
– *Graphis Corporate Identity I,* Zurich 1989
Ricci, F.M. et Ferrari, C. *Top Symbols and Trademarks of the World,* Milan 1978
Rosen, B. *The Corporate Search for Visual Identity,* New York 1970
Sacharow, S. *Symbols of Trade*, New York 1982
The Image of a Company: Manual for Corporate Identity, Design Council, Londres 1990
Whittick, A. *Symbols: Signs and their Meaning and Uses in Design,* 2ᵉ éd., Londres 1971
Wildbur, P. *Trademarks: A Handbook of International Designs*, Londres 1966

Communication visuelle, théorie du graphisme informatif, techniques et technologie du graphisme

Ades, D. *Photomontage,* Londres 1976
Baroni, D. *Art Graphique Design,* Paris 1987
Bettinghaus, E.P. *Persuasive Communication,* New York et Londres 1968
Cherry, C. *On Human Communication,* New York 1959
Cotton, B. et Oliver, R. *Understanding Hypermedia,* Londres 1992
Dondis, D.A. *A Primer of Visual Literacy,* Cambridge, Mass., et Londres 1973
Garland, K. *Graphics Handbook,* Londres 1966
– *Illustrated Graphics Glossary,* Londres 1980
– *Graphics, Design and Printing Terms,* Londres 1989
Gibson, J. *The Perception of the Visual World,* Boston 1950
Herdeg, W. (éd.) *Graphis Diagrams,* Zurich 1976
Hind, A.M. *An Introduction to a History of Woodcut,* 2ᵉ éd., New York et Londres 1963
Igarashi, T. (éd.) *Designers on Mac,* Tokyo et Londres 1994
Ivins, W.M. Jr. *Prints and Visual Communication*, Cambridge, Mass. 1953 (réimpression New York 1969)
Jean, G. *Langage de signes : l'écriture et son double,* Paris 1989
Mayor, A.H. *Prints and People,* Princeton, New Jersey, et Guildford, Angleterre 1971
Merritt, D. *Television Graphics,* Londres 1987
Neurath, O. *International Picture Language* (1936), fac-similé, Reading 1980
Peignot, J. *De l'Écriture à la typographie,* Paris 1967
Stankowski, A. et Duschek, K.

Visuelle Kommunikation, Berlin 1989
Steinberg, S.H. *Five Hundred Years of Printing*, 2ᵉ éd., Harmondsworth 1961
Thompson, P. et Davenport, P. *The Dictionary of Visual Language*, Londres 1980
Twyman, M. *Printing 1770-1970*, Londres 1970
– (éd.) *Graphic Communication through Isotype*, Reading 1975
Wildbur, P. *Information Graphics*, Londres 1988
Williamson, J. *Decoding Advertisements*, Londres et Boston 1978
Zeitlyn, J. *Print: How You Can Do It Yourself!*, 2ᵉ éd., Londres 1992

Typographie et mise en pages

Aicher, O. *Typographie*, Berlin 1988
Blackwell, L. *Twentieth-Century Type*, Londres 1992
Bosshard, H.R. *Form und Farbe*, Zurich 1968
Day, K. *Book Typography 1815-1965 in Europe and the United States of America*, Chicago et Londres 1966
Carter, S. *Twentieth-Century Type Designers*, Londres 1987
Eason, R. et Rookledge, S. *Rookledge's International Handbook of Type Designers*, Carshalton Beeches 1991
Evans, H. *Editing and Design* (5 vol.), 4: *Pictures on a Page; 5: Newspaper Design*, Londres 1978
Gill, E. *An Essay on Typography*, Londres 1931
Gottschall, E.M. (éd.) *Advertising Directions 4: Trends in Visual Advertising*, New York 1964
Hochuli, J. *Book Design in Switzerland*, Zurich 1993
Hurlburt, A. *The Grid*, New York 1978
Hutt, A. *Newspaper Design*, Londres 1960
– *The Changing Newspaper*, Londres *1973*
L'Image des mots, Centre Georges Pompidou, Paris 1985
International Center for the Typographic Arts, *Typomundus 20*, New York, Londres et Ravensburg 1966
Jaspert, W.P., Berry, W.T., Johnson, A.F. *The Encyclopaedia of Type Faces*, Poole, 4ᵉ éd., 1970
Kapr, A. et Schiller, W. *Gestalt und Funktion der Typografie*, Leipzig 1977
Kepes, G. et al., *Graphic Forms: The Arts as Related to the Book*, Cambridge, Mass., et Oxford 1949
Kery, P.F. *Great Magazine Covers of the World*, New York 1982
Kinross, R. *Modern Typography*, Londres 1992
Lang, L. *Konstruktivismus und Buchkunst*, Leipzig 1990
Lee, M. (éd.) *Books for our Time*, New York 1951
– *Bookmaking*, New York 1965
Lewis, J. *The Twentieth-Century Book*, 2ᵉ éd., New York et Londres 1984
Lutz, H-R. *Ausbildung in typographischer Gestaltung*, Zurich 1987
McLean, R. *Magazine Design*, Londres, New York et Toronto 1969
– *The Thames and Hudson Manual of Typography*, Londres 1980
Massin (R.) *La Lettre et l'Image*, Paris 1933
– *L'ABC du métier*, Paris 1988
– *La Mise en page*, Paris 1991
Owen, W. *Magazine Design*, Londres 1991
Poynor, R. et Booth-Clibborn, E. *Typography Now: The Next Wave*, Londres 1991
Rosner, C. *The Growth of the Book Jacket*, Londres 1954
Ruder, E. *Typography: A Manual of Design*, Teufen 1967
Rüegg, R. et Frölich, G. *Basic Typography*, Zurich 1972
Schmid, H. *Typography Today* (numéro spécial de *Idea*), Tokyo 1980
Simon, O. *Introduction to Typography*, 2ᵉ éd., Londres 1963
Spencer, H. *Design in Business Printing*, Londres 1952
– *Pioneers of Modern Typography*, Londres 1982
– *The Liberated Page*, Londres 1987
Spiekermann, E. *Rhyme and Reason: A Typographic Novel*, Berlin 1987
Spiekermann, E. et Ginger, E.M. *Stop Stealing Sheep and Find Out How Type Works*, Californie 1993
Sutton, J. et Bartram, A. *An Atlas of Typeforms*, Londres 1968
Typomundus 20, New York 1966
Tschichold, J. (éd.) *Elementare Typographie*, réédition du numéro spécial de *Typographische Mitteilungen* (1925), Mayence 1986
– *Essai sur la typographie*, Paris 1994
– *Die neue Typographie*, 2ᵉ éd., Berlin 1987
– *Treasury of Alphabets and Lettering*, Ware 1985
Weidemann, K. (éd.) *Book Jackets and Record Sleeves*, Stuttgart 1969
Williamson, H. *Methods of Book Design*, Oxford 1983
Zapf, H. *Manuale Typographicum*, Cambridge, Mass. 1980

Affiches

[Chapitre 1]
Voir aussi classement par pays

Ades, D. *The 20th-Century Poster*, New York 1984
L'Affiche anglaise: les années 90, musée des Arts décoratifs, Paris 1972
Cate, P.D. et Hitchings, S.H. *The Color Revolution: Color Lithography in France 1890-1900*, Santa Barbara et Salt Lake City 1978
Cirker, H. et B. (éd.) *The Golden Age of the Poster*, New York, Toronto et Londres 1971
Constantine, M. *Word and Image: Posters from the Collection of the Museum of Modern Art*, New York 1968
Cooper, A. *Making a Poster*, 2ᵉ éd., Londres et New York 1945.
Gallo, M. *The Poster in History*, Londres 1974
Hillier, B. *Posters*, Londres 1969
Kamekura, Y., Tanaka, I. et Sato, K. (éd.) *World Graphic Design Now I: Posters*, Tokyo 1988
Kämpfer, F. *Der Rote Keil: Das politische Plakat - Theorie und Geschichte*, Berlin 1985
Malhotra, R. et al. *Das frühe Plakat in Europa und den USA*, 3 vol., Berlin 1973-1980
Malhotra, R. *Politische Plakate 1914-1945*, Hambourg 1988
Meister der Plakatkunst, Kunstgewerbemuseum, Zurich 1959
Müller-Brockmann, J. *A History of the Poster*, Zurich 1971
Müller-Brockmann, J. et Wobmann, K. *Fotoplakate*, Aarau 1989
Popitz, K. *Plakate der zwanziger Jahre*, Berlin 1977
Rennert, J. *Posters of the Belle Epoque*, New York 1990
Rickards, M. *The Rise and Fall of the Poster*, Newton Abbott 1973
– *The Public Notice: An Illustrated History*, Newton Abbott 1973
– *The Poster*, Takashimaya Art Gallery, Nihonbashi, Japon 1985
Weill, A. *The Poster*, Londres 1985
Wrede, S. *The Modern Poster*, New York 1988

Guerre, propagande et politique

[Chapitres 3, 12 et 18]

Boehm E. *Behind Enemy Lines: WW II Allied /Axis Propaganda*, Secaucus 1989
Bohrmann, H. (éd.) *Politische Plakate*, Dortmund 1984
Cantwell, J.D. *Images of War: British Posters 1939-45*, Londres 1989
Carteles de la guerra civil española, Madrid 1981
Darracott, J. et Loftus, B. *First World War Posters*, 2ᵉ éd., Londres 1981
Darracott, J. et Loftus B. *Second World War Posters*, Londres 1972
Davidson, S. *Images de la révolte 1965-1975*, Paris 1982
Nelson, D. *The Posters that Won the War: The Production, Recruitment and War Bond Posters of WWII*, Osceola, Wisconsin 1991
No Pasaran!: Photographs and Posters of the Spanish Civil War, Arnolfini, Bristol 1986
Philippe, R. *Political Graphics: Art as a Weapon*, Oxford 1982
Rawls, W. *Wake up, America!: World War I and the American Poster*, New York 1988
Rhodes, A. *Propaganda: the Art of*

Persuasion World War II, New York et Londres 1976
Rickards, M. *Posters of the First World War*, Londres 1968
Rohan, M. *Paris '68: Graffiti, Posters of May 1968*, Londres 1988
Tisa, J. (éd.) *The Palette and the Flame: Posters of the Spanish Civil War*, New York 1979
Yanker, G. *Prop Art: Over 1000 Contemporary Political Posters*, Londres 1972

Autriche
[Chapitre 2]

Baroni, D. et D'Auria, A. *Kolo Moser: Grafico e designer*, Milan 1984
Fenz, W. *Koloman Moser: Graphik Kunstgewerbe Malerei*, Salzbourg et Vienne 1984
Kallir, J. *Viennese Design and the Wiener Werkstätte*, Londres et New York 1986
Kossatz, H-H. *Ornamental Posters of the Vienna Secession*, Londres 1974
Larisch, R. von, *Uber Zierschriften im Dienste der Kunst*, Munich 1899
– *Unterricht in Ornamentale Schrift*, Vienne 1905
Le Arti a Vienna: dalla Sessessione alla caduta del'impero asburgico, Palazzo Grassi, Venise 1984
Pabst, M. *Wiener Grafik um 1900*, Munich 1984
Schweiger, W.J. *Aufbruch und Erfüllung: Gebrauchsgraphik der Wiener Moderne 1897-1918*, Vienne et Munich 1988
Vergo, P. *Art in Vienna 1898-1918*, Londres et New York 1975
Vienne 1880-1938: L'Apocalypse Joyeuse, Centre Georges Pompidou, Paris 1986
Waissenberger, R. *Vienna 1890-1920*, New York 1984

Italie
[Chapitres 4,15,19]

Anceschi, G. et Calabrese, O. *Il campo della grafica italiana (6 Rassegna)*, Bologne 1979
Cerri, P. (éd.) *Campo Grafico 1933 1939*, Milan 1983
Dorfles, G. (éd.) *Albe Steiner: comunicazione visiva*, Florence 1977
Giugiaro, G. et Munari, B.(éd.) *Made in Italia: selezione dei marchi italiani*, Monte San Pietro, 1988
– Freddi, D.A. et L. *Mostra della rivoluzione fascista*, Rome 1933
Lista, G. *Le Livre futuriste*, Modène 1984
– *L'Art postal futuriste*, Paris 1979
Litta, S.G. *30 anni di pubblicità in Italia*, Milan 1984
Max Huber: progetti grafici 1936-1981, Milan 1982
Monguzzi, B. *Lo Studio Boggeri 1933-1981*, Milan 1981
Priarome, G. *Grafica pubblicitaria in Italia negli anni trenta*, Florence 1989
Rye, J. *Futurism*, Londres 1972
Salaris, C. *Il Futurismo e la pubblicità*, Milan 1986
Scudiero, M. *Futurismi postali: Balla, Depero e la comunicazione postale futurista*, Rovereto 1986
Scudiero, M. et Leiber, D. *Depero futurista and New York*, Rovereto 1986
Sparti, P. *L'Italia che cambia: attraversa i manifesti della raccolta Salce*, Florence 1988
Steiner, A. et al. *Due dimensioni*, Milan 1964
Waibl, H. *Alle radici della comunicazione visiva italiana*, Como 1988

Russie et URSS
[Chapitre 5]

Alexander Rodchenko 1891-1956, Museum of Modern Art, Oxford 1979
Anikst, M. *Soviet Commercial Design of the Twenties*, Londres 1987
Bojko, S. *New Graphic Design in Revolutionary Russia*, Londres et New York 1972
Compton, S.P. *Russian Futurist Books 1912-16*, Londres 1978
Constantine M. et Fern A. *Revolutionary Soviet Film Posters*, Baltimore et Londres 1974
El Lissitzky, Galerie Gmurzynska, Cologne 1976
El Lissitzky 1990-1941: Architect, Painter, Photographer, Typographer, Municipal Van Abbemuseum, Eindhoven 1990
Elliott, D. *New Worlds: Russian Art and Society 1900-1937*, Londres 1986
Gassner H. et Nachtigäller, R. *Gustav Klucis [Klutsis] Retrospektive*, Stuttgart 1991
Gray, C. *The Russian Experiment in Art 1863-1922*, Londres 1986
Kunst und Propaganda, Museum für Gestaltung, Zurich 1989
La tipografica russa 1890-1930, Palazzo Vitelli, Città di Castello, 1990
Lavrentiev, A. *Varvara Stepanova: A Constructivist Life*, Londres 1988
Leclanche-Boulé, C. *Typographies et photomontages constructivistes en URSS*, Paris 1984
Lissitzky-Küppers, S. *El Lissitzky: Life, Letters, Texts*, Londres 1968
Lodder, C. *Russian Constructivism*, New Haven et Londres 1983
Lyakhov, V. *Soviet Advertising Poster 1917-1932*, Moscou 1972
Maïakovski: 20 ans de travail, Centre Georges Pompidou, Paris 1975
Majakovskij Mejerchol'd Stanislavskij, Castello Sforzesco, Milan 1975
Paris-Moscou 1900-1930, Centre Georges Pompidou, Paris 1979
Telingater, catalogue d'exposition, Paris 1978
The Soviet Political Poster, Moscou 1984
White, S. *The Bolshevik Poster*, New Haven et Londres 1988
Williams, R.C. *Artists in Revolution: Portraits of the Russian Avant-Garde 1905-1925*, Bloomington, Indiana et Londres 1977

Allemagne
[Chapitres 6,17,19]

Arnold, F. (éd.) *Anschläge: Deutsche Plakate als Dokumente der Zeit 1900-1960*, Ebenhausen 1963
Bayer, H. Gropius W. et Gropius, I. *Bauhaus 1919-1928*, Boston 1959
Buddensieg, T. (éd.) *Industrie Kultur : Peter Behrens und die AEG 1907-1914*, Berlin 1981
Chantzit, G.F. *Herbert Bayer Collections and Archives at the Denver Art Museum* Seattle et Londres 1988
Coutts-Smith, K. *Dada*, Londres 1970
– *Revolution und Realismus: Revolutionäre Kunst in Deutschland 1917 bis 1933*, Staatliche Museen, Berlin 1979
Der Malik-Verlag 1916-1947, Deutsche Akademie der Künste, Berlin 1967
Die Zwanziger Jahre in Hannover 1916-1933, Kunstverein, Hannover 1962
Die Zwanziger Jahre in München, Münchner Stadtmuseum, Munich 1979
Droste, M. *Bauhaus 1919-1933*, Berlin et Cologne 1990
– *Herbert Bayer: das künstlerische Werk 1918-1938*, Berlin 1982
Fleischmann, G. *Bauhaus Drucksachen Typografie Reklame*, Düsseldorf 1984
– *Walter Dexel: Neue Reklame*, Düsseldorf 1987
– *Joost Schmidt: Lehre und Arbeit am Bauhaus 1919-1932*, Düsseldorf 1984
George Grosz / John Heartfield, Württembergischer Kunstverein, Stuttgart 1969
Herzfelde, W. *John Heartfield: Leben und Werk*, Dresde 1971
Hirdina, H. *Neues Bauen Neues Gestalten: die neue Stadt*, Dresde 1984
Kermer, W. *Willi Baumeister Typographie und Reklamegestaltung*, Stuttgart 1989
Kostelanetz, R. *Moholy-Nagy*, New York 1970 et Londres 1971
L.Moholy-Nagy, Institute of Contemporary Arts, Londres 1980
Lammers, J. et Unverfehrt, G. *Vom Jugendstil zum Bauhaus : Deutsche Buchkunst 1895-1930*, Münster et Göttingen 1981
Moholy-Nagy, S. *Moholy-Nagy: Experiment in Totality*, Cambridge, Mass. et Londres, 2e éd., 1969
Naylor, G. *The Bauhaus Reassessed*, Londres 1985
Neue Sachlichkeit and German Realism of the Twenties, Hayward Gallery, Londres 1979
Pachnicke, P. et Honnef, K. *John Heartfield*, Cologne 1991
Paris-Berlin 1900-1933, Centre Georges Pompidou, Paris 1978
Politische Plakate der Weimarer Republik

1918-1933, Hessisches Landesmuseum, Darmstadt 1980
Rademacher, H. *Das deutsche Plakat von den Anfangen bis zur Gegenwart*, Dresde 1965
Richter, H. *Dada: Art and Anti-Art*, Londres 1965
Tschichold - voir Suisse
'Typographie kann unter Umständen Kunst sein' (3 vol.), 1: *Kurt Schwitters: Typographie und Werbegestaltung*; 2: *Ring 'neue werbegestalter': Die Amsterdamer Ausstellung 1931*; 3: *Vordemberge-Gildewart: Typographie und Werbegestaltung*, Landesmuseum, Wiesbaden 1990
Uwe Loesch, Zeichenzitate / Sign Citations: Plakate von 1968 bis 1986, Düsseldorf 1986
Westphal, U. *Werbung im dritten Reich*, Berlin 1989
Wichmann, H. *Graphic Design Mendell and Oberer*, Bâle et Boston 1987
Willett, J. *The New Sobriety 1917-1933: Art and Politics in the Weimar Period*, Londres 1978
Windsor, A. *Peter Behrens: Architect and Designer*, Londres 1981
Wingler, H.M. *The Bauhaus: Weimar Dessau Berlin Chicago*, 2e éd., Cambridge, Mass. 1976

Europe centrale
[Chapitres 1,6,17]

Bojko, S. *The Polish Poster Today*, Varsovie 1972
Constructivism in Poland 1923 to 1936, Kettle's Yard Gallery, Cambridge
Czech Modernism 1900-1945, Museum of Fine Arts, Houston 1989
Devetsil: Czech Avant-Garde Art, Architecture and Design of the 1920s and 30s, Museum of Modern Art, Oxford 1990
Kowalski, T. *The Polish Film Poster*, Varsovie 1957
Présences polonaises: Witkiewicz / Constructivism / Les Contemporains, Centre Georges Pompidou, Paris 1983
100 + 1 Jahre ungarische Plakatkunst, catalogue d'exposition, Dortmund 1987

Pays-Bas
[Chapitres 7,17,19]

Baljeu, J. *Theo van Doesburg*, Londres 1974
Brattinga, P. et Dooijes, D. *A History of the Dutch Poster 1890-1960*, Amsterdam 1968
Broos, K. et Hefting, P. *Dutch Graphic Design*, Londres 1993
Broos, K. *Design: Total Design*, Utrecht 1983
– (éd.) *Piet Zwart*, Haags Gemeentemuseum, La Haye 1971
Franciscono, M. *The Modern Dutch Poster*, Cambridge, Mass. et Londres 1987
Friedman, M. (éd.) *De Stijl 1917-1931: Visions of Utopia*, Oxford 1982
Hendrik Nicolaas Werkman 1882-1945: 'druksel' prints and general printed matter, Stedelijk Museum, 1977
Hubben, H. *Design: Total Design*, Wormer 1989
Koch, K. *W.H.Gispen: 1980-1981* Rotterdam 1988
Maan, D. et Van der Ree, J. *Typo-foto: elementaire typografie in Nederland*, Utrecht et Anvers 1990
Monguzzi, B. *Piet Zwart: L'opera tipografica 1923-33 (30 Rassegna)*, Bologne 1987
Müller, F. (éd.) *Piet Zwart*, Teufen, Suisse 1966
Petersen, A. et Brattinga, P. *Sandberg: A Documentary*, Amsterdam 1975
Purvis, A.W. *Dutch Graphic Design, 1918-1945*, New York 1992
Staal, G. et Wolters, H. *Holland in Vorm: Dutch Design 1945-1987*, La Haye 1987
Theo van Doesburg 1883-1931, Kunsthalle Nürnberg, Nuremberg 1969

France
[Chapitres 9,16,19]

Adriani, G. *Toulouse-Lautrec: The Complete Graphic Works*, Londres 1988
Arwas, V. *Berthon and Grasset*, Londres 1978
Atelier Populaire: Paris, May 1968, Londres 1969
Broido, L. *The Posters of Jules Chéret*, New York 1980
Brown, R.K. et Reinhold, S. *The Poster Art of A. M.Cassandre*, New York 1979
Cappiello 1875-1942, Grand Palais, Paris 1981
Cauzard, D., Perret, J. et Ronin, Y. *Images de marques - marques d'images*, Paris 1988
Faucheux, P. *Écrire l'espace*, Paris 1978
Fields, A. *George Auriol*, Leyton, Utah 1985
Grapus 85, Städtische Galerie, Erlangen 1985
Jean Widmer, Villeurbanne, 1991
L'Encyclopédie Diderot et D'Alembert, (Imprimerie, Reliure) réimpression Paris 1988
Massin, *L'ABC du métier*, Paris 1988
Mouron, H. *Cassandre : affiches, arts graphiques, théâtre*, Paris 1991
Quand l'affiche faisait de la réclame! L'affiche française de1920 à 1940, Musée National des Arts et Traditions Populaires, Paris 1992
Rohan, M. *Paris '68*, Londres 1988
Savignac (R.) *Savignac: affichiste*, Paris 1975
Tolmer, A. *Mise en Pages: The Theory and Practice of Lay-out*, Londres 1931
Vive les graphistes!: petit inventaire du graphisme française, Centre Georges Pompidou, Paris 1990
Weill, A. *L'Affiche française*, Paris 1982

Suisse
[Chapitres 8,14,19]

Art concret suisse: mémoire et progrès, Musée des Beaux-Arts, Dijon 1982
Burkhard Mangold 1873-1950, Museum für Gestaltung, Zurich 1984
Emil Cardinaux 1877-1936 Museum für Gestaltung, Zurich 1985
Ferdinand Hodler und das schweizer Künstlerplakat 1890-1920, Museum für Gestaltung, Zurich 1984
Gerstner, K. *Kalte Kunst ? zum Standort der heutingen Malerei*, Teufen 1957
– *Designing Programmes*, Londres et Teufen, éd.augmentée, 1968
– *Kompendium für Alphabeten: Eine Systematik der Shrift*, Teufen 1972 (éd. anglaise, *Compendium for Literates*, Cambridge et Mass. 1972)
Grafik (numéro spécial de *Werk*) Zurich 1955
Hofmann, A. *Graphic Design Manual*, New York 1965
Klemke, W. *Jan Tschichold: Leben und Werk des Typographen*, Dresde 1977
McLean, R. *Jan Tschichold: Typographer*, Londres 1975
Neuburg, H. *Hans Neuburg: 50 anni di grafica costruttiva*
– *Graphic Design in Swiss Industry*, Zurich 1965
Müller-Brockmann, J. et S. *The Graphic Designer and his Design Problems*, Teufen 1961
Niklaus Stoecklin 1896-1982, Gewerbemuseum, Bâle 1986
Otto Baumberger 1889-1961, Museum für Gestaltung, Zurich 1988
Tschichold, J. *Asymmetric Typography*, Londres, Toronto et New York 1967 (éd. originale *Typographische Gestaltung*, Bâle 1935)
– *Die neue Typographie*, Berlin 1987 (éd. originale, 1928)
Werbestil 1930-1940, Museum für Gestaltung, Zurich 1981
Werk (numéro spécial graphisme), Zurich, novembre 1955
Wichmann, H. *Armin Hofmann: His Work, Quest and Philosophy*, Bâle 1989

Grande-Bretagne
[Chapitres 1,2,3,10,12,17,18,19]

Archer, L.B. *Systematic Method for Designers* (réimpression de *Design*), Londres 1964
Barker, N. *Stanley Morison*, Londres 1971
Blake, A. *Milner Gray*, Londres 1986
– *Misha Black*, Londres 1984
Brattinga, P. et Watano, S. (éd.) *British Visual Communication Design 1900-1985* (numéro spécial de *Idea*), Tokyo 1985
Brewer, R. *Eric Gill: The Man who*

Loved Letters, Londres 1973
British Art and Design 1900-1960, Victoria and Albert Museum, Londres 1983
Callen, A. *Angel in the Studio: Women in the Arts and Crafts Movement 1870-1914*, Londres 1979
Campbell, C. *The Beggarstaff Posters*, Londres 1990
E. McKnight Kauffer, Victoria and Albert Museum, Londres 1955
Fifty Penguin Years, Harmondsworth 1985
Fletcher A., Forbes, C., et Gill, B. *Graphic Design: Visual Comparisons*, Londres 1963
Games, A. *Over My Shoulder*, Londres 1960
Green, O. *Underground Art*, Londres 1990
Haworth-Booth, M.E. *E. Mc Knight Kauffer: A Designer and his Public*, Londres
Hewitt, J. (éd.) *Poster Art of the 20s and 30s from the Collection of Manchester Polytechnic*, Manchester 1978
High Art and Low Life, 'The Studio' and the fin de siècle (numéro du centenaire *Studio International*), Londres 1993
Hopkinson, T. *Picture Post 1938-50*, Harmondsworth 1970
Johnston, P. *Edward Johnston*, Londres 1959
Jones, H. *Stanley Morison Displayed*, Londres 1976
Jones, T. *Wink Instant Design: A Manual of Graphic Techniques*, Londres 1980
Kaplan, W. (éd.) *Encyclopedia of Arts and Crafts: The International Arts Movement 1850-1920*, Londres
Ken Garland and Associates 1960-82, Londres 1982
Lambert, F . (éd.) *Graphic Design Britain 70*, Londres et New York 1970
Levey, M.F. *London Transport Posters*, Oxford 1976
Mendenhall, J. *British Trademarks of the 1920s & 30s*, San Francisco 1989
Moran, J. *Stanley Morison: His Typographic Achievement*, Londres 1971
Minale, Tattersfield, Provinciali Limited, Londres 1967
Pentagram: The Work of Five Designers, Londres 1972
Peterson, W.S. (éd.) *The Ideal Book: Essays . . . by William Morris*, Berkeley, L.A. et Londres 1982
– *The Kelmscott Press*, Oxford et Berkeley 1991
Naylor, G. *The Arts and Crafts Movement*, Londres 1971
The Practice of Design (introduction de Herbert Read), Londres 1946
Riggs, A. *William Morris: Selected Writings and Designs*, Harmondsworth 1962
Spencer, I. *Walter Crane*, Londres 1975
Vorticism and its Allies, Hayward Gallery, Londres 1974
Weintraub, S. *Beardsley*, Harmondsworth 1972
Wozencroft, J. *The Graphic Language of Neville Brody*, Londres 1988

Etats-Unis
[Chapitres 1,3,11,12,13,18,19]

AIGA Graphic Design USA, New York (annuellement depuis 1980)
Aldersey-Williams, H., Wild, L. et al., *Cranbrook Design: the new discourse*, Bloomfield Hill, Michigan 1990
Aldersey-Williams, H. *New American Design*, New York 1988
Allner, W.H. *Posters*, NewYork 1952
Brand, S. *The Media Lab: Inventing the future at MIT*, New York 1987, Londres 1988
Breitenbach, E. et Cogswell, M. *The American Poster*, New York 1967
Burns, A. *Typography*, New York 1961
Burtin, A. *Visual Aspects of Science*, New York 1960
Carr, R., Case, B. et Dellar, F. *The Hip, Hipsters, Jazz and the Beat Generation*, Londres 1986
Carter, R. *American Typography Today*, New York 1989
DeNoon, C. *Posters of the WPA*, Los Angeles 1987
Dobrow, L. *When Advertising Tried Harder: The Sixties*, New York 1984
Friedman, M. (éd.) *Graphic Design in America: A Visual Language History*, Minneapolis et New York 1989
Glaser, M. *Milton Glaser: Graphic Design*, New York 1973
Gottschall, E.M. *Typographic Directions (Advertising Directions 4)*, New York 1964
Graphic Designers in the USA (4 vol.), New York 1972
Greiman, A. *Hybrid Imagery: The Fusion of Technology and Graphic Design*, Londres 1990
Grundberg, A. *Brodovitch*, New York et Londres 1989
Hess, D. et Muller, M. *Dorfsman and CBS*, New York 1987
Hornung, C.P. *Will Bradley: His Graphic Art*, New York 1974
Ishihara, Y. *American Trademarks and Logotypes* (numéro spécial de *Idea*), Tokyo 1976
Kepes, G. *Language of Vision*, Chicago 1944
Kiehl, D. W. *American Art Posters of the 1890s*, New York 1987
Loewy, R. *Never Leave Well Enough Alone*, New York 1951
Raymond Loewy : un pionnier du design américain, Centre Georges Pompidou, Paris 1990
Lönberg-Holm, K. et Sutnar, L. *Catalog Design Progress*, New York 1950
Moholy-Nagy, L. *Vision in Motion*, Chicago 1947
Marchand, R. *Advertising the American Dream: 1920-1940*, Berkeley, Los Angeles et Londres 1986
Margolin, V., Brichta, I. et Brichta, V. *The Promise and the Product: 200 Years of American Advertising Posters*, New York et Londres 1979
Modern Art in Advertising (Container Corporation of America), Chicago, 1946
Mc Luhan, *Pour comprendre les média: les prolongations technologiques de l'homme*, Paris 1977
McLuhan, M. et Fiore, Q. *Message et massage*, Paris 1968
– *Guerre et paix dans le village planétaire*, Hurtubise (Canada) 1970
Neuhart, J. et M. et Eames, R. *Eames Design*, New York 1989
Pacific Wave: California Graphic Design, Museum Fortuny, Venise 1987
Rand, P. *Thoughts on Design*, New York 1947; éd. revue, Londres et New York 1970
– *A Designer's Art*, New Haven et Londres 1985
Remington, R.R. et Hodik, B.J. *Nine Pioneers in American Graphic Design*, Cambridge, Mass., et Londres 1989
Saul Bass and Associates (numéro spécial de *Idea)*, Tokyo, v.1979
Snyder, G. et Peckolick, A. *Herb Lubalin*, New York 1985
The American Psychedelic Poster, Stadthaus Galerie, Münster, Allemagne 1988
Thompson, B. *The Art of Graphic Design*, New Haven et Londres 1988
Wolf, H. *Visual Thinking*, New York 1988

Japon
[Chapitres 12,19]

Japanese Affiches / Modern Posters of Japan, Hessenhuis, Anvers 1989
Katsumie, M. *The Graphic Design of Yuksaku Kamekura*
Kristahn, H-J. et MellinghoV, F. *Japanische Plakate*, Tokyo et Berlin 1983
L'Affiche japonaise: des origines à nos jours, Paris 1980
Maeda, M. *Signs and Symbols of Japan*, Tokyo, New York et San Francisco 1975
Nagai, K., Sato, K. et Toda, M. *Graphics Japan*, Tokyo 1987
Tanikawa, K. *100 Posters of Tadanori Yokoo*, Tokyo et Londres 1978
Thornton, R.S. *Japanese Graphic Design*, Londres 1991

Index

Périodiques

Ceux dont la publication a cessé sont inscrits entre parenthèses

AIGA Journal of Graphic Design, New York
(*Art and Industry*, Londres)
Art Direction, Californie
(*Arts et métiers graphiques*, Paris)
(*Commercial Art*, Londres)
Communication Arts, Californie
Communications, Paris
Der Druckspiegel, Cologne
Design Quarterly, Cambridge, Mass.
Eye, Londres
Gebrauchsgraphik, Munich
(*Graphic Design*, Tokyo)
(*Graphische Nachrichten*, Berlin)
Idea, Tokyo
Information Design Journal, Reading
Journal of Design History, Oxford
Linea Grafica, Milan
(*Octavo*, Londres)
Pagina, Milan
Print, New York
Projekt, Varsovie
Signes, Paris
Studies in Visual Communication, Philadelphie
Techniques graphiques, Paris
Typographica, Londres
Typographische Monatsblätter, St-Gall
Visible Language (anciennement *The Journal of Typographic Research*), Cleveland

Sources complémentaires

Dans la plupart des pays, les associations de directeurs artistiques et de graphistes publient des annuaires. On trouve également une sélection de travaux dans les recueils annuels (tels que *Modern Publicity*, à Londres, et *Graphis Annual*, à Zurich).

Documents originaux

La plupart des musées, notamment ceux de design, d'arts décoratifs ou appliqués, ont des collections d'œuvres graphiques. Seulement, le papier, naturellement voué à l'éphémère, est souvent fragilisé, jauni et décoloré par endroits.

Il est difficile d'étudier les œuvres vieilles de plusieurs décennies, qui ont souvent une forte valeur marchande. Les libraires spécialisés dans les éditions anciennes et les salles de vente autorisent occasionnellement l'accès aux documents (cela dit, les descriptions des œuvres dans leurs catalogues ne sont pas toujours fiables).

Graphistes, collectifs, ateliers, agences et clients principaux.
Quand les dates de vie des graphistes sont inconnues, le pays et la période où leur travail a été le plus marquant sont précisés.
Les indications de pages en *italique* renvoient aux illustrations.